近现代基督教的中国化

赵晓阳 郭荣刚 主编

中国社会科学出版社

图书在版编目（CIP）数据

近现代基督教的中国化／赵晓阳、郭荣刚主编．—北京：中国社会科学出版社，2015.10
ISBN 978 - 7 - 5161 - 7005 - 2

Ⅰ.①近… Ⅱ.①赵…②郭… Ⅲ.①基督教—中国—文集
Ⅳ.①D978 - 53

中国版本图书馆 CIP 数据核字（2015）第 262422 号

出 版 人	赵剑英
责任编辑	吴丽平
责任校对	郝阳洋
责任印制	李寡寡

出　　版	中国社会科学出版社
社　　址	北京鼓楼西大街甲 158 号
邮　　编	100720
网　　址	http://www.csspw.cn
发 行 部	010 - 84083685
门 市 部	010 - 84029450
经　　销	新华书店及其他书店
印　　刷	北京君升印刷有限公司
装　　订	廊坊市广阳区广增装订厂
版　　次	2015 年 10 月第 1 版
印　　次	2015 年 10 月第 1 次印刷
开　　本	710×1000　1/16
印　　张	18.5
插　　页	2
字　　数	313 千字
定　　价	58.00 元

凡购买中国社会科学出版社图书，如有质量问题请与本社营销中心联系调换
电话：010 - 84083683
版权所有　侵权必究

序　　言

本文集是 2013 年 11 月中国社会科学院近代史研究所和福建师范大学历史文化学院合办的"近现代基督教的中国化国际学术研讨会"的部分论文。

在中国历史学研究中，中国基督宗教史一向处于边缘的地位。基督徒在中国总人口微小的比例，很可能是造成其历史被忽视的重要原因。一方面反映了基督宗教在社会生活中的边缘性，另一方面也是主流学界对边缘社会群体的认知和疏离。

这种情况在 20 世纪 80 年代改革开放后有了很大变化。2010 年的中国政府白皮书中提到，中国信仰各种宗教的人口已经达到一亿之众，这一事实使得研究者不应该忽视对宗教的研究，其中也包括基督宗教在内。据中国基督教会的统计数据，2013 年中国新教基督徒已达 2600 万人，一些未注册的信教人数没有统计入内；天主教徒达 600 万人。这或可说明，基督宗教已经成为中国宗教之一。

基督宗教传入中国，历史已长达千余年，最早可追溯到唐朝，前后共有四次传入。16 世纪以后，随着西方工业革命的兴起，基督宗教各派在各种势力的裹挟下，以前所未有的势头第三度东来，历经曲折后，最终在中国扎下了根。鸦片战争后，西方传教士凭借不平等条约步步深入，活跃中国剧变的历史舞台上。

中国学者对基督宗教历史的研究起步较晚，魏源的《海国图志》（清道光二十二年 1842 年出版）的一章《天主教考》，梁廷枏的《海国四说》（清道光二十六年 1846 年出版）中的"一说"为《耶稣教难入中国说》，记录了一些天主教在华传教的情况，对基督新教则没有记载。这些都是最早有关基督宗教的研究。

最早的关于基督新教在华活动情况的中文著述，应该是王元深牧师的

《圣道东来考》（1907年香港出版），以叙述礼贤会在广东的活动为主，对其余各派在华早期也有所涉及，虽然极其简略，但很有价值。

谢洪赉的《中国耶稣教会小史》（1908年商务印书馆出版），以将近一半的篇幅追溯景教和天主教在华传教史，然后分四个阶段简单地叙述1807年到1907年新教在中国传播的经过。这是第一本关于基督新教在华活动的专著，由于它对景教和天主教的传教史也有记录，可以将其看作中国最早的基督宗教通史著作。它的意义在于从历史学的角度，开启了20世纪修基督宗教史的风气。

萧静山司铎的《天主教传行中国考》（1937年河北献县天主堂出版）、徐宗泽神父的《中国天主教史概论》（上海圣教杂志社1938年出版），则是最早的中国天主教通史。

天主教传华史研究方面贡献最大的是著名历史学家陈垣先生，他的《元也里可温考》（《东方杂志》1918年）、《休宁金声传》《泾阳王徵传》《雍乾间奉天天主教之宗室》《从教外典籍见明末清初之天主教》《汤若望与木陈忞》等文，开启了中国天主教史的真正学术研究。

王治心的《中国基督教史纲》（1940年青年协会书局出版），是学者撰写的第一本、也是影响极大的中国基督宗教通史著作。从唐代的景教传入中国讲起，叙述了元代天主教的传入以及新教的传播，还涉及了基督教与中国社会的紧密联系，如太平天国与基督教的关系。还将基督教在中国的传播视为中国进入现代化进程中的一个重要环节。

中国是一个疆域广大、主体文化悠久稳定、地域风俗各异、民族多样的国家，异域宗教信仰在各个地域呈现出的不同蜕变形态，在不同岁月对中国社会引起的"冲击与反应"差异颇大，对整个中国基督宗教史进行宏观和微观的描述并非易事。以上只是略叙了前辈的努力和成果的源起，希望能为今天日后有志于基督宗教历史研究的学人提供思路和前鉴。

今天，中国基督宗教史研究迅速发展，甚至有从"险学"到"显学"的夸张说法。可以肯定的是，中国大陆的基督宗教史研究已经进入了"重新诠释"的时代。作为学人的我们，正当其时。

赵晓阳

2015年5月1日

目 录

如何理解今日中国之基督教 …………………………………… 徐以骅（1）
"基督教中国化"研究刍议：以近现代中国基督教为切
　入点 …………………………………………………………… 张志刚（18）
基督教中国化之浅见 …………………………………………… 李平晔（28）
割断与帝国主义的联系：基督教"三自革新运动"的初始 …… 赵晓阳（35）
论毛泽东对基督教的认识与思考
　——兼谈当代中国语境下的基督教本土化 ………………… 毛　胜（57）
革命的基督教与中华现代性：一个思想史的评述 …………… 曾庆豹（78）
艾儒略入闽时间考：兼论叶向高致政的原因 ………………… 林金水（109）
礼仪的对话：张象灿及其《家礼合教录》……………………… 张先清（135）
修女与姑婆：日据时期台湾天主教女性传教人员考述 ……… 雷阿勇（152）
《吟咏圣诗三百首》初考 ………………………………………… 李　莎（175）
民国时期华西基督教联合机构的本色化 ……………………… 陈建明（186）
20世纪前期中国基督教风尚改良运动述略 …………………… 徐炳三（204）
女青年会百多年来服务社会造福人群的轨迹探寻及思考
　——以广州基督教女青年会为例 …………………………… 贺璋瑢（227）
论晚清官员分析教案问题的三个基点
　——兼评蒋廷黻、朱维铮、吕实强等人的观点 …………… 李卫民（242）
中国自由派基督徒的苏俄想象与认同政治
　——以国际形象为中心（1918—1949）……………………… 杨卫华（255）
Activity Space and the Mapping of Minnan Protestantism
　in the Late Qing ……………………………………………… 白克瑞（273）

如何理解今日中国之基督教

徐以骅

（复旦大学国际政治系）

受东南亚神学教育基金会（the Foundation for Theological Education in South East Asia）的邀请，在贵会成立 75 周年的庆祝大会上发言讨论中国今日之基督教，我深感荣幸。东南亚神学基金会在其存在的 75 年中，对该地区乃至整个亚洲的神学教育作出了重大贡献，中国基督教神学教育也因此得到许多直接和间接的帮助。在此 75 周年庆典之际，我对东南亚神学教育基金会以及该会所有的同人、义工和友人表示衷心的祝愿。

在中国基督教传教运动史上有一句名言，那就是"神学院校是传教运动的冠冕"。今天我们同样可以说，神学院校理应成为中国基督教会的柱石，但目前神学教育仍然是中国基督教会最大的弱项之一。东南亚神学基金会当年成立的最主要宗旨，就是要帮助中国基督教神学教育的发展。在 75 年后的今天，我认为东南亚神学教育基金会在中国仍大有可为。

关于如何理解今日中国之基督教，中外和教会内外有种种不同的视角和看法。今天我想从我自身的视角，来谈谈对中国基督教以及整个中国宗教发展的看法。我目前在上海的复旦大学从事中国基督教史、美国宗教以及宗教与当代国际关系的研究。我对中国基督教的看法和角度，自然不同于中国政府和基督教会，与中国其他学者也有所不同。我主要从以下几个视角和分析框架来讨论当前中国的基督教：第一，后传教时代的中西宗教互动；第二，当前中国基督教在中国社会的处境；第三，"信仰中国"：关于中国的新叙事。

一 "后传教时代"的中外(中美)宗教互动

西方在华传教运动是中外关系史上十分重要的一页。西方尤其是美国的基督教差会通过在华举办大量教育、医疗和慈善等机构，产生了巨大的社会影响，为中美关系奠定了文化和社会基础，传教士也因此成为中美两国之间的精神纽带。然而，随着具有世界意义的中国革命的胜利，西方教会和传教士在20世纪40年代末和50年代初全面撤离中国大陆，这在中美关系上投下了长长的阴影。基督教传教运动使宗教成为中外尤其是中美关系上的经常性和情感性因素。①

在西方基督教会全面撤离中国的60多年后的今天，宗教再度成为中西尤其是中美关系中的重要因素。就中美关系而言，两国之间的"精神中介"和"文化桥梁"已不再局限于传教士，或者说传教士的作用已大为下降，而且此种互动和交流的直接目的主要也不在传播基督教福音。目前在世界范围内，全面禁止或部分限制基督宗教传教活动的大部分为伊斯兰国家和共产党执政的国家和地区。在20世纪上半叶中国大陆一度是世界上接受基督教传教士最多的国家，而在过去60多年来中国已由西方尤其是美国基督教传教运动的"福地"变为"禁区"，中西或中美宗教交流和互动显然已进入"后传教时代"，然而其内容却比以往任何时候都更加丰富和多样化。

后传教时代中美宗教互动呈现如下特点。

第一，后传教时代意味着传教士不再是中美两国之间的主要精神纽带，派遣传教士也不再是西方差会的主要传教方式，这是基督教传教运动在中国特有的处境，因为中国政府明令禁止外国差会来华传教。美国基督教会并未放弃对中国大陆的传教活动，只是其传教方式受中国国情限制由直接转为了间接。因此早期作为中美两国之间主要精神中介的传教运动已被现在多样化的宗教接触和交流所取代。

第二，与传教时代不同，后传教时代的中美宗教互动并不仅限于民间接触和交流，而且涉及政府层面，包括宗教反恐、政府间宗教对话、以信

---

① 此部分主要依据徐以骅《后传教时代的宗教与中美关系》，徐以骅、涂怡超、刘骞主编：《宗教与美国社会：宗教与美国对外关系》（第七辑），时事出版社2012年版，第79—97页。

仰为基础的公共外交以及关于"宗教自由"问题的立法等。美国政府涉足宗教或推行"福音化外交政策"主要出于以下原因：冷战结束以来宗教、民族等问题的非疆域化、美国内外政策的界限模糊、外交政策的社会关怀倾向以及美国国内宗教因素的外溢（包括宗教议题外溢和宗教势力外溢）等。与民间宗教交流一样，中美政府间或半官方的宗教互动对中美关系既有促进也有妨碍作用。

第三，中国是宗教大国，但目前还不是宗教强国，而美国是超级大国，美国在宗教上的超级大国地位也极为突出。尽管在后传教时代中国在宗教领域已不是被动的接受者，而且积极的输出者，比如由联合圣经协会资助的南京爱德基金会的印刷厂就有年生产2000万册全本《圣经》的产能，目前不仅已经印刷了8种民族语言、50多种不同规格版本的5500万册圣经以满足国内信徒和其他民众的需要，而且为世界上70多个国家印刷了70多种语言的2600多万册《圣经》，使中国成为世界上最大的《圣经》生产国和输出国。事实上，中国还是世界上包括圣诞礼品在内的宗教商品的最大生产国和出口国。但这基本上还是精神产品的"物化"或"商品化"，所提供的还主要是宗教商品而非宗教公共产品，与拥有世界上最大"宗教出口业"的美国相比仍有很大差距，就是中美宗教交流本身也相当不平衡。在贸易领域中国是美国最大的出超国，而在非物质性的宗教领域中国对美交流则存在较大入超。

第四，后传教时代中美宗教交流的不平衡还表现为美国的"宗教知华派"为数寥寥。尽管宗教是所谓中国人权问题中唯一在美国"能够引起任何值得关注的公众兴趣并因此而经常出现在公共话域中"的议题，但根据美国学者裴士丹（Daniel Bays）的观察，长期以来美国关注以及辩论中国基督教问题的个人和团体，绝大多数对中国所知甚少，因此直到目前美国有关中国基督教的"公共话语"或讨论水准仍十分粗浅，更多在发泄情绪而不是发布事实信息，而且趋于两极化。① 美国对中国基督教的此种可被称为"高情绪化的低水准认知"在对中国各大宗教以及宗教政策的总体认识上也普遍存在。美国有关团体和个人对中国宗教政策和状况的过于政治化和意识形态化的解读、基于神学传统的先入之见、出于筹款

---

① Daniel H. Bays, "American Public Discourse on the Church in China", *The China Review*, vol. 9, No. 2 (Fall 2009), pp. 1–16.

目的和政治操控等权益之计的做法均构成中美宗教交流的障碍。基督教宣教学上有"福音未及之地"和"福音未得之民"的说法。就中美宗教交流而言，美国确实还有许多"中国宗教真实信息未及之地和未得之民"①。

第五，反观中国，对美国宗教以及宗教因素在中美关系中的作用，无论在社会层面还是在政（府）、教（会）、学（术）三界，都未得到足够的重视，关于这些议题的"公共话语"和民间议论通常也比较简单化，并且同样存在着误解、分歧乃至对立。一般来说，中国民众对于美国社会的了解往往多于美国民众对于中国社会的了解，但宗教领域可能是一个例外。就学界而言，尽管十多年来一些论著陆续问世，包括本人主编的《宗教与美国社会》系列丛书，但与美国研究的其他领域相比，仍存在着较大的差距。由于资讯不够发达，实地或田野研究付之阙如，未建立权威数据库并缺乏数据分析能力，以及宗教研究仍受到诸种束缚，大多数学界的美国宗教研究实际上还处在偏重历史（主要是美国在华传教史）、文献综述和译介的阶段。就基督教而言，实际上中国教牧领袖对美国基督教的实际情况，比如对水晶大教堂、柳溪教会、马鞍峰教会、葛培理福音布道会等著名教堂和教会组织的了解，要远胜于许多学者。因此国内学界对美国宗教以及当前中美关系中宗教因素的研究，较之于宗教在美国社会和中美两国关系中的地位和重要性也是不相称的。可以说宗教是目前中美之间相互认知水准最低、信任赤字最大、分歧最为严重和研究最不充分的一个领域。因此推动国内学界对美国宗教尤其是美国对外关系中的宗教因素的研究，减少各种猜疑和误判，尤其是减少过于政治化的解读，对于中美关系的稳定和持续发展具有深远的意义。

第六，后传教时代的中美宗教互动不限于基督宗教。此前其他宗教交流与基督宗教相比影响甚微，但在后传教时代尤其是中国改革开放以来佛教、道教、犹太教、摩门教等宗教均在较大程度上参与互动，这不仅体现了中国社会开放的广度，也反映了美国宗教格局多元化的深度。具有摩门教背景并曾在中国台湾地区担任该教会传教士的洪博培（Jon Huntsman）出任奥巴马政府的驻华大使，就是此种宗教互动多元化的生动写照。事实上中国对外开放以后逐渐落户于中国各地的摩门教、东正教、巴哈伊教、

---

① 参见单渭祥《访美归来的期盼：专访复旦大学美国研究中心教授徐以骅》，《天风》2011年第12期，第49页。

犹太教以及中国民间信仰的复兴,对中国目前的五大合法宗教(即基督教、天主教、佛教、道教和伊斯兰教)的宗教管理模式,构成了挑战。

第七,对中国来说,美国对华宗教输入最大的影响之一就是形成了中国人看待如政教关系等的宗教问题的外在参照系。这不仅发生于学术界,也发生于政府和民间层面。美国在许多方面已成为中国社会的参照系,目前在宗教领域也是如此。这对中国未来的宗教政策和实践将产生重要的影响。事实上随着中国海外利益的全球化和以孔子学院为代表的文化走出去战略的全面实施,中国政府不少部门和社会各界对过去基督教传教运动的看法也有所改变。如主持海外孔子学院的国家汉办的负责人便称,要办好孔子学院就需要"打造一支需要传教士式牺牲精神的队伍"。

二 基督教在今日中国社会之处境

理解当代中国基督教的最大难题之一,就是统计数据的缺乏与不确切。与传教时代以注重保存历史文献资料而著称的传教士和差会不同,关于当前中国基督教权威统计数据的缺乏以及对之解读的分歧之大,足以引出截然不同的结论。然而,正因为后传教时代的中美宗教互动,尤其是在宗教民调领域的合作,中美或中外之间的"方法论差距"和"信徒人数差距"正在明显缩小。据目前中外学界都比较认可的数据,中国各种宗教信徒的人数在3亿以上,相当于或超过了美国总人口数。而中国基督教信徒人数,也在2300万至4000万的区间,或占我国总人口的1.7%至2.9%。另据国务院国家宗教事务局2012年6月发表的数据,我国现有经批准开放的宗教活动场所近13.9万处,其中基督教教堂、聚会点约5.6万处。如加上其他所有的宗教崇拜场所,我国各类宗教场所的总数至少接近或甚至超过美国。因此单就数量而言,中国宗教尤其是中国基督教在1979年改革开放以来,确实有了较迅速甚至是超常规的增长。

然而,除了绝对数量外,宗教尤其是基督教在中国的社会地位,与过去相比还是有较大差别。笔者曾在另一场合评价说,基督教在中国发展的基本轨迹,大致上是从社会边缘到中心再回到边缘,或从政治体制外的客观上具有革命性的势力转变为体制内具有改良和保守性的势力,再转变为游离于体制内外的只具有象征性政治作用的社会力量。在1949年之前,尽管从中华圣公会、中华基督教会到内地会的各个基督宗派教会之间有许多差异，但从整体上讲基督教在中国享有较高的社会地位，具有"三高"的特点。

"一高"指教育与神学训练程度高。众所周知，基督教会是中国现代高等教育的先驱，也是中国高等院校的模板。基督教教会大学以及神学院校不仅为基督教在华生根落户提供了重要的"基础设施"，也成为中国基督教会的"思想库"和"人才库"。在基督教在华传教运动的传教策略中，教会教育始终占据着头等重要的地位。

"二高"指社会参与程度高。1949年前基督教与中国社会的接触面极广，教会通过各种福音事工以及教育、医疗和慈善机构不仅下达社会底层，而且上至社会高层和两党政治，在中国近代史上的各个重要时期和事件中均扮演过重要角色，并且最后成为国家权力建制的一部分。基督教内部有高端或精英路线与低端或普罗路线之争，这实际上都增加了基督教的社会参与度、接触面和影响力。

"三高"指国际化程度高。基督教在华传教运动是国际基督教运动的组成部分，在思想、经济和组织机构上均深受西方基督教会的影响和实际掌控，自20世纪初以来，中国基督教会的自主性提高，并渐次登上国际舞台，对普世基督教运动也作出了重要贡献。笔者若干年前曾把赵紫宸出任世界基督教协会主席和韦卓民获得美国纽约协和神学院路思义世界基督教教席的殊荣称为标志性事件，表明中国基督教会在当时全世界的所谓后进教会中，至少在东亚地区，在基督教组织和思想建设的整体水准上处于领先的地位。

与此同时，上述"三高"现象所反映的，是长期以来中国基督教会对西方差会的"高度依赖"。这一"高"实质上是中国基督教内所谓中西新教权力建制（Sino-Western Protestant Establishment）和"中西共管模式"的致命伤之一，造成了阻碍中国基督教本地化的种种严重后果，如：教会直接宣教事业与辅教事业（如教育、医疗和慈善等事业）"头轻脚重"，后者"喧宾夺主"；教会机构过于庞大，难以实现自养，也难以摆脱"洋教"色彩；经济、机构和神学上对西方差会的依赖也导致中国基督教会就整体而言在政治上成为体制内的势力，并成为中国革命的对象等，这些都使基督教在中国所取得的种种成绩大打折扣。

在1949年中华人民共和国成立后的60多年来，中国基督教会的社会处境发生了根本性的变化，目前的这种处境可以用"三个边缘化"来加以归纳。

"第一个边缘化"指在神学和宗教学术研究上的边缘化。中国基督教神学和宗教研究发端于基督教会及其所属的教会和神学院校。然而，由于20世纪50年代初教会教育机构的国有化以及包括"文化大革命"在内的政治动乱，使中国基督教会完全退出教育领域，正式神学教育也奄奄一息并一度完全中断，直到"文化大革命"结束后才逐步恢复。因此，1949年后中国基督教神学和宗教研究的重心发生位移，先转移至中国台湾、中国香港教会和学术界，改革开放以后又重回大陆学术界而非教会界，使向来对神学和宗教研究难能置喙的世俗学界对教会界取得了较大的甚至压倒性的优势。

"第二个边缘化"指在社会生活中的边缘化。基督教会曾经是中国社会公共产品的主要提供者之一。然而像退出教育领域一样，1949年后中国基督会也全面退出医疗、慈善、媒体等公共领域，在教会管理机构被集中控制的同时，教会和宗教活动则完全被限制在私人领域。十多年来基督教会虽获准举办了一些小规模的医疗、慈善、养老和幼儿教育机构，开展如防治艾滋病等项目，参与扶贫赈灾救援等活动，但教会的社会影响力仍相当有限，这与基督教会在1949年前的情形以及与当前较大的信众数量相比是不匹配的。

"第三个边缘化"指在国际基督教界被边缘化。20世纪50年代初切断与西方教会的联系被视为中国基督教"三自运动"的一项主要使命，中国基督教会也因此与世隔绝。尽管中国基督教与普世教会在改革开放后重新建立了关系，比如1991年重新加入世界基督教协进会，与世界福音派联盟等也建立了关系，但其国际地位却明显下降，并且不充分具备国际学术对话的能力，这是与中国作为拥有众多基督教人口的正在崛起的世界性大国地位不相称的。

不过近年来中国基督教会出现了若干新趋势，这些趋势在一定程度上改变了中国基督教会上述边缘化的处境，并且有可能较大地提升基督教在中国社会中的地位和正面作用。

"第一个趋势"可称为多元化趋势。这种趋势有多种表现：一是教会存在形式的多样化。照国内学界一般的说法，目前中国的基督教大致上可分为"三自教会"（即全国基督教两会系统的教会）、"非三自教会"（即未经政府相关部门登记的教会）、"准三自教会"（即名义上服从"三自教会"但实际上并不具体接受"三自教会"指导的教会)。人们一般所称的"家庭教会",大多属于后两类。对"家庭教会"的重新认识问题已提上政学两界的议事日程;二是"三自教会"内部的非集权化和宗派化:由于属地化管理的政策,"三自教会"出现分权化或地方化趋势,部分权力开始流向基层教会尤其是大教堂(megachurches)。与此同时,宗派化的倾向也在潜滋暗长,成为"后宗派时代教会体制"外的选项;三是基督教徒成分的多样化。原来的信徒是所谓"五多",即文盲多、老人多、妇女多、农村居民多、病人多。现在信徒中知识分子、高收入者、城市居民和中青年的比例有较大提高,涵盖老板基督徒、农民工基督徒、职场基督徒、学生基督教团契的城市教会正在迅速发展;四是基督教分布状况的多样化。随着经济发展和人口空前规模的流动,宗教信徒也随之大量迁徙。改革开放30多年来国内基督教的主要流向有两个:一是从乡村到城市;二是从东部(沿海)到西部(内地),使基督教越来越成为城市和全国性现象。所有这些都提高了基督教的社会覆盖面和能见度,当然也在某种程度上加大了教会内部、教会与社会以及教会与政府之间的各种张力。

"第二个趋势"可称为学术化趋势。这可从两方面来理解。一方面中国基督教内部的知识化趋势,表现于基督教会自身文化程度的提高,出现"文化基督徒"、大学生团契等群体现象,选派基督教领袖、牧师和神学院教师到国内著名高校如人民大学、复旦大学、华东师范大学以及国外著名神学院校进修和攻读学位已成为获得政府批准和支持的制度性安排。不过包括基督教神学院在内的宗教院校未被纳入国民教育体系,它们提供的教育和颁授的学位得不到社会认可,是目前制约中国基督教神学教育发展的最大瓶颈。中国基督教会在"神学思想建设"或"自我神学"(self-theologizing)方面还有很长的路要走;另一方面,世俗大学和研究机构无论在神学还是在宗教研究和教学上都扮演着主角。有学者把中国基督教神学研究分为教会神学、汉语神学和学术神学三个板块,其中教会神学基本立足于教会和神学院,而汉语神学和学术神学则主要寄身于世俗高校和研究机构。基于世俗机构的汉语神学和学术神学远较教会神学发达,为中国基督教研究和教学扩大了生存空间,构成具有中国特色的基督教神学及宗教研究,不过也招致"有学而无神"或"有神学而无教会"的批评。目前,中国高校包括基督教研究在内的宗教研究渐成学术热点,提升了宗教研究在整个学术研究中的地位,并且为中国基督教会的健康发展提供了必不可少的思想和教育资源。

"第三个趋势"可称为社会化趋势。目前，中国基督教的社会服务事工已逐步从传统的"灾难救助式慈善"或"政府指令式慈善"朝专业化、制度化、规模化的方向发展，并较大地提升了其公共形象。就国内背景而言，2008年汶川抗震救灾和北京奥运会反映出中国公民参与的巨大热情和能量。对宗教公益慈善事业的重视，也已经开始在政府部门的发展战略中有所体现。2012年2月26日，国家宗教事务局联合中央统战部、国家发改委、财政部、民政部和国家税务总局等部门印发《关于鼓励和规范宗教界从事公益慈善活动的意见》（国宗发〔2012〕6号），为宗教界开展公益慈善活动提供政策指导和框架性"准入"规定，而拟议中的"宗教慈善法"则将为包括基督教会在内的宗教团体进入公共慈善领域提供更大空间和制度保障。由于现实处境的限制，当前主流基督教会对社会的参与，主要还是通过争议较少的社会服务和关怀、文化建设和伦理示范等途径，正如中国著名宗教学者卓新平所言，在其社会功能方面，中国基督教会需要"先做仆人后做先知"。

中国学界一般认为，中国基督教在经过20世纪八九十年代的迅速增长后，由于各种原因，尤其是来自传统宗教如佛道教和民间信仰的竞争，在20世纪末已经进入缓慢增长期，或者说已经到了"增长的极限"。在今后的若干年里，中国基督教的绝对信徒人数还会有所增加，但占总人口的比例却可能不会大幅提高，显然中国基督教的发展已需要从目前的"数量阶段"向"质量阶段"过渡。在后一阶段，中国基督教更加需要强身固本，在教会牧养、神学教育、学术研究、社会服务、构建和谐社会以及后面要讲到的对外交流等领域全面提高其事工的质量。

三 信仰中国：关于中国的新叙事[①]

"信仰中国"不仅是看待中国基督教，也是看待整个中国的新视角，或者说是关于中国宗教以及宗教与中国对外关系的某种愿景。

与西方世界长期以来对于"无神论中国"的刻板印象截然相反，各

---

① 此部分主要依据徐以骅、邹磊《信仰中国》，《国际问题研究》2012年第1期，第43—58页。

种权威数据均表明，中国不仅是传统而且是新兴的"宗教大国"，主流宗教的增长、新兴宗教的崛起以及民间信仰的复兴相互交织，成为全球宗教复兴的一个重要组成部分。

然而，与在政治、经济、军事领域的"准超级大国"地位相比，中国在文化和观念领域却仍属"发展中国家"序列，在实际国际影响力上呈现明显的"软硬失衡"态势。国际上对所谓"北京共识"和"中国模式"的兴趣，亦大多基于中国举世瞩目的经济成就及其背后强大的政府执行力，而非中国的文化和观念软实力。事实上，中国国内宗教信仰的复兴与国际上根深蒂固的"无神论中国"印象之间的认知差距，恰恰反衬出了中国宗教在海外投射力上的限度，以及中国在建构与展示较"无神论中国"更为真实的"信仰中国"以及宗教政策方面的能力不足。与此种"内外有别"一体两面的情况是，佛教、道教以及各种中国传统民间信仰在中国港台、东南亚以及欧美国家所拥有的较广泛的信众和影响，却并未实质性地增进作为发源地和根据地的中国之国家利益，两者之间存在着断裂与脱节。

基于种种原因，尽管"后传教时代"的中外宗教交流成果显著，但部分国家尤其是海外华人社会及其广大宗教信众仍然对中国的宗教生态与政教格局存在疑虑，这也严重削弱了这些地区和社区对中国的好感度与向心力。在中国和平发展的宏观背景下，与其他国家及其普通民众在宗教信仰上的隔阂，已然成为制约中国树立文化大国形象的现实瓶颈。

与此同时，目前中国为世界所提供的主要还是宗教商品，虽有宗教经济的繁荣景况，却尚不具备文化和神学附加值。可以说，中国在国际宗教经济市场中的弱势地位，正好对应其在国际经济分工中的低端处境，而这与中国博大精深的宗教传统也形成鲜明对照。由此导致的结果，则是中国在为全球宗教复兴提供充足物质条件的同时，却未得到与此种贡献相称的国际认可。而国际社会在广泛消费中国制造的信仰商品的同时，也并未真正意识到信仰商品背后一个正在逐渐显现的"信仰中国"。

在国际政治领域，自冷战结束以来，宗教越来越成为中外关系中的要素，西方国家尤其是美国对中国宗教问题的"政治化"手法（如所谓"中国宗教自由问题"）以及政治（主权）问题的"宗教化"和"国际化"运作（如西藏问题），不仅形成对中国的国家主权与安全的挑战，也强化了国际社会对我国的"制度偏见"。面对此种局面，我们与其在宗教问题上不断面临中国外交的被动卷入，不如正视和顺应全球宗教复兴与国际关系"宗教回归"的大趋势，积极寻回我国外交中的宗教因素。如何把宗教从中国国际战略中的"负资产"转变为"软权力"，在国际宗教舞台上化被动为主动，目前已日益成为我国需面对的一项迫切的战略选择。

中国和平崛起的历史进程，亦是全面"走出去"以及国家利益全球化的展开过程。就前者而言，我们很难设想没有传统文化支撑的可持续的"经济走出去"战略，同样也很难设想缺乏宗教背景和价值观基础的传统文化。同时，现代政治的大众参与特性决定了中国"走出去"战略与全方位外交的顺利开展，在需要注重目标国家和地区的政治上层和社会精英的同时，亦无法忽视基层群众或草根阶层的巨大力量。宗教作为超越阶层、种族、性别、文化的精神力量，历来是中外文化交流的主要载体和重要组成部分，无疑能为中国开展公共以及民间外交提供有力的依托，从而克服中国外交工作中在某种程度上存在的"上下脱节"（重精英轻草根，重官方轻民间）状况。宗教交流是中国与外部世界在思想文化、价值观和情感层面的互动，应当要比经贸等交往更为深刻、更具基础性和长期性。

以上这些都表明，如何实现宗教与外交之间的良性互动，将国内宗教发展、跨国宗教交流与国家总体外交三者相协调，正在逐渐成为中国和平发展以及民族复兴进程中具有全局性意义且亟须面对的战略问题。中国若要在宗教信仰领域更加有所作为，弥合前述的"软硬失衡"、"内外有别"、"上下脱节"等多重差距，其关键即在于正视一个长期不为人注意，但已逐渐显现的"信仰中国"。而中国国力和民族自信力的迅速提升则为在新形势下中国得以主动叙述、建构以及展示一个真实的"信仰中国"提供了必要的条件。

近代以来，在西方思潮的冲击与涤荡下，传统中国的政治秩序与价值体系遭遇了全盘性的危机与崩解。在从传统帝国向现代民族国家的转型过程中，领土的快速"内收"与人口的大量"外移"正是两股相逆而并行的趋势。由此造成的结果是，尽管现代中国的国土面积已今非昔比，但海外华人的分布之广却远超过历史上的任何时期。可以说，中国的国境线在地理意义上的收缩过程，恰恰是其在人口意义上的扩张过程。伴随着海外华人的足迹遍布东南亚、欧美及世界各地，中国的各种传统宗教信仰亦得以在全球范围内传播。从这个角度看，由华人的跨国迁移所推动的中国人的国际化,也带动了中国传统宗教信仰的国际化。在这一双重的国际化进程中,逐渐在中国本土以外形成了至少三类信仰群体,包括中国传统宗教信仰的海外华人信众、东西方各种宗教信仰的海外华人信众,以及中国传统宗教信仰的外国信众。可以说,他们构成了"信仰中国"的海外版图。

与此同时,为了因应现代民族国家竞争的严峻挑战,国家建设与社会革命成为近代中国面临的基本课题。在此历史进程中,各种政治力量尤其是国共两党的激烈竞逐,不仅导致了国共内战和1949年以后海峡两岸在政治、军事、文化上的全面对峙,更为重要的是,它也造成了两岸以及全世界华人心灵上的长期分裂。围绕着"谁是正统,谁更正当"的问题上所产生的"红色中国"与"自由中国"之间的对立,即是这种心灵分裂在政治叙事上的鲜明表征。东亚冷战的全面展开,又在很大程度上强化了政治与意识形态的分裂态势,从而使两岸以及全世界华人长久地陷于内战与冷战的思维框架中。尽管今天这一关于中国的二元政治叙事已完全失去了现实基础,却依然有着或显或隐的后续效应,这在广大的海外华人中体现得尤其明显。实际上,将"红色中国"等同于"无神论中国",从而造成广大海外信众与当下中国大陆国家认同之间的某种程度的断裂,既与1949年后的某些阶段里中国大陆在宗教领域的特定实践有关,却也正是该政治叙事的题中应有之义。

同样是面对被国共内战与东亚冷战所割裂的"中国"和海外华人世界,与这种强调对立的政治叙事相反,20世纪80年代中后期开始出现了意在将"中国"和海外华人世界重新想象为一个整体的努力。在各种以"大中华"(Greater China)为名的论述中,影响最大的就是以"中华经济圈"为代表的经济叙事和以杜维明先生的"文化中国"为代表的文化叙事。[①] 可以说,两者都试图弥合意识形态的分歧,用经济和文化的流动性、开放性来消解政治的边界性、封闭性。同时,通过一种不同于现代民族国家的界定方式,使数量庞大的海外华人成为非疆域性的扩大版"中国"的重要组成部分。从时间上看,两者的兴起几乎是同步的,其共同

---

① See Harry Harding, "The Concept of 'Greater China': Themes, Variations and Reservations", *The China Quarterly*, No. 136, Special Issue: Greater China (December 1993), pp. 660 – 686; Tu Wei-ming, "Cultural China: The Periphery as the Center", *Daedalus*, Vol. 120, No. 2, The Living Tree: The Changing Meaning of Being Chinese Today (Spring 1991), pp. 1 – 32.

的背景正是中国大陆的改革开放以及东亚尤其是中国港台、新加坡等华人社会的经济奇迹。这一时间上的重合并非偶然，而是恰恰点出了两种叙事之间内在的隐秘联系。事实上，"文化中国"与"中华经济圈"正好对应了韦伯式命题的两端，表达了杜维明等海外新儒家念兹在兹的核心关切，即儒家伦理与现代化的关系。也正因此，当时经济上正蓬勃发展的中国港台以及新加坡等海外华人社会，就被杜维明先生寄予了从"边缘"跃升为"文化中国"之"中心"的期望。"中华经济圈"的叙事亦采取了这种以中国港台地区为"中心"、以中国大陆为"边缘"的"差序式"论述结构，其实质就是将国际经济的分工格局由高到低地复制于中国香港地区、中国台湾地区与中国大陆。可以说，中国大陆与中国港台地区之间经济力量的消长，在很大程度上决定了中心与边缘的地位归属。中国港台地区对于中国大陆的经济优势，构成了这两种中国叙事的现实基础。

然而，自世纪之交以来，随着中国大陆的快速崛起，中国大陆不仅成为中国港台地区经济得以持续发展的根本保障，更成为世界经济增长的巨大引擎。正是基于如此显而易见的"权势转移"，"中华经济圈"与"文化中国"这两种主要由中国港台地区及海外华人学者所倡导、以中国港台地区为"中心"的中国叙事，丧失了社会现实的支撑，已不再具备初始期的解释力和吸引力。尽管如此，它们试图弥合政治及意识形态的对立，将"中国"和海外华人世界重新塑造为一个整体的努力，却依然具有现实的启示与价值。实际上，在中国崛起的宏观背景下，这两种叙事尤其是杜维明先生的"文化中国"论，恰恰为我们理解和叙述一个正在逐渐显现的、与"中华经济圈"和"文化中国"并存的"信仰中国"提供了极佳的参照。

在杜维明先生所建构的中国叙事中，"文化中国"由三个意义世界（symbolic universes）构成：①中国内地、中国港澳台地区及新加坡；②世界各地的海外华人社群；③各国关心中国文化的知识群体（学者、媒体人、企业家、政府官员等）。① 与这种超越民族国家地理边界的定义方式类似，"信仰中国"亦呈现为差序包容式的同心圆结构，而此一结构恰恰又是分辨"中国、诸夏和夷狄"的传统中华世界政治秩序的真实写照。可以说，对"信仰中国"的反现代国家式的叙述，反而是对传统中国政治文明的回归。

---

① Tu Wei-ming："Cultural China: The Periphery as the Center", pp. 12 – 13.

具体而言,"信仰中国"包含了三个紧密相连的"信仰板块":①中国大陆与中国港、澳、台地区;②中国传统宗教信仰与各种东西方宗教的海外华人信众群体;③中国传统宗教信仰的外国信众群体。第一个"信仰板块"正好涵盖了当代中国的政治版图,而第二、第三个"信仰板块"则反映了"信仰中国"的海外版图,是中国"信仰国境线"的海外延伸。

就第一个"信仰板块"而言,中国大陆与中国港、澳、台地区拥有"信仰中国"大部分的人口,是"信仰中国"的主体部分。与杜维明的"文化中国"以中国港台地区为潜在中心的论述相反,中国大陆不仅是第一个"信仰板块"的中心,而且是整个"信仰中国"的中心。这种中心地位,不仅表现为庞大的信众人口、繁荣的宗教经济和全面的宗教复兴,还体现在中国大陆是各种传统宗教与民间信仰的发源地和中心。无论是经过本土化后的佛教,还是直接发源于中国的道教以及妈祖等信仰,几乎所有最重要的朝觐圣地都位于中国大陆。这不仅成为维系港澳台地区民众对大陆向心力的重要依托,也成为中国海外文化辐射力的潜在资源。如果说传统中国是东亚各国政治上"朝贡"的中心,那么,现在中国大陆完全有可能成为海内外信众宗教上"朝觐"的中心。同时,中国大陆对于各种外来宗教的接纳,亦使这些宗教及其信众成为联系中国与其他国家的中介。在中国全面"走出去"以及全方位外交的背景下,这种联系的意义正在逐渐凸显。相较于经历革命"洗礼"的中国大陆而言,中国传统宗教与民间信仰在港澳台地区的存在更为普遍,影响更为深远,几乎涵盖了政治、经济和社会生活的方方面面。两岸民间宗教同源同宗。台湾各界均认可台湾地区的民间宗教信仰缘自大陆,根植民间社会,与台湾移民史、开发史同步发展,直至今天仍然拥有占台湾人口 2/3 左右的信众。

就第二个"信仰板块"的两个信仰群体而言,出于历史、民族、血缘、语言等原因,海外华人与中国有着天然的特殊联系。中国国内的宗教状况、中国的宗教政策,以及他们与中国的宗教互动经验,往往影响到他们对中国的向心力与归属感。同时,宗教信仰与宗教建制又往往能超越地缘、血缘、阶层、性别等界限,赋予海外华人信仰群体以很强的凝聚力,从而使有信仰的少数人常常具有远较无信仰的多数人更高效的社会组织、动员及参与能力。这就为他们对所在国民众的中国认识与所在国政府的中国政策施加某种程度的影响(无论是正面的或负面的),提供了必要的条件。在广大的海外华人社会尤其是东南亚国家中,各种历史悠久的中国传统宗教与民间信仰在普通民众的日常生活中扮演着重要的角色。在谈到中国基督教的增长时，著名宣教学者安德鲁·沃尔斯（Andrew F. Walls）便提醒人们不能忘记"中国基督教并不限于中国，遍布亚洲及亚洲以外的海外中国人口中的基督徒目前已为数庞大"。① 事实上，各种西方宗教的海外华人信众，往往能较西方民众更加真实地把握中国国内的宗教状况。同时，相较于中国自身而言，他们更加懂得也更有能力将中国国内的真实情况告诉西方社会。这种双向的优势，使海外华人中的西方宗教信众在宗教领域完全有可能充当中外互相理解的传译者。

就第三个"信仰板块"的信仰群体而言，尽管这些外国信众与中国本身并无直接的历史、民族、血缘与语言的联系，但是通过中国传统宗教或民间信仰这一纽带，亦成为"信仰中国"的有机组成部分。与"文化中国"第三个"意义世界"的知识取向与精英取向不同，由于宗教信仰并不以一定的知识水平为前提，"信仰中国"第三个"信仰板块"无疑更加贴近国外民众与草根阶层（尽管精英的作用亦十分重要）。对于绝大多数对中国本身缺乏了解的外国民众而言，中国宗教和民间信仰的大量场所、仪式、活动和出版物就成为他们认识中国时最直观、最感性及最直接的渠道。随着中国传统文化与宗教信仰在全世界吸引力与影响力的提升，这些外国信众的人数也在逐渐增加，且具有一定的潜在影响力。

在全球化的时代，中国的国内宗教实践已具有明显的海外效应，海外的华人信众与外国信众亦具有影响中国国家形象和利益的潜能。这种内外交融的情势决定了我们必须超越民族国家、内政外交的界限，在更广阔的视阈中来理解宗教对中国的独特意义。"信仰中国"的论述，正是要消除这种内外有别的思维定式和现实限制。

实际上，"信仰中国"不仅是一种当下的现实论述，更有其深厚的历史基础。从长时段的视角来看，但凡中国处于国力强盛、民族自信的历史时期，都出现了中外宗教交流大发展的盛况。一方面，它意味着中国积极接纳、包容各种本土与外来的宗教信仰，使之在中国和合共生；另一方面，它表现为中国真诚地向域外（海外）学习或传播优秀的宗教文化，

---

① Andrew F. Walls, "The Dynamics of Christianity and Culture in the Context of Five Centuries", paper presented at International Symposium on Christianity and Sino-US Relations, May 21 - 22, 2011, Beijing, Symposium Proceedings, p. 75.

玄奘西游与鉴真东渡即是最好的例证。这种频繁而良性的中外宗教互动，不仅塑造了中国自身，同时也塑造了中国的周边世界。

进一步而言，在中国对外部世界具有巨大影响力和吸引力的各个历史时期，宗教都在其中发挥了极其重要的作用。可以说，传统东亚世界不仅是一个以中国为中心的"文化圈"、"朝贡圈"、"贸易圈"，而且是一个以中国为中心的"信仰圈"。无论是儒、释、道三教，还是妈祖等民间信仰，皆直接参与了传统东亚世界的形成与运作，都是联系中国与东亚各国及其民众的重要精神纽带。早在隋唐时期，"佛教外交"即已是东亚国家开展对华外交的常用手段，这实际上也从侧面反映了宗教在传统中国外交与东亚国际政治中的独特地位。与官方外交层面对宗教资源的倚重相对应，滨下武志甚至认为，源于中国的妈祖曾是东亚海域民间秩序的守护者和统治者。① 同时，历史上每当中国试图在东西、海陆两个方向的对外关系中采取积极有为的政策时，宗教就常常扮演着开拓者与中介者的角色。"东海"方向自不待言，沟通中国与"西域"的"丝绸之路"，就不仅是一条"贸易之路、文化之路、和平之路"，亦是一条名副其实的信仰之路。

可以说，对于"信仰中国"的长时段追溯，所展现的是历史上中国开放而自信的大国心态，以及气势恢宏的泱泱大国气象。这种心态与气象，正是"信仰中国"得以存在和持续的重要基础。对于物质实力不断提升、民族自信逐渐增强，且正致力于实现"中华民族伟大复兴"的当代中国而言，这无疑具有现实的启发意义。

随着中国改革开放的深入进行与国际参与的全面拓展，中国对自身核心国家利益的界定已渐趋清晰。在此过程中，宗教信仰对于中国国家利益的影响也越发明显和深入。"信仰中国"的提出，将至少从国家安全、经济发展、国际形象、国家统一等方面对中国国家主权和利益的维护和实现产生潜在的积极意义。

"信仰中国"的提出对中国基督教有何意义？

"信仰中国"叙事从国家利益安全、国家形象和国家对外战略等视角来阐述宗教对当下中国的积极意义。目前国内宗教学界已基本抛弃长期流

---

① ［日］滨下武志：《中国、东亚与全球经济：区域与历史的视角》，王玉茹、赵劲松、张玮译，社会科学文献出版社2009年版，第92—96页。

行的主要针对基督宗教的宗教鸦片论以及把宗教打入"另类"和视为"鬼神信仰"等错误的做法，在理论上较全面地阐述了把宗教作为当前中国的重要社会资源的意义。"信仰中国"延续了这一努力，把宗教作为中国对外关系中的重要资源以及中国目前实施的"全方面走出去"战略的一部分来加以论证，从而进一步诠释了宗教在中国内外政策中的正面作用。与中国传统宗教和民间信仰相比，基督宗教在中国宗教开放和中外宗教交流方面更具指针性意义。中国社会和政府对宗教更加正面的看法和政策，是"后传教时代"中外宗教互动以及我们所阐述的"信仰中国"的基础。中国领导人曾指出，推动中美关系发展，不仅要自上而下，也要自下而上，因为"中美关系根基在地方、在民间、在基层"。宗教尤其是基督宗教作为中美关系最具地方性、民间性和基础性的因素之一，其对推动中美关系进一步向前发展的潜能和必要性都是不言而喻的。

"基督教中国化"研究刍议：以近现代中国基督教为切入点[①]

张志刚

（北京大学哲学系、宗教学系）

本文所用的基本概念——"基督教中国化"（Sinicization of Christianity），是相对于以往惯用的"本色化"（Indigenization）、"本土化"（Localization）或"处境化"（Contextualization）等提法而言的。在笔者看来，所谓的"本色化""本土化"或"处境化"等提法，主要属于"教会的概念"，即主要是"教会的学者"用来讨论基督教如何适应传入地的文化背景或社会处境的；而"中国化"概念，则定位于"学术的立场"，即力求更客观、更理性地探讨基督教何以能够融入中国文化、中华民族、特别是当代中国社会。中国有句成语"三思而行"，笔者以为，这个成语所蕴含的素朴哲理也适于我们思考"基督教应否融入中国文化、中华民族和中国社会"。当然，这样一个重要且复杂的课题，绝非笔者个人所能完成的，而是要靠海内外学术同行来集思广益，百家争鸣，共同探索。正是基于上述初衷，笔者将近些年来的研究体会梳理为本文的三部分理论思索，以期抛砖引玉，征得批评指正，裨益日后研讨。

[①] 本文曾以《"基督教中国化"三思》为题，首发于《世界宗教文化》2011年第5期，并以此标题在多次国内外学术研讨会上做过讲演。此次重新发表，既在内容上有所浓缩，也在文字上略加修改，特此说明。

一 "洋教身份"：中韩基督教史比较引发的思考

如果用比较的眼光来考察中韩两国的基督教传入史，并思考基督教在中韩两国近代史上所起的主要社会作用，即对各自的民族和国家所起的主要社会作用，我们可以发现，二者存在着强烈的反差。这种反差有多么强烈呢？下述历史反思可使我们一目了然。

中国基督教三自爱国运动委员会前主席罗冠宗先生指出：

> 近代基督教是在19世纪传入中国的，它对中国的社会曾经有过一定的贡献；不幸的是，基督教的传入又是同帝国主义对中国的入侵分不开的，而且被殖民主义、帝国主义所利用。
>
> 早在1922年的非基督教运动中，首先是教外青年学生、知识分子在反对帝国主义侵略中国的同时，尖锐地抨击基督教是帝国主义侵略中国的先锋队。尔后在同年5月举行的、由外国差会控制的"基督教全国会议"中，中国基督教代表也批评指出：基督教传入中国的历史，和中国的国耻有相关的联系，西方自称"基督教国家"，违反教义，侵略欺凌我国，致使基督教在中国的传播，受到很大阻碍；他们还批评当时在差会"管教"下的教会其实仍是一个"外国教会"，所以受到外界的非难。在1925年五卅运动中，在全国人民愤怒声讨帝国主义枪杀我国同胞的同时，爱国的基督教也纷纷抨击那些"基督教国家"贩卖鸦片，发动侵略战争，强迫签订不平等条约，割地赔款，恶贯满盈；而有的传教士却违背教义，口是心非，包庇其政府的侵略罪行。这些，都是历史上教内外爱国同胞抨击帝国主义利用基督教侵略中国罪行的史实。①

与此形成鲜明对照的是，我们在关于韩国基督教史的学术著作里可读到如下论断：

---

① 参见罗冠宗主编《前事不忘后事之师：帝国主义利用基督教侵略中国史实述评》，宗教文化出版社2003年版，"前言"，第2、4页。

"三・一"民族独立运动展示了韩国基督徒反抗压迫，追求民族独立与进步的风采，也推动了韩国传教事业的发展。由此可知，信仰基督教具有近代民族主义的色彩，并在这样的特殊历史环境下，基督教逐渐成为能够救民救国的民族宗教，人们再也不把基督教看成"西方宗教"了。

　　韩国民族运动的思想基础在于基督教神学的自由民权思想。换句话说，韩国的民族运动与基督教是分不开的。面对民族危机，韩国基督教在不同的时期发挥了重要的影响。基督徒积极地站在争取民族解放、反日爱国斗争的前列。

　　韩国《独立宣言》宣布当天，33名签名者中就有15名基督徒。

　　因此，在韩国民族独立运动中，基督教领袖被民众尊奉为民族英雄。①

笔者首先要认真说明，引用上述文献观点，绝无任何"贬低中国基督教，抬高韩国基督教"的意思。其次，尽管以上引文所表述的两种历史判断肯定难以反映近代中韩基督教史的全貌，也难免含有这样或那样的情感色彩或理智倾向，但只要它们没有违背基本的史实，二者形成的强烈反差便足以使我们感悟出这样一个值得思考的历史社会学问题：中韩两国有着近亲的历史和文化传统，在近代社会史上也有着相似的历史境遇，可是，为什么同一种外来宗教——基督教却在两国扮演了相反的社会角色，造成了相反的社会印象，以致得到了截然相反的历史评价呢？究其原因，不同背景的研究者自然会做出不同的回答。在笔者看来，主要的原因恐怕不在于基督教的经典、教义和神学本身，而在于传教士和本土信徒的社会实践效果，即基督教对于它所传入的民族或国家的生存发展，主要是起到了正面的、积极的社会历史作用，还是负面的、消极的社会历史影响。

上述理由一旦说出来似乎浅显而简单，但它却能引发我们思考许多理论问题。譬如，一个社会、一个民族或一个国家，对于一种"外来宗教"的接受或认可主要取决于什么呢？又如，所谓外来宗教的"本色化""本

---

① 申奇勇：《韩国基督教的民族主义：1885—1945》（韩文版），东革出版社1995年版，第37页。See Shin Ki Young, *Christianity and Nation-Building in Korea*：*1885－1945*，Phoenix：Arizona State University, 1993, pp. 9－26.

土化"或"处境化",其主要标志或衡量标准到底何在呢？再如,任何一种宗教传统,无论是本土的还是外来的,其主要的功能和目的究竟何在呢？让我们带着这些问题转入下一部分讨论,这就是基督教自改革开放以来的迅速发展,在中国学界和政界所引起的"现实忧虑"。

二 "一教独大":中国当代宗教生态引发的思考

改革开放以来的 30 多年,可以说是"中国历史上宗教政策的黄金时期"。随着宗教信仰自由政策的逐步落实,各大传统宗教,像佛教、道教、伊斯兰教、天主教和基督教等,都恢复了活动,信众人数也都有明显的增长,但其中要数基督教的"迅速发展"[①] 最引人注目了。据 2010 年中国社会科学院世界宗教研究所发布的调查统计结果显示,中国大陆现有的基督徒人数约为 2305 万。

为什么基督教能在中国大陆发展得这么快呢？基督教的迅速发展将对整个中国宗教状况产生什么影响呢？这是中国宗教学界十分关注的一个话题。近些年来,关于"中国宗教文化生态问题"的研讨提出了许多值得思考的观点。笔者以为,抱着客观的态度来探讨这些观点,想必不失为国内外学术同行的共同兴趣。

在"2008 民族宗教问题高层论坛——全球化背景下的中国宗教"上,段琦教授发表了一场反响强烈的演讲,题为"宗教生态失衡是当今中国基督教发展快的主要原因"[②]。她根据实地调研资料指出,"宗教生态"是

[①] 不少学者认为,基督教在改革开放以来的 30 多年间发展得很快,并非"正常现象",故有"蓬勃发展""迅猛发展""过度快速发展""爆炸性增长""扩张式发展"等提法。关于这些提法,可参见下列文献：梁家麟《改革开放以来的中国农村教会》,（香港：建道神学院 1999 年版）；李向平《宗教信仰的国家想象力——兼评'宗教生态论'思潮》（《中国民族报·宗教周刊》2010 年 7 月 27 日）；吕大吉《关于继承和重构传统的民族宗教文化的一些思考》；牟钟鉴《基督教与中国宗教文化生态问题的思考》；马虎成《基督教在当今中国大陆快速发展的原因辨析——由"宗教生态失衡"论引发的思考》；段琦《宗教生态失衡与中国基督教的发展》（以上 4 篇论文均载于中国统一战线理论研究会民族宗教理论甘肃研究基地秘书处编：《当代中国民族宗教问题研究》,甘肃民族出版社 2009 年版）。为保持描述上的客观性,笔者采用"迅速发展"一词。

[②] 这篇演讲稿收入此届论坛的论文集《当代中国民族宗教问题研究》时,标题改为"宗教生态失衡与中国基督教的发展"。

指各种宗教的社会存在状况，其正常状态应该是彼此制约而达到总体平衡，即各类宗教各得其所，各有市场，从而满足不同人群的信仰需要；但如果人为地进行不适当的干预，就会破坏它们的平衡，造成有的宗教迅速发展，有些则凋零了。基督教之所以在我国改革开放后得以迅速发展，就与宗教生态失衡有关。①

上述看法得到了许多专家学者的认同。例如，牟钟鉴教授认为，改革开放30多年来基督教之所以迅猛发展，主要有如下4点原因：（1）历次"左"倾的思想政治批判运动，直到"文化大革命"，反复扫荡了中国传统信仰的核心——儒学、佛教、道教，以及各种民间宗教信仰，而社会主义信仰由于"十年浩劫"遭受重创，中国出现了信仰危机和信仰真空。改革开放使中国人的信仰需求得到释放，形成旺盛的宗教市场。在满足这种需求上，儒释道恢复元气较慢，而基督教却拥有强大的国际后盾，在条件一旦允许时便立刻重新进入中国，迅速填补了信仰的空白。（2）改革开放改变了中国人对西方文明偏于负面的看法，许多中国人在学习西方科学技术、经济管理、物质文明的同时，也把基督教作为当代西方精神文明建设的组成部分加以吸收。这就使基督教在历史上作为帝国主义侵略工具的形象被淡化了，而作为"洋教"与现代西方文明联系起来了。（3）基督教摒弃了天主教烦琐的礼仪、严格的教阶制，使教会分散化、小型化，使传教灵活化、简单化，更易于在民间基层传布。基督教极善于做社区工作，把传播福音与救济解困结合起来，为民众提供精神与物质上的服务，这是其他宗教远远做不到的。（4）基督教在我国的快速传布是以西方国家实施基督教化的战略为大背景的，他们在政治上、经济上有力地支持传教人，使传教人手中有钱，随地施舍，收买人心。而中国民众的民间信仰有功利性、随意性的传统，他们不大计较教门的区别和教义的真谛，只要有善意且能救急解困，就愿意随而信之，基督教恰恰容易满足民众的这种需要。② 基于以上原因分析，牟钟鉴教授发人深省地指出：

---

① 参见段琦《宗教生态失衡与中国基督教的发展》，中国统一战线理论研究会民族宗教理论甘肃研究基地秘书处编：《当代中国民族宗教问题研究》，甘肃民族出版社2009年版，第140页。

② 牟钟鉴：《基督教与中国宗教文化生态问题的思考》，《当代中国民族宗教问题研究》，第22—23页。

中国是一个多民族多宗教的社会主义国家，无论从历史传统还是现实国情来看，多元信仰是文明发展的方向，中国不可能也不允许一教做大，那将意味着文明的倒退。基督教在中国的过度发展会带来一系列不良后果：一是助长境外敌对势力和平演变中国的野心，更加紧推行其基督教化中国的战略，其结果便会出现控制与反控制的斗争，发生与中国社会主义信仰及其他传统信仰的冲突乃至对抗，破坏安定和谐；二是运动式的发展，又往往是在地下活动，不能从容提高信众的素质，不能保证信仰的纯正，难以正常与社会交流，出现许多不像基督教的教会组织，容易被各种不良社会势力所利用，不利于基督教在爱国的旗帜下健康发展；三是破坏中华民族文化的主体性和民族性，从而也将损害由儒、佛、道共同铸造的以人为本、自强不息、厚德载物、仁爱通和的民族精神，反而会放大一神教本有的排他性、好斗性，这不利于中华民族的和平崛起，也不利于和谐世界的建设。①

让我们接着来看另一种观点，其耐人寻味之处首先在于，它是由一位学者型官员、甘肃省委统战部原副部长马虎成先生提出来的；其次，这种观点与前述中国宗教生态失衡论既有分歧又有共鸣。这是指：马虎成先生一方面尖锐地批评了中国宗教生态失衡论，认为其主要论点将宗教生态失衡归因于政府宗教政策的长期失误，不但为"基督教的非正常发展"提供了"理论保护伞"（合法性依据），还会在政策上导致"以宗教对宗教"（以扶植儒释道和民间信仰来制衡基督教），造成宗教关系的不公平、不和谐甚至冲突等负面影响；另一方面，他关于基督教迅速发展的外部原因（国际因素）及其后果的看法，却与牟钟鉴等著名专家基本是一致的。

关于基督教迅速发展的外因（国际因素）及其后果，马虎成主要指出了这样几点：（1）西方势力一直把利用基督教向中国渗透作为其既定战略，不遗余力地向中国推行其建立在基督教教义上的价值观、人权观和文化观，企图改变中国的社会制度和中国人民的世界观、价值观以及宗教信仰。（2）西方国家特别是境外形形色色的教会组织，把中国视为"宗

---

① 牟钟鉴：《基督教与中国宗教文化生态问题的思考》，《当代中国民族宗教问题研究》，第23页。

教处女地",把向中国传教作为其重大使命,有组织、有计划、有目的地向中国输出基督教,制定了诸如"松土工程"(在基层传教)、"金字塔工程"(在高层传教)、"福音西进计划"(在西部特别是少数民族地区传教)等规划,企图使中国社会"基督化""福音化"。(3)上述传教活动具有侵略性、扩张性、隐蔽性等特点,"侵略性"是指其传教具有文化侵略的色彩,是与西方强势文化、文化霸权相伴随的;"扩张性"是指其以强大的政治、经济和军事实力为后盾,"以扩张势力范围、发展教徒人数为第一要务";"隐蔽性"是指其以慈善捐助、经济合作和文化交流等形式,规避我国法律,非法开展传教活动。(4)反观同样是世界性宗教的佛教和伊斯兰教,客观上没有如此强大的国际背景,主观上也没有如此强烈的传教愿望,这就形成了如此宗教生态现象:境外基督教势力"大举入侵",境外伊斯兰教、佛教等"裹足不前",境内各宗教"节节败退"。(5)如果基督教在中国"一教独大"甚至"一教独霸",将产生一系列不良后果,即恶化中国的宗教生态,影响中国的国家安全,影响基督教的自身形象,破坏我国独立自主的办教原则。①

　　无可讳言,人文社会科学研究是含有民族意识和国家利益的。因而,对于以上评介的中国宗教生态失衡论及其争论,具有不同的文化背景或信仰立场的学者自然会有不同的见解,但笔者力求尽可能客观地指出如下两点,以供大家思考。

　　其一,若对以上引述的两种观点加以比较,我们可以看到,这两种观点虽在当代中国宗教生态问题上存在明显的分歧,即能否把宗教生态失衡归因于宗教政策失误,是否应以扶植儒释道和民间信仰来制衡基督教,但二者对基督教迅速发展的外因及其后果都持有相同的判断,构成这种判断是下列醒目的关键词:"国际背景或国际后盾"——西方敌对势力、和平演变中国的野心、基督教化中国的战略等;"非法性、排他性与好斗性"——破坏我国独立自主的办教原则、有损中华民族文化的多元性与主体性、影响社会和谐乃至国家安全等。

　　其二,若把以上判断与本文第一部分的历史考察联系起来,不但可使我们如实地理解这种判断的历史来由——这往往是不少国外学术同行难以

---

① 参见马虎成《基督教在当今中国大陆快速发展的原因辨析》,《当代中国民族宗教问题研究》,第112—121页。

充分理解的，也是部分中国年轻学者所淡忘或低估的，还可使我们真切地感到"一种深重的现实忧虑"——曾在中国近代史上被作为"帝国主义列强侵略工具"的基督教，在中国社会改革开放、中华民族走向繁荣富强的今天，又成了"西方敌对势力的渗透工具"。或许此种忧虑有些言重了，甚或其整个判断也未必得到有些学者的认同。① 但值得深思的是，中国社会现有的佛教、基督教和伊斯兰教等世界性宗教，均是"外来的"或"传入的"；然而，与佛教和伊斯兰教相比，为什么学界和政界都有人认为"基督教的中国化仍显得任重道远"呢？这是否意味着基督教在中国社会至今尚未甩掉"洋教身份"这个沉重的历史包袱，尚未像佛教和伊斯兰教那样融入中国文化或中华民族呢？这是否意味着前述判断不失以史为鉴的现实意义呢？

三 "三思而行"：国际宗教对话动向引发的思考

"宗教对话"是国际宗教学界的一个热门话题、一个前沿领域。这个前沿领域所要探索的就是，正确认识宗教关系、积极促进宗教和谐的思路。笔者在此要与大家一起探讨的"宗教实践论"，可谓宗教对话的一种新近理论动向。但要说明的是，"宗教实践论"这个概念是笔者所做的理论概括，其原本观点叫作"相互关联的、负有全球责任的对话模式"（a correlational and globally responsible model for dialogue），是由美国著名的天主教神学家、宗教对话实践的积极推动者保罗·尼特（Paul Knitter, 1934—）提出来的。关于这种新对话模式的主旨要义，尼特阐释如下。

首先，宗教对话之所以是"相互关联的"，就是因为世界上的宗教信仰是多元化的，这既是一个不可忽视的事实，也是"宗教关系问题的实质所在"。正因如此，所谓的宗教对话并非谋求"统一"甚至"同一"，而是在承认差异性的前提下，促使诸宗教的信仰者建立起"一种友好的对话伙伴关系"，以使来自不同背景的对话者们能够诚恳交流，相互学习，彼此见证。

其次，诸宗教的对话者之所以要共同承担"全球性的伦理责任"，就

---

① 关于这方面的学术争论，可参见张志刚《当代中国宗教关系研究刍议：基于国内外研究现状的理论与政策探讨》，《北京大学学报》2011 年第 2 期。

是因为面对全球化时代的"人类苦难"和"生态苦难",假如诸宗教的信仰者漠不关心,或不为消除现世的苦难而知行合一、尽心尽力,那么,任何形式的宗教交流不但难免高谈阔论,远离现实需要,反倒会产生更多的分歧、矛盾或冲突。这就是说,诸种宗教的信仰者们有责任有义务,共同致力于社会平等、生态保护和人类幸福。只有在此基础上,各种宗教才能更好地相互了解,并且更有效地展开对话。①

尼特的上述主张,是继《全球伦理宣言》之后提出来的,因为在他看来,虽然《全球伦理宣言》具有不可低估的理论价值和现实意义,但其明显的不足在于,仍停留于泛泛一般的伦理共识。因此,尼特通过考察古希腊以来的实践哲学思想,将下述"实践论的真理观"引入了宗教对话领域:所谓的"真理"是用来改造世界的,而人们是通过实践活动来认识真理的,宗教对话与宗教真理的关系也是如此。因而,尼特认为,若要展开行之有效的宗教对话,我们目前应该把"诸种宗教共有的本质、经验或目的"等疑难问题暂且悬搁,而以人类社会和生态环境所面临的"苦难现实"作为宗教对话的"共同语境"和"紧迫议题",并把社会实践作为其"优先原则"和"中心任务"。也就是说,面对全球化时代的诸多难题或危机,特别是国际社会上的不公正和非正义现象,各个宗教若不携起手来,共担责任,多干实事,有所作为,非但宗教对话是没有意义的,宗教信仰也是没有出路的。关于这一点,尼特振聋发聩地指出,无论哪种宗教信仰,均须面对"苦难的现实";无论"拯救""觉悟"或"解脱"意指何种境界,皆须回应"人类的苦难";无论印度教徒、基督教徒、犹太教徒、穆斯林和佛教徒等,假如他们的任何信条可被当成漠视或容忍"人类与地球苦难"的理由,那么,此类信仰便丧失其可信性了。②

上述宗教实践论主张,在当代中国学术界是不难引起"理论共鸣"的;甚至可以说,处于改革开放时代的中国宗教学者可对此种理论主张做出更为简明而有力的"逻辑解释"。从思想观念史来看,当代中国社会的改革开放始于一场思想解放运动——"真理标准问题讨论",它使举国上下接受了一种知行合一的逻辑思路:社会实践是检验真理的唯一标准。同

---

① See Paul F. Knitter, *One Earth Many Religions: Multifaith Dialogue & Global Responsibility*, Maryknoll, New York: Orbis Books, Second Printing, 1996, pp. 15 – 17.

② Ibid., p. 60.

样的逻辑，在中国社会改革开放 30 多年后的今天，社会实践也是检验宗教信仰的主要标准。为什么这么说呢？众所周知，历经 30 多年的改革开放实践，中国社会在经济、政治和文化等领域都发生了深刻的变化，取得了长足的进步。随着综合国力和国际影响的日渐增强，作为一个有五千多年历史的文明古国，如何继承"和而不同、求同存异、海纳百川、兼容并包"的深厚文化传统，致力于建设"和谐社会与和谐世界"，这可以说是整个中华民族所肩负的历史使命。所以，在中华民族通过改革开放而谋求国家富强、世界和平的新历史时期，身为炎黄子孙和国家公民的中国基督教界领袖和信众，是否应以整个民族和国家的利益为重，重新反省宗教信仰与社会责任的关系，为当代中国社会的发展进步作出积极的重要贡献呢？笔者以为，对此做出肯定的回答，不仅是国际学术界关于宗教对话暨宗教关系的新近研讨动向——宗教实践论带给我们的理论启发，也是"基督教中国化"——使基督教真正融入中国文化、中华民族与中国社会的必由之路。

基督教中国化之浅见

李平晔

（中共中央统战部）

基督教的历史，既是一部跨民族跨地区传布的历史，同时也是一部信仰本色化、本地化、处境化的历史。这是基督教之本质属性及信仰生活的需求，是教会为使基督信仰在不同民族、不同地区、不同文化境遇中生存和发展所作的努力，也是"本土"基督徒以自身的文化资源来表达心灵深处的信仰体验的历程。基督教传入中国后，也经历了本地化、本色化和处境化的历程，我们称为中国化的历程。这是基督教传入中国历经文化、政治的冲击，依然能够存在、发展，并显示出旺盛生命力之原因所在。下面，谈点对基督新教中国化的粗浅认识。

一 从实践层面和学理层面谈基督教的中国化问题

基督教的中国化有三个层面的内涵：实践层面、学理层面、政治层面。

从实践层面讲，当基督教信仰作为个人的私事，被中国老百姓接受的那一刻起，中国化的进程就开始了。经过一百多年尤其是1949年以后，基督教与国外差会断绝了联系，更加速了中国化的进程。我们常说，中国传统信仰具有功利性、包容性、多元性、政主教辅、神道依于人道等特征。当我们考察今天中国的基督教，尤其是农村的基督教时，从信仰动机、敬拜形式、教堂建筑、组织架构、政教关系、与其他宗教的互动等方面，无一例外地具有鲜明的中国传统信仰特征。从实践层面，从"器物"

层面，从形式表象上，我们几乎可以说，基督教在中国已经基本实现了本地化、本色化、中国化的进程。

然而，实践层面基督教的中国化，仅限于表层浅相。学理层面，或神学思想层面，基督教的中国化还远未成形。

基督教传入中国之始，教会内的有志之士就认识到神学思想建设的重要性，在神学层面从事着中国化的建设。尤其是明清之际一批大儒皈依天主教，开拓了基督教神学思想中国化的道路。不仅为天主教，而且为基督新教的神学思想建设提供了宝贵的精神财富。20世纪二三十年代，基督新教中一批杰出的神学家们，在中国传统文化中发掘基督教的信息和价值理念，用中国人的智慧诠释基督教信仰，使基督教能够回应中国人的精神需求和社会境遇，并力图化解基督教与中国传统文化在学理层面的冲突，形成基督教基本教义与中国传统文化的双向互动、融合更新。1949年以后，基督新教中更有一批神学家，在面临巨大的社会政治、经济和文化变革的历史时期，从神学上作出了高瞻远瞩、有创见性的、勇敢的回应。他们力图在坚守基督教基本教义和本色化的基础上，从马克思主义的价值观、从中国共产党人的社会蓝图和人生哲理中汲取有益的营养，作为神学思考的参照。他们力图理解其他理念、深化自身信仰、重新诠释"自我"，使基督教不再被看成社会的另类，以期实现基督教的中国化。路径不同、历程坎坷、工程艰巨。虽然有着多年的努力，但基督教在神学思想建议方面的成就多限于学理层面，无暇顾及、回应、汲取基层民众的信仰经验。而且由于种种社会原因，老一辈神学家的基督教神学中国化成果未能在教会内外流布，更未能有效普及于基层教民。若无深入民心的中国化的神学思想对基层信仰的升华和指导，就谈不上形成真正有生命力的中国基督教。

中国基督教实践层面的中国化与神学层面中国化难以深入的现实，反映的是中国教会神学思想的贫乏和神学建设的滞后，以及神学研讨与教会生活的脱节。中国的信徒绝大多数来自非基督教的文化背景，他们对于基督教的理解和认识受限于自身的文化处境和教育背景。今天，濡养中国基督教的思想来源无非有二：一是西方传统的经典神学；二是为数不多的中国神学家提出的神学思想。此二者对于基层教会生活的影响十分有限。更具影响力的思想资源来自深植民族骨髓的中国传统文化，尽管这个文化背景对于信徒的影响可能是无意识的。不论是高雅的儒、释、道，还是底层宗法性传统信仰，潜移默化地滋润着广大基督教信众，规范着其信仰生活和价值取向，形成独具特色的民间基督教信仰。这个路向也不错，不能说这不是基督教中国化的一种形式。但值得注意的是，改革开放以来，随着基督教信众人数的迅速增长，在一些地区缺乏正确的神学思想引导的基督教活动走向低俗化、迷信化，甚至形成邪教泛滥的态势。如果中国基督教在神学思想建设方面没有一个突破性的进展，这将成为基督教乱象难除的死穴。

提升信仰层次、深化信仰内涵，成为当今中国基督教面临的重大课题。20世纪90年代丁光训主教提出的神学思想建设，正是为了解决这样一个困扰教会多年的难题。虽然是由丁光训主教提出，但其实是中国基督教界精英们基于教会堪忧的现状及前景提出的集体性的战略思考。当然，神学思想建设不等于神学的政治化，宗教与社会主义社会相适应不是要求基督教神学与社会主流意识形态相趋同，基督教神学更不应当成为执政党政治主张的注脚。神学思想建设的目的是使中国广大的基督徒能够聆听到真实的福音信息，使基督教成为中国人的信仰，并能够对中国社会的发展和建设起到正面、积极的作用。

中国教会的危机来源于神学思想建设的危机。神学思想建设的危机来源于人才的危机。今天在中国对基督教的神学研讨、争执、辩论，更多、更活跃的是在非基督徒的学者队伍中，在所谓的"亚波罗"之中。这是不够的。真正能够对中国基督教走向产生影响的，是教牧人员能够满足广大信众精神需求的神学修养，而不是沙龙里的学者漫谈。今天的基督教牧者们，要思考广大信徒所面临的问题，思考中国基督教的当今处境及未来走向，反思在中国文化背景下的生存经验，丰富和发展神学的内涵，以其建立能够影响广大信众的中国神学。只有这样，中国的教会才有希望，才能在新的时代焕发新的生机。

二　从政治层面谈基督教的中国化问题

基督教不是政治，但离不开政治。如果我们回避政治，中国基督教的有些问题是解不开的。

基督教的中国化，除了本地化、本色化之外，还有处境化的问题。所谓处境化，就是要把握和回应时代的问题，与所处的社会和时代相适应。

换言之，与时俱进。这既是信仰问题，也是政治问题。

本来，处境化并不一定与政治问题相关，正如历史上基督教所经历的。但由于中国特殊的文化背景、历史进程和政治体制，使得处境化问题格外重要、敏感、特殊。尤其是把"处境化"一词转换成更具当代色彩的"相适应"之后，中国基督教必走的处境化便几乎成了政治化的代名词。但处境化不是政治化，它只是基督教在一个特定的政治环境中基于自身的生存所必须作出的选择。

中国的基督教必须走处境化、相适应的道路，原因之一在于，近代基督教进入中国，是与帝国主义的文化侵略紧密相连的。尽管有相当数量的传教士与广大中国人民共同经历了近代中国的种种苦难，但基督教被帝国主义利用作为侵略、奴役中国人民工具的事实，是无法抹杀的。基督教不等于西方文化，更不等于帝国主义文化，所以，基督教必须通过本色化、处境化来洗清自己的殖民主义痕迹、帝国主义色彩，还基督教本来面貌。这是基督教被中国人民心理认同的前提。20世纪50年代基督教内的反帝爱国运动、三自革新运动，便是基督教在新中国走处境化、相适应道路的举措。

其二，1949年以后的中国，基督教处境化问题之所以较之其他国家、民族更为敏感、重要，更具有政治色彩，在于新生的共产党政权是以辩证唯物主义、无神论为指导思想的。基督教与共产主义都是基于意识形态，并且都具有坚守信仰、毫不妥协的特点。如何协调、共存？这必然需要双方的共同努力。于是，便有了保护宗教信仰自由政策的制定，强调政治上团结合作、信仰上互相尊重，提出宗教与社会主义社会相适应的理论并付诸实践，等等。这是中国共产党和广大宗教界人士的智慧和选择，而且是最好的选择。

其三，中国基督教的处境化思考，与社会主义社会相适应，离不开正确认识和对待中国传统文化。中国传统文化丰富多彩、博大精深，有许多灿烂的思想昭示了与基督教基本训导的不谋而合。但其多神崇拜、敬天法祖等，却也与基督教的基本教义有显著差异。如何在这样一个有几千年历史的文明中安身立命，如何在与其他信仰对话中既能坚持其本身之"自性"，又能汲取其他信仰中有益的内涵以丰富发展自身，这是基督教神学思想建设所面临并思考的问题。

其四，神学的处境化也包括神学的现代化问题。神学的思考永远是一个过程，不能凝固化、模式化，不仅要吸纳中国传统文化的精髓，也要对当代中国以及世界上发生的各种问题有所认识和体验，要跟随时代的发展变化而更新、丰富自己。如果神学思考不能回应当代世界的种种问题，不能触及活在当下之人的内在世界及精神需求，这样的神学是没有吸引力、没有生命力的。当然，基督徒也可以脱离政治、沉浸于故纸堆中，只做一些个人的冥思修炼，不承担任何的社会责任和义务。这也是基督徒的一种生活方式，但这不仅是对基督教资源的极大浪费，也有违基督教荣神益人、作盐作光、服务大众的基本信念。

三　中国社会基督化、中国文化福音化的问题

提到基督教中国化，一般都会引入另一个话题，即中国社会基督化、中国文化福音化的问题。基督教中国化是可能而且必需的，但中国社会基督化、中国文化福音化则是既无可能，又无必要。"中华归主"也只是一个梦想。

其实，文化的基督化及福音化问题，是基督教提出的一个以其自身为核心、为本原的问题。认为自己掌握有天启的、永恒的、普遍的真理与正义，掌握有精神生活之最深刻的源泉，具有超越所有文化的神圣价值。超越的福音降生于其他文化中，改变、净化、充实、提升其他文化。其他文化仅仅是上帝启示的工具、载体和场所，其他文化中优秀的精华仅仅是上帝启示的流露和彰显。这种观点，其实不是基督教的本土化或处境化问题。这是基督教单方面地施爱意向，即"己所欲，施于人"，而没有"己所不欲，勿施于人"的恕道，是过于高看自己，不能平等以待其他文化。说得更严重一点，是一种宗教沙文主义，把其他文化优秀的内涵贴上基督教的标签，并对其实行世界观、价值观和人生观的改造。正是基于基督教中心主义的思考，才有了社会和文化的基督化及福音化问题，有了其他文化向绝对真理基督教的皈依问题。这种"教会以外无救恩"的原教旨主义，往往容易被霸权主义势力所利用，成为对外扩张的文化工具。

当然，其他宗教也可以在此问题上叫板基督教。如果想一统天下，中国的道教也应当有足够的资本归化天下。道教完全可以在其他宗教中发现其真理，尤其可以找到以基督教形式表现出来的道教理念，在基督文化或西方文化道教化的问题上大做文章。

基督教《圣经》曰:"太初有道,道与上帝同在,道就是上帝。"这不仅仅是翻译的问题,也不是不同文化的异曲同工,从中国道家道教的角度看,它是道家思想在基督教中的展示,"道体基用"。基督教所敬拜的唯一真神是无所不在、无所不知、无所不能的上帝,与道教之"道"有相通之处,都具有普遍性和超越性。道教强调道生万物(道生一,一生二,二生三,三生万物),道既超越万物(无状之状,无物之象),道又内在于万物(道之在天下,犹川谷之于江海),道既是价值的源泉又是信仰的对象(渊兮似万物;万物莫不尊道而贵德),"道常无为而无不为",等等。人可以信道、得道、成仙,与大道一体化。但是,基督教的道属于外超越型,道教的道属于内超越型。基督教的绝对唯一神是超越于天地万物人类的,人是上帝的子民,只能皈依上帝,却不能成为上帝,人与神之间有一条不可逾越的绝对鸿沟。

道教的"道"还有更为奇妙的智能:"大道有指向宇宙本源的超越性,可与各种一神教相通;大道有潜存于天地万有的奥妙性,可以与各种多神教相通;大道有宇宙本体的定位有明体达用的功能,可以与各种哲学相通;大道讲究以物观物、洞察真实,可以与各种科学相通;大道以'道法自然'为根本精神,不尚诡秘浮论,可以与各种无神论相通。"[1]

既如此,道教为何不"化"其他文化、其他宗教呢?这正是道教智慧之所在。道教既有着中华民族传统文化的浓厚积蕴和会通众教的智能,有"化"其他文化、其他宗教的潜在实力,同时又有着海纳百川、为而不争的博大胸怀。道教从"不以扩大组织规模为目标",不强求"他者"认同自己的理念,而是"以自己特有的柔性方式走向世界、影响世界"[2]。道教这种包容、宽厚、有容乃大的精神,铸就了中华民族和而不同、多元通和、百花齐放、多彩纷呈的文化形态。难道这不是世界上最美好的一种文化存在模式吗?为什么非要行不可为之事,强求世界色彩的"一"呢?

世界文化或宗教的一元化是不可能的。从未有过一种文化、一种宗教实现过对世界的统治。因此,不应当抱有一种文化"教化"另一种文化,或一种宗教皈依另一种宗教的心态。但凡有文化或宗教一元化的企图,必然是纷争和动乱的源头,这是历史的教训。

---

[1] 牟钟鉴:《当代中国特色宗教理论探讨》,甘肃民族出版社2009年版,第225页。
[2] 同上书,第220页。

文化是人创造的。人、民族、国家的多样性决定了文化的存在和发展的多元化。不同的文化反映了不同的生存状态，都有其持守的基本原则，承袭的历史传统，张扬的独特个性。有其存在的合理性和必然性。多元的世界是世界存在的最好形态，世界也正因此而精彩。如果多元化是人类社会存在的必然形态，那么，作为文化核心的宗教必然是以多元形态存在。不同宗教之间和平共处、平等以待、各美其美、美人之美，美美与共。这应当是我们共同追求的理想境界。

割断与帝国主义的联系:基督教"三自革新运动"的初始

赵晓阳

(中国社会科学院近代史研究所)

如何解决和调整全国范围内外国人遗留下来的各种政治、经济、文化、宗教等问题,对新中国成立初期的中国共产党领导力和控制力来讲,是具有巨大意义的新挑战,机遇和挑战正未有穷时。20世纪50年代,中国共产党如何引导和改造基督教会适应新政权就是其应对这一考验的重要一环。近60年来,学界尚无一篇研究论文充分讨论和梳理这个具有重大意义的历史事件。本文以20世纪50年代初期基督教会在新形势下的适应与转变为中心,通过对中国基督教会产生重大影响的《中国基督教在新中国建设中努力的途径》(通称《三自宣言》)产生前后的历史考察,透视中国共产党在驾驭这一历史巨变时所呈现的非同一般的控制力,以及面对国际国内各种力量作出的强力应对与有效处理。

一 应变与转变:教会的态度

面对中国共产党的胜利和发展,基督教会一直是心存疑虑、有所准备的。1946年8月,中华基督教协进会的《中国基督教对时局的宣言》表达了对政局变化的看法和顾虑。12月以"基督教与共产主义"为题,请各差会团体进行广泛讨论,对可能发生的变化提出应变措施。国民党军队呈露失败之势后,教会内谣言四起,声称共产党要杀尽牧师、禁止信教，而基督徒和无神论者绝对不能"同负一轭"①。大部分差会团体普遍对共产党感到恐惧，一时间都有灾难临头的感觉，决定离开中国，为应付变局做准备。② 以基督教历史上最大的出版机构广学会为例，这时就赶印书刊杂志，来不及出版新书就翻印旧书，没有人购买就免费赠送，目的就是不把钱物留给共产党。也有相当一部分教会人士主张坚守职位，尽到作基督徒的本分。还有部分教会人士认为可以和共产党合作，认为只有共产党才能打倒腐败政权，建立新中国，中华基督教青年会全国协会出版部主任吴耀宗就是一例，他的思想和行动使他成为对20世纪后半叶中国基督教会影响最为深远的人，也是中国基督教史上最受争议的人。

1948年1月，毛泽东致电刘少奇要"保护和平通商传教的外国人"③。2月，中共中央指出对解放区及新占领区内外国人办的经济、文化及宗教等机构，"不论其是否属于帝国主义性质"，一般不采取排除或没收的政策。只要他们遵守各项法令条例，即容许继续开展业务和活动，受到民主政府的保护。宗教问题必须谨慎处理，"以免外国人民误会我解放区政府是排斥宗教"④。已在中国的外国传教士容许其继续居住及执行业务，暂时不批准新来传教士。由外国人办的学校、医院、教会、报纸，组织其登记、审查和批复，亦可维持现状。⑤ 毛泽东的《在中国共产党第七届中央委员会第二次全体会议上的报告》也明确表达了相同的指示。⑥ 毛泽东在《"友谊"，还是"侵略"？》中还指出："美帝国主义比较其他帝国主义国家，在很长的时期内，更加注重精神侵略方面的活动，由宗教事业而推广

---

① 《新约·哥林多后书》第6章第14节：你们和不信的原不相配，不要同负一轭。义和不义有什么相交呢？光明和黑暗有什么相通呢？

② 吴耀宗：《中国基督教三自革新运动四年来的工作报告》，中国基督教三自爱国运动委员会编：《中国基督教三自爱国运动文选》，中国基督教三自爱国运动委员会1993年版，第43页。

③ 中共中央文献室主编：《毛泽东年谱》下卷，中央文献出版社2002年版，第270页。

④ 《中央关于对待在华外国人的政策的指示》，1948年2月7日，中央统战部、中央档案馆编：《中共中央解放战争时期统一战线文件选编》，档案出版社1988年版，第188、191页。

⑤ 《中央关于外交工作的指示》，1949年1月19日，中央档案馆编：《中共中央文件选集》第18册，中共中央党校出版社1992年版，第48页。

⑥ "剩下的帝国主义的经济事业和文化事业，可以让它们暂时存在，由我们加以监督和管制，以待我们在全国解放以后再去解决。"《毛泽东选集》第4卷，人民出版社1991年版，第1434—1435页。

到'慈善'事业和文化事业。……美国教会、'慈善'机关在中国的投资，总额达四千一百九十万美元；在教会财产中……教育费占百分之三十八点二……"这一切都表明，共产党在新中国成立初期对涉及外国人留下的各项事业都特别慎重，对宗教工作更是实行特殊政策。

1949年年初，北平、天津等地解放，中共领导人周恩来、叶剑英多次重申人民有宗教信仰的自由，解放军的接管工作和平有序地进行着，减少了不少传教士及教会人士的疑问和担心①。1949年1月，北美基督教国外布道部（Foreign Missions Conference of North American）召开年会，出席的61个美国基督教团体代表一致同意留守中国②，他们更呼吁美国政府应该承认中国共产党将成立的新政府。

新中国成立初期，教会内一些先进分子也为新中国的成立而欢呼。1949年《天风》发表的文章就有《解放前后的观感：天风是走人民的道路》（社论，8卷1期，1949年7月30日）；《向共产主义学习以行动去实践理论》（社论，8卷6期，1949年9月3日）；《拥护毛泽东生产建设的号召：促进基督徒生产运动》（社论，8卷7期，1949年9月10日）；《人民政治协商会议的展望》（社论，8卷8期，1949年9月17日）；《支持世界和平的力量》（社论，8卷9期，1949年9月24日）；《欢迎中华人民共和国诞生》（社论，8卷10期，1949年10月1日）；《新社会与基督教》（社论，8卷14期，1949年10月29日）等。《田家》《恩友》等基督教刊物也发表了相应文章，表明对新政权的欢迎和人民政府各项政策的支持。

同时也涉及基督教与帝国主义之间关系这个历史老问题。1949年4月以来刊登了基督教信徒的文章，就基督教在新时代的任务和作用进行探讨，如王维明的《基督徒与政治》（5卷8期，1948年2月28日）；周继善的《唯物论者的宗教观和基督教的社会观略论》（6卷2期，1948年12月4日）；翌明的《基督徒看共产主义》（6卷4期，1948年12月18日）；陈炳仁的《教会属于人民》（7卷1期，1949年1月1日）；沪江弃

---

① 当时许多传教士的报告均承认，接管工作是和平有序的，外国传教士的人身及财产均得到保障，见 Nancy B. Trucker, *Patterns in the Dust: Chinese-American Relations and the Recognition Controversy*, 1949-1950, New York: Columbia University Press, 1983, pp. 102-103.
② 北美基督教国外布道部管理着大约2246名传教士，占美国传教士人数的62%。

人的《论基督教与社会主义》（7卷4期，1949年4月9日）；翌明的《中国教会所需要的西教士》（7卷8期，1949年2月26日）；李扬汉的《我所要说关于西教士的话》（7卷10期，1949年3月20日）；王治心的《关于教会自养之我见》（8卷3期，1949年8月20日）；密克鼎的《新中国要有新教会》（10卷12期，1950年11月18日）等，但这些都不是主流。

1949年年初，中国共产党邀请留在香港地区的民主人士到解放区共商国是。刚参加了世界基督教学生同盟亚洲领导会议的吴耀宗正在香港，他接受了邀请，2月6日在半秘密的状态下，从香港经朝鲜北部，渡过鸭绿江进入我国境内，3月9日抵达北平。① 22日，统战部部长李维汉会见吴耀宗，解释中国共产党的宗教信仰自由政策，他表示完全同意。②

为了更清楚地梳理"基督教三自革新运动"的历史过程，有必要介绍吴耀宗的历史背景。吴耀宗（1893—1979），1927年毕业于美国纽约协和神学院和哥伦比亚大学，先后任中华基督教青年会全国协会校会部主任和出版部主任。20世纪30年代，他参加了"东北社""国难教育社""保卫中国大同盟"等抗日救亡团体。1935年，与马相伯、邹韬奋、陶行知等发表《上海文化界救国运动宣言》。1938年与郑振铎、周建人等成立"复社"，出版《鲁迅全集》。他是基督教社会福音的积极拥护者和实践者，非常关心社会问题，希望能用基督教思想来解决中国的社会问题。曾十分热衷"唯爱主义"，日本侵华使他的思想发生了转变，认识到基督教信仰不能脱离所处的社会环境和社会现实，积极参加抗日救亡运动。抗战胜利后，他积极投入了反独裁、反内战的民主运动，1946年代表上海各界到南京向蒋介石请愿，在下关车站险遭国民党袭击。1945年2月，他在成都创办了《天风》周刊。1948年4月，吴耀宗在《天风》上发表《基督教的时代悲剧》，抨击基督教逐渐变成了"保守的力量"，留恋特殊环境给予"它的特殊地位和虚幻的自由"。中国基督教的传统主要来自英美基督教，其信仰和思想几乎就是英美式基督教的翻版，这样的中国基督

---

① 沈德溶：《吴耀宗小传》，中国基督教三自爱国运动委员会1989年版，第47页。
② 李勇、张仲田编著：《统一战线大事记：解放战争时期统一战线卷》，中国经济出版社1988年版，第553页。

教"无形中变成了帝国主义文化侵略的工具",也只能成为"人民的鸦片"①,表现了中国基督徒的反帝气概和深入思考。在外国传教士的压力下,他被迫离开了一手创办的天风杂志社。1951年5月,基督教全国三自筹委会决定将《天风》杂志作为它的机关刊物,除"文化大革命"期间停刊外,存在至今。

1949年9月21—30日,全国政协第一届第一次全体会议在北平召开,全体代表共662名,宗教界8名代表,其中伊斯兰教界1名,佛教界1名,基督教界5名——吴耀宗、中华基督教女青年会全国协会总干事邓裕志、燕京大学神学院院长赵紫宸、《田家》半月刊主编张雪岩、中华基督教青年会全国协会事工组主任刘良模。②他们共同参与制定和通过了《中国人民政治协商会议共同纲领》,并组织新政府等各项工作。《共同纲领》中明确规定了公民有信仰宗教的自由,给宗教界以极大的鼓励。③吴耀宗在政协发言中表示,要尽自己的力量,"把宗教里腐恶的传统和它过去与封建力量、帝国主义者的联系,根本铲除"④。会议期间,《人民日报》还发表了系列连载政协代表发言稿。⑤

政协会议结束后,基督教界行动起来了。吴耀宗、刘良模以政协宗教界代表的身份,广泛邀请基督教男女青年会、中华基督教协进会及中华基督教会全国总会等各机构派别,于1949年年底组成了"基督教访问团",到全国各地教会访问,深入了解教会的新情况,传达政协会议精神和《共同纲领》决议,计划将访问华北、华中、华东、东北、华南的18个城市。⑥访问团先后访问了华东区、华中区,1950年4月

---

① 吴耀宗:《基督教的时代悲剧》,《中国基督教三自爱国运动文选:1950—1992》,第473、472页,原载《天风》1948年3月21日。
② 《访问新政协筹备会代表》,基督教界有吴耀宗和邓裕志二人被访问,见《人民日报》1949年6月20日。
③ 《共同纲领》中涉及宗教信仰的有两条:第一章总纲第五条:中华人民共和国人民有思想、言论、出版、集会、结社、通讯、人身、居住、迁徙、宗教信仰及示威游行的自由权;第六章民族政策第五十三条:各少数民族均有发展其语言文字、保持或改革其风俗习惯及宗教信仰的自由。见《中共中央文件选集》第18册,1949年9月29日,第585、595页。
④ 何慈洪:《记"上海基督教团体欢迎人民政协基督徒代表"晚会》,《天风》第8卷第9期,1949年11月5日,第12页。
⑤ 《宗教界民主人士首席代表吴耀宗发言》,并附照片,《人民日报》1949年9月26日。
⑥ 沈德溶:《吴耀宗小传》,第52—55页。

15—18 日访问济南后即转道北京。21 日，北京基督教会召开座谈会，讨论教会遇到的各种困难，希望访问团能向政府有关部门反映并帮助解决。30 日，吴耀宗、刘良模、邓裕志、赵紫宸、中华基督教青年会全国协会总干事涂羽卿、中华基督教会全国总会总干事崔宪祥、华北基督教联合会总干事王梓仲、北京基督教联合会总干事赵复三等，与统战部副部长徐冰座谈宗教问题。① 大家都希望见到周恩来，把了解的情况和困难当面向周恩来汇报，希望政府出台保护教会的通令，以贯彻党的宗教信仰自由的政策。② 这一切都说明教会中的部分力量在主动靠拢政府，希望有所作为。

二 定位与引导：政府初期的工作

1950 年 3 月 16 日至 4 月底，第一届全国统战工作会议在北京召开，原本计划召开半个月的会议开了一个半月，可见其重要程度，会议确定了包括天主教及基督教工作在内的新中国成立后统一战线工作的基本原则。周恩来于 4 月 12 日和 13 日两次到会并作了重要讲话，将宗教工作纳入统一战线工作中，宗教团体放在了人民团体的范畴里，保护宗教信仰自由，注意宗教的帝国主义国际背景，强调"只反对帝国主义，不牵连宗教信仰问题"。宗教要与帝国主义割断联系，"中国的宗教应该由中国人来办"③。统战部部长李维汉提出要到基督教和天主教团体里面去工作，"逐步地改变其政治面貌"，通过进步分子和爱国民主人士，积极团结中间分子和落后群众，孤立少数帝国主义走狗，"从其内部展开民族民主觉醒运动"，在政治上和经济上真正与帝国主义侵略势力和国内反动势力割断联系，成为"自治、自给、自传"的宗教团体。④

在访问团的要求下，5 月 2 日下午 1 点，周恩来在政务院接见吴耀宗

---

① 沈德溶：《吴耀宗小传》，第 53—54 页。
② 刘良模：《怀念爱国爱教的吴先生》，《回忆吴耀宗先生》，中国基督教三自爱国运动委员会 1982 年版，第 107 页。
③ 周恩来：《发挥人民民主统一战线积极作用的几个问题》，1950 年 4 月 13 日，中共中央文献研究室编：《建国以来重要文献选编》第 1 册，中央文献出版社 1992 年版，第 185—186 页。
④ 李维汉：《人民民主统一战线的新形势与新任务》，1951 年 3 月 21 日，《建国以来重要文献选编》第 1 册，第 152 页。

等7人。① 他们以在华北收集的教会问题160多件为例,向周恩来反映并希望政府下达"通令"保护教会,"要各地方人民政府严格地执行《共同纲领》中宗教信仰自由的规定"②。周恩来肯定了一些基督教团体在抗战中的很好作用,认为教会现在遇到的问题,不是简单由中央政府发出一道命令就能解决的问题,根本问题是长期以来人民群众把基督教看成"洋教",成了帝国主义用来侵略中国的工具。根本办法是中国教会应当自办,割断与帝国主义的关系。③ 在以后的谈话和会议上,周恩来又多次强调了这些观点。

5月3日,吴耀宗等人与北京基督教会领袖十余人在北京基督教青年会商谈下次会见周恩来时的具体意见,众人委托吴耀宗起草一份初步意见。5月4日清晨,吴耀宗写了《关于处理基督教问题的初步意见》,包括五个要点:一、关于肃清帝国主义力量,提高民族自觉精神的办法;二、关于基督教团体的登记;三、关于占用教会房产的处理办法;四、关于宗教信仰自由的各种规定;五、关于设立中央宗教机构的问题。教会人士最关心的是宗教信仰自由政策的落实,以及相应的宗教管理措施等问题,期望中央政府下达通令,要各地方人民政府严格执行《共同纲领》中宗教信仰自由的规定,解决基督教当前的问题。④ 5日,吴耀宗与涂羽卿、崔宪祥、刘良模、邓裕志及北京教会共20余人再开会讨论商量。

5月6日,周恩来第二次接见吴耀宗等11人⑤,中共有关部门十余人参加了谈话,主要讨论基督教人士提出的书面意见,会谈持续了3小时。7日晚,全国政协宗教组开会,基督教界16人和其他各界60余人参加了会议。基督教界以外人士认为,基督教目前最重要任务是肃清帝国主义的

---

① 即吴耀宗、刘良模、邓裕志、崔宪祥、王梓仲、涂羽卿、华北基督教联合会主席江长川,内务部副部长陈其瑗在座。
② 吴耀宗:《展开基督教革新运动的旗帜》,《中国基督教三自爱国运动文选:1950—1992》,上海:中国基督教三自爱国运动委员会,1993年,第16页,原载《天风》总第233—234期,1950年9月30日。
③ 周恩来:《关于基督教问题的四次谈话》,1950年5月2日至20日,《建国以来重要文献选编》第1册,第227页。
④ 吴耀宗:《展开基督教革新运动的旗帜》,第15页。
⑤ 除上次7人外,还增加了上海信义会牧师艾年三、天津基督教青年会总干事杨肖彭、北京基督教女青年会会长俞秀霭、中华圣公会华北教区主教凌贤扬等11人。

影响，改变人民对它的印象，如此则其他问题都可迎刃而解，这些发言对吴耀宗等人的影响很大。

5月13日晚11点，周总理第三次接见了吴耀宗等19人①，长达4个半小时，于次日凌晨3点半才结束。谈话给基督教领袖们"深刻的印象和鲜明的启示……基督教应当自动地肃清帝国主义在它里面的力量和影响"。当代表们把基督教会自20世纪20年代以来提倡的"自治、自养、自传"的理想和实践告诉周恩来时，他不但表示赞同，而且表示嘉许，认为这是基督教今后必须遵守的途径。②

与周恩来的三次谈话是"基督教三自革新运动"的关键事件，它使基督教领袖们深刻地认识到，基督教现在的问题必须从教会自身着手，才能得到根本解决，教会必须改革，必须廓清基督教与旧时代的关系，使基督教与新时代相适应，基督教不但同时代脱了节，而且发生了反时代的作用，"这就是基督教所以遭遇困难的主要原因"③。所以，基督教会必须首先"自动地肃清帝国主义在它里面已经存在着的，和正在发展着的力量与影响"，促成"中国教会自治、自养、自传的原则的实现"④。在新时代中，基督教的工作与事业都应当受到"严肃的、深刻的批评与检讨"，尤其重要的是使这些工作与事业发挥基督教的优点，配合《共同纲领》的政策，真正地表现它为人民服务的精神。⑤

形势发展到现在，基督教人士觉得"应当发表一篇对外的宣言"，原本希望政府解决基督教问题的《初步意见》，几易其稿，改名为《中国基督教今后努力的途径》，"变成了基督教自己表示态度的文件了"⑥。5月15日，教会将第五次修改稿呈送周恩来。20日，中共中央、政务院有关部门召开会议，周恩来指出修改稿将"基督教同帝国主义的关系说得很

---

① 吴耀宗、刘良模、邓裕志、赵紫宸、崔宪祥、涂羽卿、艾年三、江长川、王梓仲、高凤山、赵复三、俞秀霭、杨肖彭、天津基督教联合会会长霍培修、燕京大学校长陆志韦、北京基督教联合会主席庞辉亭、北京基督教女青年会总干事陈文润、道济医院总务主任刘维城、中华基督教循道公会华北教区主席郑锡三。
② 吴耀宗：《展开基督教革新运动的旗帜》，第11页。
③ 同上书，第7—8页。
④ 同上书，第14—15页。
⑤ 同上书，第16页。
⑥ 同上。

偶然"①，但"一个字不改，照样发表"，"便于团结群众"。"对基督教，一方面不能无原则地团结，另一方面不要脱离广大群众。这是政策问题，不是策略问题。"② 6月1日，周恩来致电吴耀宗，认为"基本方针是好的，它打开了中国基督教会及其团体今后在《共同纲领》基础上，在人民政府领导下的新的努力途径"，望以此精神"劝导中国基督教代表人物响应这一主张，以利基督教会的革新"③。6月3日，访问团出席了基督教男女青年会、中华基督教协进会、上海基督教联合会、上海传道人联谊会等7个团体举办的600余人的欢迎大会，广泛听取了各基督教团体的意见。

6月6日至9日，周恩来在七届三中全会上，再次提及要帮助宗教界人士"割断同帝国主义的关系"，赞助他们"自己办宗教，自演自唱，不要外国人来传教"④。6月25日，周恩来在全国政协第二次党组会上做总结时，指出基督教和天主教是与政治有联系的宗教，与帝国主义有关系，要慎重处理宗教问题⑤，体现了中国共产党对待宗教的一贯政策。

三 鼎力与配合：政府和教会之间

1950年7月28日，经过八次修改，吴耀宗等40位基督教领袖联名发表了《中国基督教在新中国建设中努力的途径》。它包括前言、总的任务、基本方针及具体办法四部分，前言主要陈述了基督教传入中国的百余年历史同帝国主义"在有意无意、有形无形之中发生了关系"，新中国成立后，帝国主义仍会利用基督教来进行破坏；中国教会今后"总的任务"就是彻底拥护《共同纲领》，在政府领导下，反对帝国主义、封建主义及官僚资本主义，为建设新中国而奋斗；"基本方针"是中国基督教会以最

---

① 原文为"基督教传到中国不久以后，帝国主义便在中国开始活动，又因为把基督教传到中国来的人们，主要的都是从这些帝国主义国家来的，基督教同帝国主义便在有意无意、有形无形之中发生了关系"。
② 周恩来：《关于基督教问题的四次谈话》，第227页。
③ 中共中央文献研究室编：《周恩来年谱（1949—1976）》上卷，1950年6月1日，中央文献出版社1997年版，第45页。
④ 《周恩来年谱》上卷，1950年6月6—9日，第46页。
⑤ 《周恩来年谱》上卷，1950年6月25日，第49—50页。

大的努力使教会群众认识到过去被帝国主义利用的事实，肃清基督教内部的帝国主义影响。作为基督教革新的目标，中国基督教会要在短期内实现历史上曾经倡导的"自治、自养、自传"；"具体办法"是中国教会制定具体计划，在短期内实现自力更生。在宗教工作上，注重基督教本质的深刻认识、宗派间的团结、领导人才的培养和教会制度的改进，在一般工作上要积极参加社会主义各项人民服务工作。①

同时还给全国一千多位基督教领袖写信——《发起人致全国同道的信》，征求以其个人名义签名支持《三自宣言》，并号召全国基督徒签名参加。第一批签名截至8月底，共收到1527个签名。② 从首批签名人士的背景可知，签名运动的主要支持来自基督教团体，其中男女青年会占20%，全国组织及区域性组织占5%，基督教附属事业，如教育、医疗、出版等占24%，耶稣家庭占25%。

1950年8月19日，中共中央再次强调新中国保护信教自由，同时必须警惕天主教及基督教长期被帝国主义利用，成为"对我国进行文化侵略的工具"的事实，说明我国的天主教、基督教一方面是宗教问题，另一方面又是帝国主义文化侵略工具的问题。对待宗教，不帮助其发展，并反对其中帝国主义影响的同时，坚持保护信教自由，扩大爱国主义影响，使其"由帝国主义的工具变为中国人自己的宗教事业"。要求在基督教及天主教内部，向教徒群众进行揭露帝国主义文化侵略与间谍活动阴谋的爱国主义宣传。所有活动，"不得采取强迫命令办法，尤其不可由教外的人包办代替"。如果处理不当，"会被帝国主义用来造成外国教徒群众的恶感"③

9月6日，华东局统战部就《三自宣言》签名运动的各方反映汇报至毛泽东。9月8日，毛泽东向周恩来批示，"此事不宜太急，太硬性，致失去团结较多人的机会，造成对立，对吴（耀宗）刘（良模）运动开展不利，请设法影响吴刘"④。9月15日，周恩来打电报给上海副市长潘汉

---

① 《中国基督教在新中国建设中努力的途径》，《人民日报》1950年9月23日，《天风》总第233—234号，1950年9月30日。
② 吴耀宗：《展开基督教革新运动的旗帜》，第18页。
③ 《中共中央关于天主教、基督教问题的指示》，1950年8月19日，《建国以来重要文献选编》第1册，第408—412页。
④ 《关于中国基督教三自宣言签名运动的批语》，1950年9月8日，《建国以来毛泽东文稿》第1册，中央文献出版社1987年版，第497页。

年及上海宣传部副部长夏衍，并转告吴耀宗，"先生为发表宣言，推动各方，备极勤劳，至可感佩。此项文件，拟予全部发表，并由《人民日报》为文赞助，以广影响"①。

9月23日，《人民日报》头版全文刊登《三自宣言》，以及首批签名的1527位基督徒名单及所属机构。同时发表了《基督教人士的爱国运动》的社论，强调信仰宗教和不信仰宗教都是人民的权利，都应当受到政府的保护，要防止教会被帝国主义侵略所利用，欢迎基督教人士发起的自治、自养、自传运动，肯定它是中国基督教脱离帝国主义影响而走上宗教正轨的爱国运动。9月24日，《大公报》《文汇报》《新闻日报》等全文转载了《三自宣言》。中华基督教协进会主办的《协进月刊》（9卷2期）也进行了全文转载。《天风》周刊特设《三自宣言》专号（总233—234期，1950年9月30日），刊登《三自宣言》和签名名单②。吴耀宗撰写《展开基督教革新运动的旗帜》详细叙述了《三自宣言》的产生和发展过程，"基督教三自革新运动"正式开始。

9月26日，中央要求各级党委及干部互相配合，订出具体执行计划，通过基督教进步人士及男女青年会、民教馆、报纸刊物等，扩大《三自宣言》的响应和宣传解释工作，孤立打击反动力量，为割断基督教与帝国主义联系创造充分条件。③

10月20日，吴耀宗撰文指出："基督教革新运动是必将发展下去的，因为这个运动是整个中国革命运动的一环。"以及实现基督教自治、自养、自传目标的具体办法，肃清帝国主义在基督教里的力量与影响，消除部分基督教徒对基督教在新中国的前途的顾虑等。④ 21日，毛泽东指示新闻总署署长胡乔木安排广播全文，并交《人民日报》转载⑤。22日，《人民日报》《新闻日报》全文转载吴耀宗的文章。《人民日报》也发表了许

---

① 《周恩来年谱》上卷，1950年9月15日，第79页。
② 此后《天风》杂志还刊登了后来所有签名人名单及所属机构。
③ 《中央关于宣传基督教宣言和割断天主教、基督教同帝国主义联系的指示》，1950年9月26日，中共中央宣传部办公厅、中央档案馆编研部编：《中国共产党宣传工作文献选编1949—1956》，学习出版社1996年版，第123—124页。
④ 吴耀宗：《怎样推进基督教革新运动》，《光明日报》1950年10月20日。
⑤ 《关于广播吴耀宗文章给胡乔木的信》，1950年10月21日，《建国以来毛泽东文稿》第1册，第581页。

多基督徒的文章和有关报道,支持和响应《三自宣言》,反映了中共对"三自革新运动"的进一步支持和引导①。

10月18—25日,中华全国基督教协进会第十四届年会在上海举行,代表和来宾共140多人,主题为"基督的福音与今日的教会"。自20世纪20年代成立以来,中华基督教协进会一直是中国基督教会唯一的全国性组织。会议通过了《三自宣言》,号召全国基督徒踊跃签名,各教会机关团体要以最大决心在五年内完成三自的目标,基督徒以实际行动拥护政府实施土地改革,努力学习新时代知识等②,重新选举了协进会执行委员会③。会议召开之前的10月9日,华东军政委员会举行会议,参加者有华东军政委员会宣传部长舒同、上海副市长潘汉年、上海统战部副部长周而复、华东宗教事务处处长周力行、统战部干部梅达君,基督教方面有吴耀宗、江长川、涂羽卿、江文汉、刘良模、郑建业等,对即将召开的协进会年会形成了两项决议:协进会执行委员会中的外籍委员不应出席年会,年会应贯彻《三自宣言》。会后,《人民日报》等各大报纸都报道了协进会十四届年会的消息,称赞它是完全由中国人主持的会议,是参加宗派最多的会议,表明新中国基督教徒决心割断与帝国主义的联系④。许多基督教领袖也在《天风》上发表文章,表示对过去的错误有了深刻认识,以及对今后革新运动的新认识和决心。

---

① 崔宪祥:《响应和平签名运动》(1950年10月2日,以下均为1950年);《就中国基督教界发表宣言事,京基督教人士发表感想》(10月3日);赵紫宸:《论中国基督教界所发表的宣言》(10月3日);刘维诚:《基督教徒今后如何与帝国主义断绝关系》(10月3日);《北京道济医院基督教徒响应中国基督教宣言》(10月3日);《各地基督教徒热诚拥护三自运动》(10月22日);《全国各地六千余名基督徒签名响应基督教革新运动宣言》(10月22日);《武汉、长沙、太原等地基督教徒热烈签名拥护革新宣言》(10月26日);《华北、东北、西北等地基督教徒拥护革新宣言展开签名运动,一致反对帝国主义利用教会危害中国人民利益》(11月12日);《包头、大同市全体基督教徒响应革新宣言,反对美帝侵略》(11月16日);《鄂、湘、闽、赣等省七千基督教徒签名革新宣言,坚决抗美援朝完成三自运动》(12月4日);《基督教革新宣言九月份签名名单》(12月5日);《中华基督教革新宣言已有两万六千余人签名》(12月14日);俞秀霭:《基督徒妇女拥护三自运动》(12月20日)等。

② 孙信编著:《中国共产党统一战线编年史》,华文出版社2002年版,第203页。

③ 吴高梓为会长,吴贻芳、崔宪祥、吴耀宗为副会长,吴贻芳是第一批签名人,其他三人是《三自宣言》发起人。

④ 《中华基督教协进会在沪举行十四年会,号召全国教徒在革新宣言上签名》,《人民日报》1950年11月12日。

1950年6月，为了配合新时期基督教适应新局面，在教会内部宣传新形势，青年协会书局①出版了系列丛书12册②，销路极好，第一天就订出1200册，并一直在教会所办的沟通出版刊物的《出版界》以及《天风》周刊上销售。

1950年9月底，公布了第二批签名名单，人数增至3268人，较第一批多了1741人。12月7日，增至26727人，12月31日，多达78596人。③ 1951年4月，签名人数增至18万人④。1951年4月，增至200195人。1953年9月，增至400222人。

四　变局和终成：抗美反美与彻底脱离

1950年6月25日，朝鲜内战爆发。国内外形势陡然改变，矛盾焦点聚集到了美国，对长期以来依靠英美教会的中国基督教会提出了无法回避的新挑战。6月27日，美国派第七舰队进驻台湾海峡。8月24日，周恩来以外交部长身份向联合国安理会提交了控诉美国政府武装侵略中国领土台湾的议案。9月15日，美国在仁川登陆。

全国各地立刻进入 反美的宣传和工作中。9月7日，北京宗教界代表北京大学教授马坚（伊斯兰教）、佛教徒学习主任巨赞、北京佛教居士林理事长周叔迦、佛教居士叶恭绰以及基督教的赵紫宸、江长川、王梓仲等发表宣言，号召宗教信徒签名反对美国侵略台湾、朝鲜等罪行，宣言发出后三日就有1181人签名。⑤

11月27日，联合国大会讨论"控诉美国侵略中国"案；28日，安理会讨论"控诉武力侵略台湾"案。这时朝鲜形势已经发生了重大变化，

---

①　青年协会书局是中华基督教青年会全国协会所属的出版机构，吴耀宗此时任中华基督教青年会全国协会出版部主任。

②　刘良模编著7册：《新民主主义学习手册》《什么是统一战线》《基督教与和平运动》《美国怎样利用宗教侵略中国》《人民民主专政学习手册》《政协三大文件学习手册》《毛泽东思想学习手册》；吴耀宗编著3册：《辩证法唯物论学习手册》《马列主义学习手册》《基督教与新时代》；郑建业编著：《认识苏联》；吴高梓编著：《基督教革新运动》。

③　吴耀宗：《基督教革新运动的新阶段》，《人民日报》1951年1月15日。

④　《彻底割断基督教与美帝国主义的联系》，《人民日报》1951年4月17日。

⑤　罗广武编著：《新中国宗教工作大事概览：1949—1999》，华文出版社2001年版，第8页。

美军已经越过三八线，中国人民志愿军也跨过了鸭绿江。两次讨论上，美国驻安理会代表奥斯汀都特别提出，美国基督教在中国所办的 13 所大学和许多中小学是美国对中国人的"恩赐"和"友谊"。① 攻击中国教会"忘恩负义"，说中国教会、教会学校、教会医院没有美国津贴就活不下去。言论一经传回国内，各地的教会团体及学校都发起了反美爱国大会及游行示威。

11 月 9 日，上海宗教界代表举行集会并发表联合宣言，坚决拥护全国人民抗美援朝保家卫国的正义要求。② 12 月 13 日，北京各教会团体、教会学校和医院、留学生 19000 余人，在劳动人民文化宫举行集会并游行，通过了强烈抗议奥斯汀侮辱中国人民的宣言、致联合国安理会电文和上毛主席书。12 月 14 日，《人民日报》发表《进一步开展反帝爱国运动》的社论。在以后的一个月间，全国 20 个城市的教会团体、学校、医院和留学生等 700 多个机构约 20 万人，参加了各种反对美帝国主义文化侵略的活动。③ 12 月 25 日，上海基督教人士举行抗美援朝爱国行动大会，吴耀宗和内务部副部长陈其瑗分别讲话，成立了上海基督教团体抗美援朝委员会，通过了《上海基督教抗美援朝爱国运动大会宣言》及向毛泽东、中国人民志愿军与朝鲜人民军的致敬电④。

12 月 16 日，美国宣布对中国实施经济禁运，冻结中国教会的津贴以及公私团体在美国的资财。12 月 28 日，中央人民政府发布命令管制美国

---

① 本社综合稿：《反对美帝文化侵略运动》，《新华月报》第 3 卷第 3 期，1951 年 1 月 25 日，第 654 页。

② 《上海宗教界拥护各党派宣言，为争取和平不惜牺牲一切》，《人民日报》1950 年 11 月 12 日。

③ 本社综合稿：《反对美帝文化侵略运动》，《新华月报》第 3 卷第 3 期，1951 年 1 月 25 日，第 654—656 页。

④ 《人民日报》有关基督教界反对美帝国主义的文章和报道，据笔者不完全统计有 41 篇，均为 1950 年，如《中国基督教人士发表宣言，反对美帝国主义破坏世界和平》（8 月 3 日）；《广州基督徒发表声明，抗议美机滥炸朝鲜》（8 月 8 日）；吴耀宗：《帝国主义的垂死挣扎》（10 月 19 日）、《美帝侵略台湾朝鲜，宗教界坚决反对》（10 月 23 日）；《各地宗教界人士响应京教会、团体、学校爱国示威》（12 月 16 日）；高竹林：《进一步开展基督教会的爱国运动》（12 月 20 日）；王梓仲：《抗美援朝，保家卫国》（12 月 20 日）；《上海基督教人士举行抗美援朝爱国运动大会》（12 月 22 日）；《扩大宗教界的反帝爱国运动》（12 月 20 日，时事评论）；盖之：《中国基督教、天主教人士的爱国运动》（12 月 20 日）；赵紫宸：《基督教徒要抗美援朝》（12 月 20 日）；凌宪扬：《帝国主义者的恶行》（12 月 20 日）等。

在华财产，①其中大多数为教会财产。这时已至年底，长年来依靠外国津贴尤其美国津贴的中国基督教会立刻面临巨大困难，进一步开展三自革新运动、割断与美国的联系可能是时局给基督教会留下的唯一选择了。

12月28日，中央要求接受美国津贴的文化教育救济机关及宗教团体，采取登记和接办的办法，做到与美帝国主义脱离关系。这是文化战线上一件巨大的工作，要求在各级各地的工作中，"必须严格注意不反宗教、不排外侨"②。12月29日，周恩来主持政务院第六十五次政务会议，郭沫若副总理指出除了政治、经济和武装侵略外，美国非常注重文化侵略活动，侵略方式就是"通过以巨额款项津贴宗教、教育、文化、医疗、出版、救济等各项事业"③。会议提出了四项具体处理方针，涉及宗教团体的办法是接受美国津贴的中国宗教团体改变为由中国教徒完全自办，政府对其自立自养自传运动予以鼓励。当时中国接受美国津贴的文化教育救济机构及宗教团体，占全部接受外国津贴的同类机构一半左右。④会议还通过了《中央人民政府政务院关于处理接受美国津贴的文化教育救济机构及宗教团体的方针的决定》和《接受外国津贴及外资经营之文化教育救济机关及宗教团体登记条例》等文件，前者号召包括宗教界在内的各方面人员，本着爱国精神，为彻底实现"肃清美国帝国主义在中国的文化侵略影响而奋斗"⑤，后者正式确立了对宗教团体及其附属事业进行管理的登记制度。⑥周恩来还指出，过去认为将美国势力从中国清除需要三四年，现在可以提早做到这点。"我们宣布这一命令，对美帝国主义是一

---

① 《肃清美帝在中国的经济和文化侵略势力》，《人民日报》1950年12月30日。
② 《中央关于处理接受美国津贴的文化教育救济机关及宗教团体办法的指示》，1950年12月28日，《中国共产党宣传工作文献选编：1949—1956》，第159—161页。
③ 郭沫若：《关于处理接受美国津贴的文化教育救济机关及宗教团体的方针的报告》，1950年12月29日，《建国以来重要文献选编》第1册，第511页。
④ 郭沫若：《关于处理接受美国津贴的文化教育救济机关及宗教团体的方针的报告》，第511—513页。
⑤ 《中央人民政府政务院关于处理接受美国津贴的文化教育救济机构及宗教团体的方针的决定》，1950年12月29日，《建国以来重要文献选编》第1册，第510页。
⑥ 《人民日报》1950年12月30日；《新华月报》第3卷第3期，1951年2月25日，第888页。

个严重打击。"① 12月30日,《人民日报》发表《肃清美帝在中国的经济和文化侵略势力》的社论、政务院的《决定》和郭沫若的《讲话》,表达我国正当回应的严肃态度和立场,号召大家拥护政务院决定,"把美帝国主义在我国经济上文化上的侵略势力加以彻底清除"。基督教出版会议要求认识到出版物与思想的改造有密切的关系,基督教出版业必须割断与帝国主义的关系,"必须重新确定今后努力的方向"②。一场肃清美帝国主义在中国的政治、经济和文化影响的斗争全面展开了。

《决定》一经宣布,各地教会和团体纷纷响应,基督教革新运动面临新局面。③ 1951年1月15日,《人民日报》发表《接受外国津贴及外资经营之文化教育救济机关及宗教团体登记实施办法》,以及吴耀宗的《基督教革新运动的新阶段》,公布《三自宣言》签名人数的新增长,欢迎天主教人士对基督教革新运动的响应,还从理论上进一步探讨如何深入开展三自。为了表示与帝国主义断绝关系,燕京神学院院长赵紫宸辞去了世界基督教会协进会副主席之职,他是唯一当选世界基督教会协进会高层职务的中国人。④

美国本想利用断绝经济来源迫使中国教会屈服,这个在历史上曾经非常有效的措施手段,在共产党领导的新形势下,成了新社会认识基督教会与帝国主义关系、认识西方教会面目的最新实例,成了激发中国基督徒民族自尊心和信仰自信心的导火索,成了政府引导和教育基督徒脱离帝国主义的有力武器,使更多基督徒参加到三自革新运动中来,加速促成中国教会脱离西方教会的进程。在三自革新运动开始时,中国教会本来"并不主张马上"断绝与西方教会在经济上和人才上的关系,因

---

① 《周恩来年谱》上卷,1950年12月29日,第110页。
② 《为肃清基督教书刊中的毒素向全国同道呼吁!》,《出版界》第28卷第2—3期,1951年6月,第2页。1951年3月16日,中央人民政府出版总署在北京召开了北京、上海、武汉和天津四地基督教出版机构参加的会议。
③ 《人民日报》的有关文章和报道:《各地教徒热烈拥护政务院的有关规定》(1951年1月7日);上海全国性及地方性的基督教团体26位负责人:《拥护政务院关于处理接受美国津贴的文化教育救济机关及宗教团体的方针的决定》(1月8日);《基督教爱国运动在全国广泛展开》(1月14日);《五个全国性基督教团体决定 拒绝接受任何外国津贴 号召所属依法登记实现革新统纲领》(2月5日);《基督教革新运动遍及西南各地教徒积极准备实行生产自养》(3月30日)。
④ 赵紫宸:《我辞去了世界基督教会协进会主席之职》,《人民日报》1951年7月12日。

为"这是不可能的，也是不需要的"①。但美国停止经济来源的做法使中国教会必须在最短的时间里至少实现自立和自治，"本来需要七八年才断绝与美国的关系，现在只需要两三年了"。

五 控诉运动：通过自我教育的方式进行割断

1951年1月16—25日，在土地改革、抗美援朝和镇压反革命三大运动高潮中，召开了第二次全国统战工作会议。会议深刻认识到全国反美爱国运动的普及性与深入性都是历史上所没有的，尤其在工商界、教会、教会学校及团体等与美国有密切联系的机构中，难度更大。② 以后工作重点就是要把帝国主义在中国的各种影响连根铲除，还特别提到天主教和基督教的问题。③ 在全国反帝爱国运动中，必须动员宗教团体内教徒的力量，将天主教徒和基督教徒"争取到爱国主义的旗帜下面来"，要把这项工作看成是"反对帝国主义的斗争"。同时也强调要"保证宗教信仰自由"，"对宗教是不能实行专政的"。三自革新运动的"中心目的是要使教会在政治上、组织上脱离帝国主义的关系"④。在具体事务上，决议通过免征城市教会的房产税以帮助其渡过难关。这些具体措施对面临经济困难的基督教会来说，如同一场"及时雨"，缩短了政府和教会之间的距离。

4月16—21日，政务院文教委员会宗教事务处在北京召开处理接受美国津贴的基督教团体会议，出席的全国基督教各宗派、各团体代表共154人，包括了31个基督教宗派和26个基督教团体。副总理郭沫若、统战部部长李维汉、宣传部部长陆定一、内务部部长谢觉哉、副部长陈其瑗、政务院文教委员会副秘书长邵荃麟、宗教事务处处长何成湘均出席并

---

① 吴耀宗：《展开基督教革新运动的旗帜》，第15页。
② 统战部部长李维汉的讲话：《第二次全国统战工作会议概况》，1951年1月15日，《历次全国统战工作会议概况和文献》，档案出版社1988年版，第38—39页。
③ 新闻出版署署长胡乔木讲话：《第二次全国统战工作会议概况》，1951年1月17日，第40页。
④ 陆定一：《争取和团结广大教徒，肃清帝国主义在中国的文化侵略的影响》，《历次全国统战工作会议概况和文献》，1951年1月19日，第45—49页。

发言。① 会议通过了《处理接受美国津贴的基督教团体办法》草案，② 号召全国基督徒坚决拥护并执行政务院《处理接受美国津贴的文化教育救济机关和宗教团体的方针的决定》和《接受外国津贴及外国经营的文化教育救济机关和宗教团体登记条例》。为了使全国基督徒普遍参加抗美援朝运动和促进三自革新运动的开展，成立了基督教全国性组织——中国基督教抗美援朝三自革新运动委员会筹备委员会，由25人组成，吴耀宗任主席，标志基督教革新运动进入新阶段。③

会议发表了《中国基督教各教会各团体代表联合宣言》，指出帝国主义利用基督教为侵略工具，鼓励基督徒积极参加抗美援朝、土地改革和镇压反革命三大运动，深入开展三自革新运动，彻底割断和帝国主义的联系，使其变成中国教徒完全自办的教会。这是对基督教在新形势下适应和改变影响极大的会议，标志基督教人士在爱国主义的旗帜下，更密切地团结在人民政府的周围，彻底肃清帝国主义文化侵略的影响，"要最后地、彻底地、永远地、全部地割断与美国差会及其他差会的一切关系，实现中国基督教的自治、自养、自传"。④

《宣言》还鼓励基督徒协助政府检举潜伏在基督教中的反革命分子和败类，坚决揭穿帝国主义和反动派破坏"三自"的阴谋。4月24日，《人民日报》发表《开展基督徒对美帝国主义的控诉运动》的社论，提出控诉运动是基督徒以亲身经历的美帝迫害中国人民的事实"进行自我教育的运动"，是"深入开展三自革新运动的最重要的方法"，要求基督徒积

---

① 《人民日报》的有关文章报道，均在1951年：《政务院文教委员会宗教事务处召集会议处理接受美国津贴的基督教团体》（4月16日）；社论：《彻底割断基督教与美帝国主义的联系》（4月17日）；《在处理接受美国津贴的基督教团体上，郭副总理号召积极参加爱国运动，各代表控诉教会内帝国主义分子和反动分子的罪恶》（4月21日）；《出席处理接受美国津贴的基督教团体会议的代表控诉帝国主义利用宗教侵略中国》（4月24日）；陆定一：《在"处理接受美国津贴的基督教团体会议"上的讲话》（4月25日；《天风》第11卷第17、18期转载，5月8日）；吴耀宗：《中国基督教的新生：出席"处理接受美国津贴的基督教团体会议"的感想》（5月24日）。

② （草案）经人民政府批准，7月24日由政务院公布；7月27日《人民日报》头版全文发表。

③ 吴耀宗：《中国基督教全国会议的成就》，《天风》第428—429期，1954年9月23日，第9—10页。

④ 《中国基督教各教会各团体代表联合宣言》，《人民日报》1951年4月25日。

极参加,保护中国人自己的宗教不受帝国主义的侵略与利用。① 4月25日,《人民日报》发表了多篇控诉文章。② 三自革新筹委会将控诉运动比喻为中国基督教的"打扫房子",是肃清美帝对中国基督教恶毒影响的基本工作,"不搞好这件工作,其他一切都谈不上"③。要求教会在政府的协助及指导下开展控诉,④ 指导教会要"去掉思想顾虑",做好准备工作,并具体指导如何开展控诉。⑤ 基督教内部的"控诉运动"由此开展起来,每个基督徒都从自身开始检查,开始控诉,使三自革新运动进一步发展进来。据不完全统计,仅1951年全国133个城市中,较大规模的控诉会就举行了228次。⑥

六 成果与反思

1953年7月,签订了《朝鲜停战协定》,抗美援朝取得了伟大胜利。1953年11月27日至12月16日,习仲勋、陆定一主持召开了全国宗教工作会议,称赞中国基督教已经彻底割断了与帝国主义的联系。

> 基督教外国传教士几已完全出境(解放前统计是1700人,现仅太原尚有外籍女教士一人未处理,广东连县尚有外籍传教士五人均因案扣押准备驱逐),天主教外国传教士(全国解放时计有2229人)现只有300人(其中准备留下的23人,准备驱逐或限令出境的34人,已判刑的17人,在押审讯中的60人,未处理的166人)。基督

---

① 《开展基督徒对美帝国主义的控诉运动》,《人民日报》1951年4月24日。
② 崔宪祥:《控诉美帝国主义分子毕范宇》;李牧群:《控诉美帝国主义走狗陈文渊》;江文汉:《控诉美帝国主义走狗梁小初》;陈见真:《控诉美帝国主义走狗朱友渔》;王重生:《控诉美国特务顾仁恩的罪行》;胡翼云:《控诉基督教败类顾仁恩》;乔维熊:《控诉基督教败类顾仁恩》;钮志芳:《顾犯仁恩在杭州的罪行》;邵镜三:《控诉罪恶的毕范宇》;施如璋:《我对于美帝国主义毕范宇的控诉》;江长川:《我控诉基督教败类陈文渊》。
③ 《中国基督教抗美援朝三自革新运动委员会筹备委员会成立以后两个月的工作报告》,《天风》总第274期,1951年7月31日,第2页。
④ 《搞好传达、搞好控诉》,《天风》总第262—263期,1951年5月8日,第29页。
⑤ 刘良模:《怎样开好教会控诉会》,《天风》总第264期,1951年5月19日;《人民日报》5月21日转载。
⑥ 吴耀宗:《中国基督教三自革新运动四年来的工作报告》,第45页。

教的外国"差会"已全部结束。……除秘密津贴外,外国津贴已基本断绝。……基督教变化较小,解放前号称有教徒 70 万人,现在统计有 638000 多人,教堂 6767 所,传教人员约 7000 人,其中约五分之一至四分之一为牧师。1953 年以来,在江苏、湖南、河南以及四川等地的某些农村,基督教徒还有若干的恢复和发展。①

1954 年 7 月 22 日至 8 月 6 日,新中国基督教第一次全国会议在北京公理会教堂召开,62 个教派和团体的 232 名代表参加了会议。吴耀宗做了《中国基督教三自革新运动四年来的工作报告》,充分肯定了四年来中国基督教徒进行反帝爱国运动的成绩,中国基督教会在人事、行政、经费等方面,基本上已经割断了与帝国主义的联系,逐步成为中国教徒主持的宗教团体。会议通过了一系列文件②,宣布成立了基督教全国正式机构,并改名为中国基督教三自爱国运动委员会,选举了吴耀宗等 139 人为中国基督教三自爱国运动委员会第一届委员会委员③。

这是历史上第一次完全由中国教徒和教职人员举行和参加的会议,开创了中国基督教历史的新纪元。会议要求中国基督教会以后仍要"贯彻自治精神","研究教会自养问题,协助教会完成自养","研究自传工作,肃清帝国主义毒素,传扬纯正福音"。④

作为以传教为主要特征的世界性宗教,基督教几乎从一开始就越出民族的范围进行传教活动,想要使全世界的异教徒皈依基督教信仰和接受基督徒的生活方式。19 世纪基督教通过武力随着殖民主义势力进入中国是不争的事实,同时也是使中国基督教历史呈现极为复杂特征的重要原因。20 世纪 20 年代,中国基督教史上出现了与中国传统文化相结合为特征的

---

① 《关于全国宗教工作会议的报告》,1953 年 12 月,《中国共产党宣传工作文献选编 1949—1956》,第 765—767 页。

② 即《中国基督教全国会议告全国同道书》《中国基督教全国会议关于拥护中华人民共和国宪法草案的决议》《中国基督教三自爱国运动委员会简章》,见《中国基督教全国会议四项决议》,《人民日报》1954 年 8 月 13 日。

③ 吴耀宗任主席,陈见真、吴贻芳、陈崇桂、江长川、崔宪祥、丁玉璋任副主席,其中吴耀宗、陈崇桂、江长川、崔宪祥为《三自宣言》40 位发起人,陈见真、吴贻芳为第一批签名人。

④ 吴耀宗:《中国基督教三自革新运动四年来的工作报告》《中国基督教三自爱国运动文选:1950—1992》,中国基督教三自爱国运动委员会,1993 年,第 50—52 页,原载《天风》总第 425—427 期,1954 年 9 月 3 日。

基督教本色化神学探讨和实践。1922 年召开了历史上首次有中国人参加的全国性基督教大会,首次明确提出"自治、自养、自传"①,首次提出了希望中国教徒努力承担责任的本色教会,发扬中国传统文化,"使基督教消除洋教的丑号",对抗和回应"非基督教运动"。随之各地的"自立教会"不断涌现②,基督教会亦开始与政府合作,努力接近、试图解决社会现实问题,洗刷自身的"洋教"色彩。而这些 20 年代末出现的 600 余处自立教会,因各种原因,停顿、解散、复归外国差会控制,到 1935 年仅剩下 200 多处③,成为中国教会痛心却也无可奈何的事实。20 世纪 50 年代的"三自革新运动"在特殊新形势下,仍以"三自"为号召,强调割断中国教会与帝国主义的联系,强调教会政治面貌的改变,虽遭到个别属灵教派的抵制和拒绝,但对大部分教徒来讲,有一定程度的继承感,因此受到了大部分教徒的拥护和欢迎。截至 1954 年 6 月底,《三自宣言》的签名人数达 417389 人,占全国基督徒的 2/3④。随着 1957 年"联合礼拜"的开展,中国教会逐渐进入"后宗派时期"。

20 世纪 50 年代初期的"三自革新运动"是中国基督教历史上最为激烈的转折点,是在中国共产党领导和支持下开展和形成的,成为共产党控制能力上最受争议的问题之一。这场引导和改造基督教会适应新政权的过程,表现了中国共产党在各种纷繁变化时局中,看清各种力量的格局,适时调度,因势利导,应对各种挑战呈现非同一般的控制力和领导力。正如中国共产党自己所总结的那样:

> 为了展开这个运动,我们应采取积极领导而不是消极等待的政策。去年七月基督徒发出的革新宣言,是在中央的直接推动下产生的。去年十月在上海举行的中华全国基督教协进会年会,通过拥护革

---

① 《1922 年全国基督教大会报告书》,转引自邵玉铭编《二十世纪中国基督教问题》,正中书局 1980 年版,第 564—565 页。
② 韩镜湖:《中国耶稣教自立会全国联合大会记实》,《中华基督教会年鉴》(以下省略)第 6 期,1921 年;李琼阶:《中国教会之自传运动》,第 9 期,1927 年;《长沙基督教徒革新运动宣言》,第 10 期,1928 年;黄吉亭:《武汉基督教徒革新运动的前因后果》,第 10 期,1928 年;《杭州基督徒独立运动》第 10 期,1928 年;柴连复:《中国耶稣教自立会》,第 11 期,1931 年;刘思义:《山东中华基督教自立会》,第 11 期,1931 年等。
③ 庞子贤:《自立教会调查录》,《中国基督教会年鉴》第 13 期,1936 年,第 24 页。
④ 吴耀宗:《中国基督教三自革新运动四年来的工作报告》,第 43 页。

新宣言的决议,是在华东局的积极领导下产生的。……这些经验以及其他一切经验证明:基督教、天主教的任何有效的革新运动,都不可能是教徒的自发运动,而只能在党和人民政府积极领导督促下发生和发展;并且只要我们采取积极政策,主动地找到他们的负责人士来谈话,说明政府的政策,消除他们的顾虑,就一定能够发动他们中间的多数起来实行革新,而一般教徒为了自己的存在和利益,也不能不革新。①

政府不出面支持,他们是不敢进行革新运动的,因为他们背后有一个强大的帝国主义。②

---

① 《关于积极推进宗教革新运动的指示》,1951年3月5日,《建国以来重要文献选编》第2册,第95页。
② 陆定一:《争取和团结广大教徒,肃清帝国主义在中国的文化侵略的影响》,第45—49页。

论毛泽东对基督教的认识与思考
——兼谈当代中国语境下的基督教本土化

毛 胜

(中共中央文献研究室)

一 从毛泽东对司徒雷登的评论说起

1949年4月21日,中国人民解放军发起渡江战役,并于23日占领南京。此时,包括苏联在内的诸国驻华使馆,已经随国民党政府迁往"临时首都"广州。但是,美国驻华大使司徒雷登一直留在南京,并与中国共产党代表进行了秘密会晤,商谈美国政府承认新中国的问题。

在周恩来的安排下,黄华出任南京军事管制委员会外事处处长,负责与司徒雷登会谈。黄华肄业于司徒雷登创办并长期担任最高行政领导的燕京大学,两人有师徒之情。司徒雷登的私人秘书、双方会谈的重要联络人傅泾波,则是黄华的校友。然而,这种密切的关系,只是给会谈增添了些许融洽的气氛,而无法改变双方在政治见解上的原则性分歧。①

1949年8月2日,司徒雷登不得不结束大使的使命,无奈地告别生活了56年之久的中国,和傅泾波一家起程返回美国。8月5日,美国国务院发布白皮书《美国与中国关系——特别是1944年至1949年间的关系》,希望借此为自己的中国内战政策辩护。8月18日,毛泽东发表了著

---

① 参见黄华《亲历与见闻:黄华回忆录》,世界知识出版社2007年版,第79—85页;[美] 司徒雷登:《在华五十年:司徒雷登回忆录》,程宗家译,北京出版社1982年版,第241—242页。

名的《别了，司徒雷登》一文，说司徒雷登"是美国侵略政策彻底失败的象征"，白皮书是一部美帝国主义在中国人民中威信"破产的记录"①。

除了美国驻华大使、燕京大学校长的身份，司徒雷登主要是美国基督教在中国的传教士。有别于其他传教士，司徒雷登并不否定中国传统文化的价值，而是试图将基督教与中国传统文化进行有机的结合。他在口述著作《圣教布道近史》中"用儒家的概念去描述和诠释基督教教义"，并"借用儒家的'大同主义'来描述基督教所要达到的最高境界"。②司徒雷登的这种态度，使其在中国获得了颇为成功的传教生涯。这不仅使美国教会对他刮目相看，也使他在中国赢得了广泛的声誉。然而，自称"是一个中国人更甚于是一个美国人"的他，或许难以想象司徒雷登这个名字在当代中国却成了声名狼藉的政治名词。

从基督教本土化的视角，特别是联系本土化的时间维度，再审视司徒雷登在现当代中国的境遇，颇有意味。1840年鸦片战争后，尽管有坚船利炮和不平等条约的保驾护航，基督教在中国引发的种种冲突并未停息，大大小小的教案时有发生。在这种情况下，基督教在本土化方面做出了尝试与努力。1919年五四运动后，为应对中国民族意识的觉醒，天主教实施了"中国化"的措施，"教皇本笃十五下令要中国的天主教各修会尽量启用中国籍的神职人员"。1922年5月在上海召开的全国基督教大会，提出了"本色教会"的主张，希望以此"一方面求使中国信徒担负责任，一方面发扬东方固有的文明，使基督教消除洋教的丑号"。后来，"司徒雷登联络一部分传教士还向美国政府提议脱离传教条约的保护"。③

当历史的脚步走到1949年10月1日，半殖民地半封建的旧中国转变为中国共产党执政的新中国。这使基督教本土化的"本土"内涵也随之改变。如果不能与时俱进，把基督教本土化的时间维度和空间维度结合好，难免会出现"物是人非事事休"的景象，即便是司徒雷登这样的"老革命"，也会遇到"新问题"。我们甚至可以说，司徒雷登面对的"新问题"，就是已经努力中国化并取得一定成效的基督教再度中国化的问

---

① 毛泽东：《毛泽东选集》第4卷，人民出版社1991年版，第1491、1497页。

② 郝平：《司徒雷登其人其著》，[美]司徒雷登：《司徒雷登日记：美国调停国共争持期间前后》，陈礼颂译，黄山书社2009年版，第4页。

③ 参见顾长声《传教士与近代中国》，上海人民出版社2004年版，第291、301页。

题,可谓基督教的"新中国"化。

毛泽东是中国共产党、社会主义新中国的主要缔造者和领导人。他是如何认识基督教①的?在领导中国革命和建设的过程中,他对待基督教的基本态度是什么?他认识和处理基督教问题的经验,对其后中共关于基督教的方针政策又有着怎样的影响?梳理和分析这些问题,对于我们理解当代中国语境下的基督教本土化,应该是有所裨益的。

二 毛泽东对基督教的基本认识

毛泽东重视宗教问题,经常阅读宗教方面的著作和文章。据他的图书管理员逢先知回忆,毛泽东对"代表中国几个佛教宗派的经典如《金刚经》《六祖坛经》《华严经》以及研究这些经典的著述,都读过一些……基督教的《圣经》,他也读过"②。

其实,毛泽东在青年时期就有不少关于基督教的论述。1913年下半年,他在湖南省立第四师范学校读书时,就在听课笔记《讲堂录》中写道:"某氏曰,吾观古之君子,有杀身亡家而不悔者矣。""圣贤救世实有如此,如孔子(在陈匡),耶苏(磔死十字架),苏格拉底(以故毒死)。"③ 这或许是现在可以查到的资料中,毛泽东最早提及基督教的文字。

1915年8月,他在写给好友萧子升的信中,再次提及耶稣因传教被钉死之事,并认为"言不能因怨而废,犹食不能因噎而废也。况所言者未必怨,即怨矣,亦哲人之细事。基督以言而磔,龙、比以言而诛,自彼视之,曾不以怨而废"。④ 把耶稣与规劝夏桀的关龙逢、忠谏商纣的比干相提并论,未必恰当,但毛泽东主张言论自由、传教自由的态度,已经初现端倪。

1917年4月1日,毛泽东在《新青年》发表了《体育之研究》一文。这是迄今为止发现的毛泽东公开发表的第一篇文章。文中,毛泽东反复强

---

① 本文讨论的基督教,除个别地方指基督新教外,泛指广义的基督宗教。
② 龚育之、逢先知、石仲泉:《毛泽东的读书生活》,中央文献出版社2003年版,第3页。
③ 中共中央文献研究室、中共湖南省委《毛泽东早期文稿》编辑组编:《毛泽东早期文稿》,湖南人民出版社2008年版,第532页。
④ 同上书,第17页。

调体育运动的重要性，并举例说："孔子七十二而死，未闻其身体不健；释迦往来传道，死年亦高；邪苏不幸以冤死；至于摩诃末，左持经典，右执利剑，征压一世，此皆古之所谓圣人，而最大之思想家也。"① 将耶稣与孔子、释迦牟尼、穆罕默德统称为"圣人""最大之思想家"，并说耶稣"不幸以冤死"，都可见青年毛泽东对耶稣在人类社会发展史上重要地位的肯定。

四个多月后的 8 月 23 日，毛泽东在致老师黎锦熙的信中，论及宇宙真理的问题，认为应先研究哲学、伦理学，"向大本大源处探讨"，并说孔子、孟子这样的圣人乃得大本者。圣人"执此以对付百纷，驾驭动静，举不能逃，而何谬巧哉？"有意思的是，毛泽东在这段话后面，还特意用括号附注一句："惟宗教家见众人以为神奇，则自神奇之，如耶苏、默哈穆德、释迦牟尼。"②

毛泽东致黎锦熙的信，反映了他在青年时代对哲学、伦理学的格外重视。正因为如此，他自然而然地论及基督教问题。这方面的一个重要材料，是毛泽东在 1917 年至 1918 年认真阅读了泡尔生的《伦理学原理》，且写下了较多批注，其中就有不少关于该书涉及基督教内容的毛氏之见。比如，泡尔生言及道德随时代而不同时，说自己"读中世史，见基督教徒之仇异教也，常捕异教徒及巫觋之属而榜掠之，甚者杀之焚之，则无不极口诋諆者"。他认为："夫淫刑以逞，诚蛮野矣。然在蛮野之时代，用蛮野之刑法，未为不可。且驱蛮野而进文明，或亦不可无此作用。向使无往昔酷虐之刑法，则中世都市，或未必能跻于今日复杂生活之社会也。"对这段倾向性很强的评论，毛泽东在批注中表示赞同，写道："道德与时代俱异，而仍不失其为道德。""道德因社会而异，因人而异。"③

又如，泡尔生在书中谈道"基督破安息日之禁，废断食之制"，使"守旧者大惧，务保守其畴昔之规则，则遂与基督鏖战而杀之"。他强调指出："基督虽备尝艰苦，以身为牺，而其道卒占胜算，由其笃信建立慈爱新国为天命之说也。"对此，毛泽东在批注中亦充满感情地说："此真

---

① 中共中央文献研究室、中共湖南省委《毛泽东早期文稿》编辑组编：《毛泽东早期文稿》，第 60 页。
② 同上书，第 75 页。
③ 同上书，第 111—112 页。

能抽出古今诸杀身成仁之豪杰心事。"①

由此可见,青年毛泽东对基督教的认识,大致上有三个方面:一是肯定基督教在历史上的进步性;二是尊重基督教信仰的权利;三是已经开始运用唯物主义来观察基督教问题。联系中国传统历史观中的唯物主义、达尔文进化论在近代中国社会的影响,博览群书的青年毛泽东能够得出这些认识,也在情理之中。

1950年9月,周世钊将毛泽东批阅过的《伦理学原理》原件奉还故主。毛泽东对他说:"我当时喜欢读这本书,有什么意见和感想就随时写在书上,现在看来,这些话有好些不正确了";那时"接触一点唯物论的东西,就觉得很新颖,很有道理,越读越觉得有趣味。"②但是,纵观毛泽东的一生,他对基督教及其他宗教的认识,上述三个方面应该不属于"好些不正确了"之列。何出此言?毛泽东在新中国成立后的两次重要讲话,可以为证。

1957年2月,毛泽东在"如何处理人民内部的矛盾"的讲话提纲中,这样写道:"马克思主义是和它的敌对思想作斗争发展起来。历史上的香花在开始几乎均被认为毒草,而毒草却长期被认为香花。香毒难分,马、列、达尔文、哥白尼、伽利略、耶稣、路德、孔子、孙中山、共产党、孙行者、薛仁贵。"③

1958年3月22日,他在成都会议上的讲话提纲中,标注了"创立学派问题","青年马克思、恩格斯的学问问题","青年列宁的学问问题","青年黑格尔","青年达尔文","青年牛顿","青年孔夫子","欧洲中世纪经院学派","耶稣、释迦的少年时代与经院派佛学家的比较"等关键词。④他说:"自古以来,创新思想、新学派的人,都是学问不足的青年人……孔子不是二三十岁的时候就搞起来?耶稣开始有什么学问?释迦牟尼十九岁创佛教,学问是后来慢慢学来的。孙中山年轻时有什么学问,

---

① 中共中央文献研究室、中共湖南省委《毛泽东早期文稿》编辑组编:《毛泽东早期文稿》,第206页。
② 高菊村、刘胜生等:《青年毛泽东》,中央文献出版社2008年版,第97页。
③ 中共中央文献研究室编:《建国以来重要文献选编》第10册,中央文献出版社1994年版,第57页。
④ 中共中央文献研究室编:《建国以来毛泽东文稿》第7册,中央文献出版社1992年版,第117—118页。

不过高中程度。马克思开始创立辩证唯物论，年纪也很轻，他的学问也是后来学的。"①

从这两则史料中，可见毛泽东对基督教的认识，与他在40年前的基本看法，是很相似的。值得一提的是，毛泽东谈论基督教时，常常与中国的历史与人物相比对。这一点对于我们认识基督教中国化不无启示。

三 毛泽东对中国基督教基本情况与社会影响的认识

毛泽东不仅对基督教有总体上的认识，而且在调查研究的基础上，对中国基督教基本情况与社会影响形成了自己的判断。这对他提出符合中国实际的宗教政策，正确处理中国基督教问题，起到了重要作用。

在认识和处理宗教问题上，早期中国共产党人往往受限于阶级斗争的视野。比如，李大钊在《宗教与自由平等博爱》中指出："宗教的本质就是不平等关系的表现。"② 恽代英在《我们为甚么反对基督教？》中也明确指出："基督教的教育事业、社会事业，主要是在骗人做他们的教徒"，"基督教实在只是外国人软化中国的工具"。③ 这种观点体现了早期共产党人运用马克思主义观察宗教的理论成果，但简单地付诸实践，难免导致一刀切地反对宗教，甚至背离马克思主义所主张的宗教信仰自由政策。

1922年，世界基督教学生同盟准备在清华大学召开第十一届年会。消息传到中国后，在社会上引发了一场声势浩大的反宗教运动。3月9日，"非基督教学生同盟"发表宣言称："在中国设立基督教青年会，无非要养成资本家底善良走狗"，在中国召开年会是"侮辱我国青年，欺骗我国人民，掠夺我国经济的强盗会议，故愤然组织这个同盟，决然与彼宣战"。3月21日，蔡元培、陈独秀、李大钊等77名学者名流，以"非宗教大同盟"的名义联署发表宣言，指出："有宗教可无人类，有人类应无宗教，宗教与人类不能两立"，"我们深恶痛绝宗教之流毒于人类社会十

---

① 参见逄先知、金冲及主编《毛泽东传（1949—1976）》（上），中央文献出版社2003年版，第797页。
② 中国李大钊研究会编注：《李大钊文集》第4卷，人民出版社1999年版，第215页。
③ 恽代英：《恽代英文集》上卷，人民出版社1984年版，第393、396页。

倍于洪水猛兽"。①

同年 5 月召开的中国社会主义青年团一大，专门讨论了社会主义青年团与非宗教团体的关系，并在通过的决议案中强调："非基督教团体所做的正是我们所欲做的。非宗教的团体反对一切宗教，因为宗教是桎梏思想，并且在历史上看来是常与旧势力结合的东西。反对宗教，使青年思想自由而趋于革命的路途。因此对于此种非基督教、非宗教的团体应尽力帮助进行。"② 在这场非基督教运动中，俄共（布）与共产国际远东局、青年国际进行了直接指导，共产国际驻华代表更是以俄国革命反宗教斗争的经验为榜样。③ 这使运动沿着"左"的方向前进。1926 年 1 月，任国民党中央宣传部代理部长的毛泽东，在国民党二大上作《宣传报告》时，列举了十四项重要事件的宣传情况，其中一条就是："反教运动两年来反基督教的组织和宣传，遍于全国各地，使民众认识了帝国主义之宗教的侵略。"④

这场非基督教运动一直延续到 1927 年国共关系破裂才告一段落。红军长征胜利后，中国共产党从中国实际出发，制定了较为成熟的宗教政策，⑤ 包括对基督教的新政策。⑥ 之所以实现这个转变，除了经验教训的积累，一个重要因素是毛泽东对中国宗教基本情况的调查研究，包括他对基督教及其社会影响的了解。

1927 年年初，毛泽东到湖南湘潭、湘乡、衡山、醴陵、长沙五县农村作了 32 天调查，写出了《湖南农民运动考察报告》一文。其中，就有关于宗教问题的鲜活材料。他指出，"由阎罗天子、城隍庙王以至土地菩萨的阴间系统以及由玉皇上帝以至各种神怪的神仙系统——总称之为鬼神系统（神权）"，是束缚中国人民特别是农民一条极大的绳索。⑦ 他还举了一个生动的例子，说道："牛。这是农民的宝贝。'杀牛的来生变牛'，简

---

① 参见钱理群《周作人传》，北京十月文艺出版社 1990 年版，第 251—252 页。
② 中共中央文献研究室、中央档案馆编：《建党以来重要文献选编》第 1 册，中央文献出版社 2011 年版，第 85 页。
③ 参见陶飞亚《共产国际代表与中国非基督教运动》，《近代史研究》2003 年第 5 期。
④ 毛泽东：《毛泽东新闻工作文选》，新华出版社 1983 年版，第 9 页。
⑤ 参见陈金龙《试论抗日战争时期党的宗教政策的成熟》，《人文杂志》2000 年第 6 期。
⑥ 参见陶飞亚《抗战时期中共对基督教会的新政策》，《文史哲》1995 年第 5 期。
⑦ 毛泽东：《毛泽东选集》第 1 卷，人民出版社 1991 年版，第 31 页。

直成了宗教,故牛是杀不得的。农民没有权力时,只能用宗教观念反对杀牛,没有实力去禁止。"①

1930年5月,毛泽东到江西寻乌调查,不仅统计出宗教徒在全城近2700人中的大致比例,而且具体指出:"所谓宗教徒是耶稣教十人,天主教三人,斋公六人,和尚三人,共二十二人。"② 他还专门分析了"神道地主"问题,指出:"神坛是地主需要的,社坛是农民需要的,庙是地主、农民共同需要的。庙的田产很少,租入不够香纸费及庙老用,所以不是严重剥削所在。'寺'则完全不同,它是和尚的巢穴,是剥削厉害的地方。"③

毛泽东的这两个调查,涉及宗教问题的内容并不多,但已经能让我们窥见当时中国宗教信仰的概貌。一是民间信仰在中国基层社会占主流;二是基督教在中国的影响十分有限。这个判断,也是毛泽东始终所坚持的。1970年12月,他会见斯诺时说道:中国真正信教的很少,"几亿人口里面只有八九十万基督教徒,二三百万天主教徒,另外有近一千万的回教徒、穆斯林。其他的就信龙王,有病就信,无病就不信,没有小孩子就信,有了小孩子就不信了"④。

毛泽东对斯诺所说的这段话,在他的另两次外事谈话也有所体现。1960年5月27日,毛泽东与英国陆军元帅蒙哥马利会谈。当蒙哥马利问及"五十年以后中国的命运怎么样"时,毛泽东回答说:"五十年以后,中国的命运还是九百六十万平方公里。中国没有上帝,有个玉皇大帝。五十年以后,玉皇大帝管的范围还是九百六十万平方公里。"⑤

1965年8月5日,毛泽东会见印度尼西亚共产党总书记艾地时,说道:"我是信过上帝的。我信的是中国的上帝,不是外国的上帝,是信多神教的。中国到处有神,房子有神,门有神,山上的石头也有神,水也有神,叫龙王。神的组织总是按照人的组织来建立的。人有皇帝,天上也有皇帝;人有文官,天上也有文官;人有武官,是打仗的,天上就有天兵天

---

① 毛泽东:《毛泽东选集》第1卷,人民出版社1991年版,第37页。
② 中共中央文献研究室编:《毛泽东文集》第1卷,人民出版社1993年版,第170页。
③ 同上书,第179页。
④ 中共中央文献研究室编:《建国以来毛泽东文稿》第13册,中央文献出版社1998年版,第181页。
⑤ 中共中央文献研究室编:《毛泽东文集》第8卷,人民出版社1999年版,第189页。

将，都是按照人的模型做成的。"①

毛泽东对蒙哥马利的回答，主要想表达中国变大变强后不会侵略他国。对艾地所说的这段，是讲唯物主义和辩证法的重要性。但在无意之中，也体现了他对中国宗教信仰情况的基本判断。

四 尊重和保护基督徒的宗教信仰自由
——毛泽东对待基督教的基本态度之一

上面提及毛泽东关于中国宗教的调查研究，及其对中国共产党制定宗教政策的影响。这就包括尊重和保护宗教信仰自由的权利。在《湖南农民运动考察报告》中，毛泽东指出，破除迷信观念"是政治斗争和经济斗争胜利以后自然而然的结果。若用过大的力量生硬地勉强地从事这些东西的破坏，那就必被土豪劣绅借为口实"。他强调说："菩萨是农民立起来的，到了一定时期农民会用他们自己的双手丢开这些菩萨，无须旁人过早地代庖丢菩萨。共产党对于这些东西的宣传政策应当是：'引而不发，跃如也。'"②

一般认为，延安时期是毛泽东思想发展成熟的阶段，是中国共产党在局部执政中形成一系列重要方针政策的时期。尊重和保护宗教信仰自由的政策，也在这个时期完善和成熟。1940年4月，中共中央西北工作委员会制定的《关于回回民族问题的提纲》，强调要"尊重回族人民信奉宗教的自由，尊重他们的风俗习惯，发扬回教的美德，提倡抗日回教保护清真寺，反对和禁止任何侮蔑与轻视回教的言论行动"③。7月制定的《关于抗战中蒙古民族问题提纲》，也要求"尊重蒙古民族的风俗、习惯、宗教、语言、文字，保障喇嘛庙"④。1941年5月1日，毛泽东修改定稿的《陕甘宁边区施政纲领》明确规定："在尊重中国主权与遵守政府法令的原则下，允许任何外国人到边区游历，参加抗日工作，或在边区进行实

---

① 毛泽东：《建国以来毛泽东军事文稿》下卷，军事科学出版社、中央文献出版社2010年版，第319页。
② 毛泽东：《毛泽东选集》第1卷，人民出版社1991年版，第33页。
③ 中共中央文献研究室、中央档案馆编：《建党以来重要文献选编》第17册，中央文献出版社2011年版，第298页。
④ 同上书，第419页。

业、文化与宗教的活动。"①

1945年4月24日,毛泽东在中共七大政治报告《论联合政府》中进一步明确指出:"根据信教自由的原则,中国解放区容许各派宗教存在。不论是基督教、天主教、回教、佛教及其他宗教,只要教徒们遵守人民政府法律,人民政府就给以保护。信教的和不信教的各有他们的自由,不许加以强迫或歧视。"他还说,共产党人必须"帮助各少数民族的广大人民群众,包括一切联系群众的领袖人物在内,争取他们在政治上、经济上、文化上的解放和发展,并成立维护群众利益的少数民族自己的军队。他们的言语、文字、风俗、习惯和宗教信仰,应被尊重"。②

新中国成立后,中国共产党从革命党转变为执政党。在新的历史条件下,宗教信仰自由仍是中国共产党关于宗教的基本政策。在具有临时宪法性质的《中国人民政治协商会议共同纲领》的总纲中,明确规定:"中华人民共和国人民有思想、言论、出版、集会、结社、通讯、人身、居住、迁徙、宗教信仰及示威游行的自由权。"③

在处理宗教问题的过程中,毛泽东的一些工作细节,足见他对宗教徒的尊重。1950年9月6日,华东局统战部向中央上报了基督教"三自宣言"签名运动的各方反映情况。9月8日,毛泽东将报告批给周恩来,并写道:"此事不宜太急,太硬性,致失去团结较多的人的机会,造成对立。"④ 1956年2月,他同藏族人士谈话时,强调指出:"人们的宗教感情是不能伤害的,稍微伤害一点也不好。除非他自己不信教,别人强迫他不信教是很危险的。这件事不可随便对待。就是到了共产主义也还会有信仰宗教的。"⑤

据毛泽东警卫员孙勇回忆,毛泽东于1954年春节期间到杭州南高峰登山,并在山顶道观全神贯注一口气读完了一本经书。下山时,毛泽东女

---

① 中共中央文献研究室编:《毛泽东文集》第2卷,人民出版社1993年版,第337页。
② 毛泽东:《毛泽东选集》第3卷,人民出版社1991年版,第1092、1084页。
③ 中共中央文献研究室编:《建国以来重要文献选编》第1册,中央文献出版社1992年版,第2页。
④ 中共中央文献研究室编:《建国以来毛泽东文稿》第1册,中央文献出版社1987年版,第497页。
⑤ 中共中央文献研究室、中共西藏自治区委员会、中国藏学研究中心编:《毛泽东西藏工作文选》,中央文献出版社、中国藏学出版社2008年版,第140页。

儿李讷不解地问,一个老和尚的破书有什么可看的?毛泽东不高兴地回答说,那不是破书,是经书!他还耐心地说,这个寺庙是道观,庙里的人叫道士,他们信仰道教,道教是中国人创造的、土生土长的。穿黄衣服、剃光头的和尚信仰佛教,佛教是从印度传到中国的。在中国流传的,除道教、佛教外,还有伊斯兰教和基督教,都有不少的信徒。我们一定要尊重他们的宗教信仰和习惯。①

1955年7月,毛泽东审阅陆定一在全国人大一届二次会议上的发言稿时,将"不管自己是唯心主义者或是唯物主义者,都应该积极赞助和不要反对现在正在进行着的马克思主义的思想运动"这一段话删去,并在批语中写道:"要求资产阶级和宗教信徒积极赞助和不反对马克思主义,是很难的。"他还把发言稿中"我们也应该在广大的青年群众中、妇女群众中、学生中、工人中,积极宣传无神论"这一段删去,说:"这一点可在另外的地方讲,暂时不要在这个会上讲。"②这些修改也充分体现了毛泽东在涉及宗教信徒的工作中的谨慎态度。

毛泽东反复强调要尊重和保护宗教信仰自由,不仅因为马克思主义宗教观的重要内容,还有一个关键因素是他视宗教徒为人民群众的一部分。在毛泽东看来,宗教工作就是群众工作。为了做好信教群众的工作,他倡导共产党人认真研究各大宗教。1961年1月23日,毛泽东对班禅额尔德尼说:"世界上有那么多的人信教,我们不懂得宗教。我赞成有一些共产主义者研究各种宗教的经典,研究佛教、伊斯兰教、耶稣教等等的经典。因为这是个群众问题,群众中有那样多人信教,我们要做群众工作,我们却不懂得宗教,只红不专,是不行的。"③ 1963年12月30日,毛泽东批示加强宗教问题的研究,再次指出:"世界三大宗教(耶稣教、回教、佛教),至今影响着广大人口,我们却没有知识,国内没有一个由马克思主义者领导的研究机构,没有一本可看的这方面的刊物。"④

---

① 参见孙勇《在毛主席身边二十年》,中央文献出版社2010年版,第125—128页。
② 中共中央文献研究室编:《建国以来毛泽东文稿》第5册,中央文献出版社1991年版,第216—217页。
③ 中共中央文献研究室、中共西藏自治区委员会、中国藏学研究中心编:《毛泽东西藏工作文选》,第222页。
④ 中共中央文献研究室编:《毛泽东文集》第8卷,人民出版社1991年版,第353页。

也正因为如此，毛泽东强调不同信仰的问题属于人民内部矛盾，不能使用简单粗暴的处理手段。1957年2月27日，他在《关于正确处理人民内部矛盾的问题》中指出："我们不能用行政命令去消灭宗教，不能强制人们不信教。不能强制人们放弃唯心主义，也不能强制人们相信马克思主义。凡属于思想性质的问题，凡属于人民内部的争论问题，只能用民主的方法去解决，只能用讨论的方法、批评的方法、说服教育的方法去解决，而不能用强制的、压服的方法去解决。"①

宗教工作就是群众工作的观点，毛泽东在会见外国共产党领导人时也多次提及，表明这是他的经验之谈。1957年11月，毛泽东在访问苏联期间会见意大利共产党总书记陶里亚蒂。毛泽东在会谈中问他，意大利共产党对教廷的态度怎样？听完回答后，毛泽东说："你们一面反对教廷干涉政治，主张政教分离，一面不提出打倒宗教的口号。好，灵活。宗教既已存在，提出打倒的口号就会脱离群众。"② 1959年10月，毛泽东会见赫鲁晓夫时说："我看，共产党人进教堂，只要群众去，是可以的。"1964年5月，他接见秘鲁等拉美国家两个共产党学习代表团时，就秘鲁农民信多神教的问题指出："一开始就叫群众去反对宗教，宣传什么'我们是无神论者，你们信神我们不信'，那不行，群众就会和我们闹翻。群众觉悟是逐渐提高的，要群众丢掉宗教需要很长过程，信宗教不等于不反对帝国主义、封建主义、官僚资本主义。"③

五 发展中国共产党与基督教界的统一战线
——毛泽东对待基督教的基本态度之二

1939年10月，毛泽东在《〈共产党人〉发刊词》中指出："十八年的经验，已使我们懂得：统一战线，武装斗争，党的建设，是中国共产党在中国革命中战胜敌人的三个法宝，三个主要的法宝。"④ 具体到宗教问题来说，中国共产党认为世界观上的对立，并不意味着政治上完全对立，

---

① 中共中央文献研究室编：《毛泽东文集》第7卷，人民出版社1999年版，第209页。
② 逢先知、金冲及主编：《毛泽东传（1949—1976）》（上），中央文献出版社2003年版，第749页。
③ 参见陈晋《毛泽东之魂》（修订本），中央文献出版社1997年版，第302页。
④ 毛泽东：《毛泽东选集》第2卷，人民出版社1991年版，第606页。

而是可以在相互尊重的基础上实现团结合作。

1931 年"九一八"事变后,中日民族矛盾逐步上升为中国社会的主要矛盾。为了抗日救国,中国共产党积极倡导建立和维护抗日民族统一战线。1936 年 4 月 25 日,中共中央向中国国民党、全国基督教青年会、全国回教徒联合会、全国公教联合会等发出创立全国各党各派的抗日人民阵线宣言,强调"不管我们相互间有着怎样不相同的主张与信仰,不管我们相互间过去有着怎样的冲突与斗争,然而我们都是大中华民族的子孙,我们都是中国人,抗日救国是我们的共同要求"。① 1937 年 3 月 1 日,毛泽东和史沫特莱谈话时说,虽然中国共产党信仰共产主义,"国民党员中有许多是信仰资本主义的,有许多还信仰无政府主义,有些人则信仰孔子主义、佛法主义、基督主义",但是"只要当前革命政纲取得一致,即构成了团结救国的基础,即可泯除一切猜疑,走上共赴国难的轨道"。②

1940 年 1 月,毛泽东在描绘新民主主义社会的蓝图中,强调"一个主义"行不通,认为"在阶级存在的条件之下,有多少阶级就有多少主义,甚至一个阶级的各集团中还各有各的主义。现在封建阶级有封建主义,资产阶级有资本主义,佛教徒有佛教主义,基督徒有基督主义,农民有多神主义"③。他还指出:"共产党员可以和某些唯心论者甚至宗教徒建立在政治行动上的反帝反封建的统一战线,但是决不能赞同他们的唯心论或宗教教义。"④ 这样一来,就把中国共产党与宗教界建立统一战线的相辅相成的两个方面,阐述清楚了。

换言之,共产党员与宗教徒建立统一战线,既要看到共同的努力方向,也要看到彼此的独立性,绝不能把政治行动上的统一与思想信仰上的统一混淆了。1942 年 3 月,毛泽东专门就共产党员与党外人员的关系指出:"党员及党组织不得任意地无根据地怀疑党外人员,必须从友谊中细心了解自己周围的每个党外人员的历史和特性,细心了解他们对人民、对我党及对工作的意见和要求。对于他们的宗教信仰、思想自由及生活习

---

① 中共中央文献研究室、中央档案馆编:《建党以来重要文献选编》第 13 册,中央文献出版社 2011 年版,第 104 页。
② 中共中央文献研究室编:《毛泽东文集》第 1 卷,人民出版社 1993 年版,第 492 页。
③ 毛泽东:《毛泽东选集》第 2 卷,人民出版社 1991 年版,第 687 页。
④ 同上书,第 707 页。

惯，必须加以尊重。"①

在社会主义革命和建设中，中国共产党继续强调宗教统战工作的重要性。1950年4月13日，周恩来在全国统战工作会议上指出："我们对宗教界民主人士是以他们的民主人士身份去联合的。允许宗教信仰自由是一件事，邀请宗教界民主人士参加政协或各界代表会是另一件事，后者是以政治为标准的，不管他是牧师还是和尚。"② 对于这一点，毛泽东也在不同场合多次谈到。1950年10月27日，他同工商界代表谈话时指出："还是把积极因素团结起来好。要把民族资产阶级、小资产阶级（农村的、城市的）、宗教家等等都团结起来。"③ 1957年3月12日，他在中国共产党全国宣传工作会议上进一步指出："一部分唯心主义者，他们可以赞成社会主义的政治制度和经济制度，但是不赞成马克思主义的世界观。宗教界的爱国人士也是这样。他们是有神论者，我们是无神论者。我们不能强迫这些人接受马克思主义世界观。"④

按照毛泽东的这个思路，李维汉明确提出："统一战线是按政治划分的，不是按照宗教信仰划分。有神论和无神论是世界观问题，只要政治一致，就可以而且应当团结起来，共同奋斗。只有这样，才符合整个革命斗争的利益，包括宗教界一切爱国人士的利益在内。"⑤ 对此，丁光训在1985年《与教外友人谈"鸦片问题"》中也指出：在中国共产党的一贯思路里，"宗教主要是作为统一战线问题而不是作为意识形态上你死我活的问题来对待的"，在宗教方面的中心任务"不在于所谓'同宗教作斗争'，进而削弱消灭宗教，不在于使有神论者转化为无神论者，而在于求同存异，加强同信教群众在政治上的团结，而把人们信仰上的差异放在互相尊重的范围之内"。⑥

在国际事务中，毛泽东也提倡团结宗教界人士，建立反对帝国主义统

---

① 中共中央文献研究室编：《毛泽东文集》第2卷，人民出版社1993年版，第396—397页。

② 中共中央统一战线工作部、中共中央文献研究室编：《周恩来统一战线文选》，人民出版社1984年版，第173—174页。

③ 中共中央文献研究室编：《毛泽东文集》第6卷，人民出版社1999年版，第488页。

④ 中共中央文献研究室编：《毛泽东文集》第7卷，人民出版社1999年版，第269页。

⑤ 李维汉：《统一战线问题与民族问题》，人民出版社1982年版，第647页。

⑥ 丁光训：《与教外友人谈"鸦片问题"》，《金陵神学志》2005年第1期，第31页。

一战线。1964年7月9日，毛泽东同访华的亚洲、非洲、大洋洲一些国家和地区的代表谈话时，认为亚非拉人民要建立广泛的统一战线，"不管他信什么宗教，是天主教、基督教、伊斯兰教或佛教，也包括一部分民族资产阶级，只要是反对帝国主义的，反对帝国主义走狗的，都应该团结，只不包括帝国主义在这些国家内的走狗"①。

六 坚持独立自主自办教会的原则
——毛泽东对待基督教的基本态度之三

基督教开始传入中国，"确实可以考证的，从唐朝的景教算起"②。但是，基督教在中国的较快发展，则是"大炮在天朝呼啸"并"开放中国给基督"之后。③ 伴随着西方侵略者涌入中国的传教士，有的"直接参加了侵华战争"，有的参与不平等条约的签订并从中获益。④

基督教的不光彩角色，使其给中国共产党人留下了这样的印象：一是充当了帝国主义侵略中国的工具，使中国人民深受其害；二是控制和利用中国教会，使之成为外国教会的附庸。对此，陈独秀在《基督教与基督教会》中严厉抨击道："大战杀人无数，各国的基督教教会都祈祷上帝保佑他们本国的胜利；各基督教的民族都同样的压迫远东弱小民族，教会不但不帮助弱小民族来抗议，而且作政府殖民政策底导引。"⑤ 1938年10月，毛泽东在《中国革命和中国共产党》中也说帝国主义列强"对于麻醉中国人民的精神的一个方面，也不放松，这就是它们的文化侵略政策。传教，办医院，办学校，办报纸和吸引留学生等，就是这个侵略政策的实施。其目的，在于造就服从它们的知识干部和愚弄广大的中国人民"⑥。

1949年1月31日，毛泽东在西柏坡会见秘密来访的苏联部长会议副主席米高扬。在这次谈话中，毛泽东向他阐述了"打扫干净屋子再请客"的对外政策。3月5日，他在七届二中全会的报告中指出："不承认国民

---

① 中共中央文献研究室编：《毛泽东文集》第8卷，人民出版社1999年版，第386页。
② 王治心：《中国基督教史纲》，上海古籍出版社2004年版，第3页。
③ 参见顾长声《传教士与近代中国》，上海人民出版社2004年版，第46页。
④ 同上书，第46、52、62—64页。
⑤ 陈独秀：《独秀文存》，安徽人民出版社1987年版，第438页。
⑥ 毛泽东：《毛泽东选集》第2卷，人民出版社1991年版，第629—630页。

党时代的一切卖国条约的继续存在，取消一切帝国主义在中国开办的宣传机关"，是我们进入大城市必须首先采取的步骤。他还说，"在做了这些以后，中国人民就在帝国主义面前站立起来了"①。

　　清理帝国主义在宗教领域的影响，是"打扫干净屋子"的重要内容。1950年5月，周恩来先后四次发表关于基督教问题的谈话，其核心内容就是处理基督教同帝国主义的关系问题，要求中国的宗教团体"把民族反帝的决心坚持下去，割断同帝国主义的联系，让宗教还它个宗教的本来面目"，"宗教团体本身要独立自主，自力更生，要建立自治、自养、自传的教会"。这样一来，中国基督教会就变成中国自己的基督教会了。②

　　1950年7月28日，吴耀宗等40位中国基督教代表人物公开发表题为《中国基督教在新中国建设中努力的途径》的"三自宣言"，提出中国基督教会及团体的基本方针是：肃清基督教内部的帝国主义的影响，警惕帝国主义利用宗教培养反动力量的阴谋；培养一般信徒爱国民主的精神和自尊自信的心理，实行自治、自养、自传。③ 9月23日，《人民日报》转发"宣言"全文，同时发表社论强调："这是基督教人士应有的使中国基督教脱离帝国主义影响而走向宗教正轨的爱国运动。"④ 此后，中国基督教"三自"爱国运动在全国范围内展开。

　　1950年8月19日，中共中央给各地发出了关于天主教、基督教问题的指示，比较系统地阐述了中国共产党处理天主教、基督教问题的方针，强调："我们对待目前中国的天主教、基督教，应当不帮助他们的发展，并反对其中的帝国主义影响；同时坚持保护信教自由，并在其中扩大爱国主义的影响，使天主教、基督教由帝国主义的工具变为中国人自己的宗教事业。"⑤

　　对于独立自主自办教会的原则与实践，毛泽东一直予以高度关注。比如，对基督教人士的"三自宣言"，毛泽东在1950年7月19日批示说，这个文件是很有用的，"请考虑用内部文件方式电告各中央局及各省市

---

① 毛泽东：《毛泽东选集》第4卷，人民出版社1991年版，第1434页。
② 参见中共中央统一战线工作部、中共中央文献研究室编《周恩来统一战线文选》，第180—187页。
③ 参见《中国基督教发表宣言》，《人民日报》1950年9月23日，第1版。
④ 《基督教人士的爱国运动》，《人民日报》1950年9月23日，第1版。
⑤ 中共中央文献研究室编：《建国以来重要文献选编》第1册，第409页。

委,并要他们注意赞助"。① 10月21日,毛泽东专门给新闻总署署长胡乔木写信,指出吴耀宗在10月20日《光明日报》上发表的《怎样推进基督教革新运动》一文,"可以广播,《人民日报》应当转载"。② 10月22日,《人民日报》转载了这篇文章。

又如,1951年8月20日,中共南京市委就其在基督教中开展"三自"革新学习与教会民主改革运动的情况,特别是肃清帝国主义影响的方法与经验,总结出一份关于宗教改革工作的报告。9月8日,毛泽东将此件批给中央宣传部副部长胡乔木,并写道:"此件很好,请印发各中央局、分局、省市区党委及其管理宗教事务的机关,并于文前加上几句介绍的话。"根据这个指示,中共中央于9月13日转发了这个报告,并在批语中强调南京市委"关于进行基督教工作的方式和步骤的经验,很值得各地学习","望各地宣传部、统战部、公安部、外事处、宗教事务处注意"。③

新中国坚持独立自主自办教会的原则,不是简单地反对本国宗教的对外交流,不是完全割断宗教与外界的一切联系,更不是违背宗教信仰自由的政策,而是贯彻政教分离的要求,不允许宗教成为外国干涉中国内政的工具。1954年12月11日,毛泽东同缅甸总理吴努谈话时,指出:"一个国家到另外一个国家的土地上去建立军事基地,附带军事和政治条件的援助和贷款,在另外一个国家建立的宗教机关进行间谍活动等,都是干涉内政。"④

独立自主自办教会,与新中国独立自主的和平外交方针也密切相关。1958年,中苏之间由"长波电台"和"联合舰队"引发了一场严重争吵,根源就在于毛泽东绝不允许外国借机插手中国事务。对自己的盟友和"老大哥"尚且如此,更何况对有过前科的帝国主义者呢?这一年的11月24日,新华社编印的《参考资料》第2532期上,转引了中央社纽约11月22日的一则消息,说"美国新教领袖们"通过一项声明,赞成美国承认中国共产党并且接纳它进入联合国,同时保障"台湾人民和朝鲜人

---

① 中共中央文献研究室编:《建国以来毛泽东文稿》第1册,第438页。

② 同上书,第581页。

③ 中共中央文献研究室编:《建国以来毛泽东文稿》第2册,中央文献出版社1988年版,第442—443页。

④ 中共中央文献研究室编:《毛泽东文集》第6卷,人民出版社1999年版,第381页。

民的权利"。这封《致各教会书》的声明还提出:"我们强烈希望,恢复中国人民和美国人民的关系,也可以使得恢复他们的教会和我们的教会的关系成为可能。"对此,《参考资料》转引时取题为《美一批教会领袖妄图制造"两个中国",伴称主张承认我国和恢复我联合国席位》。毛泽东在中共八届六中全会上印发了这则消息,并重拟标题和提要。标题为"美国一大批教会领袖主张承认中国"。提要为"他们说,这样做有四大利益";"他们想把我国拉过去,而他们自己则向中国钻进来";"美国资产阶级已感到恐慌,感到被动,想要设法脱出这种情况"。① 毛泽东对美国教会干涉中国宗教事务的高度警惕,由此可见一斑。

七 基督教与社会主义社会相适应
——当代中国语境下的基督教本土化

1980 年 10 月 25 日,邓小平同胡乔木、邓力群谈话,就起草《关于建国以来党的若干历史问题的决议》发表意见。针对怎样评价毛泽东及其对中国社会主义建设的探索等问题,邓小平说了一段意蕴深刻的话:"从许多方面来说,现在我们还是把毛泽东同志已经提出、但是没有做的事情做起来,把他反对错了的改正过来,把他没有做好的事情做好。今后相当长的时期,还是做这件事。当然,我们也有发展,而且还要继续发展。"②

在认识和处理基督教问题上,毛泽东的思考特别是上述基本态度,显然是被继承和发展了。2013 年 9 月 12 日,俞正声会见中国基督教第九次代表会议代表时,希望新一届基督教"两会"为中国基督教的健康发展,为中国特色社会主义事业多作贡献。对此,他提出了三条具体要求:"要坚持独立自主自办的原则,自觉维护国家和人民的根本利益;要加强基督教团体的自身建设,真正发挥出基督教爱国组织的桥梁纽带作用;要引导宗教与社会主义社会相适应,团结带领广大信教群众更好地发挥在经济发展、社会和谐、文化繁荣等方面的积极作用,为实现中华民族伟大复兴的

---

① 中共中央文献研究室编:《建国以来毛泽东文稿》第 7 册,中央文献出版社 1992 年版,第 608—609 页。

② 邓小平:《邓小平文选》第 2 卷,人民出版社 1994 年版,第 300 页。

中国梦贡献力量。"① 这表明，中国共产党对待基督教的基本态度既有新的时代内容，也保持连续性和稳定性。

有研究者认为，新中国成立后，中国共产党的宗教政策坚持"统战"与"安全"两大主线或基轴的基本方针始终没有改变。② 这从另一个角度揭示了中国共产党在认识和处理问题上的继承与发展。那么，坚持这两大主线，以及中国共产党始终强调的宗教信仰自由政策，目的何在呢？归结到一点，就是中国共产党在改革开放新时期一再强调的"积极引导宗教与社会主义社会的相适应"。

从已公开的文献资料来看，宗教与社会主义社会相适应的提出和发展，与中国共产党对基督教的认识有着紧密的联系。1960年6月24日，外交部办公厅印发了蒙哥马利的一个讲话摘要。在6月9日发表的这个演讲中，蒙哥马利阐述的主要内容之一，是他访问苏联和中国等社会主义国家后得出的两条结论："一是西方国家既然无办法消灭共产主义，那么就必须找出办法同共产主义共存；二是在共存的同时，西方国家必须尽一切努力来保存自己的基督教文明基础，并把它发扬光大。"毛泽东看到这个材料后，批示"应当研究他为什么要说这些话"。③ 尽管研究的情况如何，尚不得而知，但是毛泽东对基督教与社会主义关系的重视，及其在理论与实践积累的经验，是很有启发意义的。

1984年8月5日，在中国基督教三自爱国运动委员会成立30周年纪念会上，杨静仁指出："三自爱国会和基督教协会要以各种方式支持、鼓励基督徒在各自的工作岗位上努力工作、服务人民、多做贡献……希望对于某些严重危害群众生产、生活和身心健康的教规陋习，采取稳妥的步骤，加以适当改革。使基督教同社会主义社会相适应，发挥它在社会主义现代化建设中应有的作用。"④ 虽然此前一些材料提出过宗教要适应社会主义的环境，宗教要与社会主义社会相协调，但明确讲宗教"同社会主

---

① 《俞正声会见中国基督教第九次代表会议代表》，《人民日报》2013年9月13日第3版。
② 徐以骅、刘骞：《安全与统战——新中国宗教政策的双重解读》，《世界宗教研究》2011年第6期。
③ 中共中央文献研究室编：《建国以来毛泽东文稿》第9册，中央文献出版社1996年版，第228—229页。
④ 中共中央文献研究室综合研究组、国务院宗教事务局政策法规司编：《新时期宗教工作文献选编》，宗教文化出版社1995年版，第119页。

义社会相适应",这应该是第一次。

2001年12月10日,江泽民在全国宗教工作会议上,对"积极引导宗教与社会主义社会相适应"的基本内涵进行了深刻阐述。他还着重以基督教为例,分析指出:"通观我国和世界的宗教历史,可以发现一条共同的规律,就是宗教都要适应其所处的社会和时代才能存在和延续,十六世纪基督教发生的宗教改革运动就是一个例子。我国是社会主义国家,我国宗教是在社会主义条件下存在和活动的,必须与社会主义社会相适应。这既是社会主义社会对我国宗教的客观要求,也是我国各宗教自身存在的客观要求。"①

如果中国共产党人对基督教的认识与思考,可以归结到"基督教与社会主义社会相适应"上去,那么当代中国语境下的基督教本土化,核心的一点也就在于此。强调基督教与社会主义社会相适应,绝不是要求基督徒放弃宗教信仰,"而是要求他们热爱祖国,拥护社会主义制度,拥护中国共产党的领导,遵守国家的法律法规和方针政策;要求他们从事的宗教活动要服从和服务于国家的最高利益和民族的整体利益;支持他们努力对宗教教义作出符合社会进步要求的阐释;支持他们同各族人民一道反对一切利用宗教进行危害社会主义祖国和人民利益的非法活动,为民族团结、社会发展和祖国统一多作贡献"。② 诚如研究者所言:"就当今中国国情而言,'基督教中国化'的必由之路在于,为当代中国社会的改革开放、发展进步做出积极而重要的贡献。"③ 而且,"基督宗教信徒若以'超越东西方'的境界来在中国社会处境中积极适应和忘我奉献,则有可能重新构建真正沟通中西的桥梁"。④

八 司徒雷登安葬中国

1962年9月19日,司徒雷登在美国首都华盛顿病逝。他最后的遗愿

---

① 江泽民:《江泽民文选》第3卷,人民出版社2006年版,第387页。
② 同上书,第387页。
③ 张志刚:《"基督教中国化"三思》,《世界宗教文化》2011年第5期,第7页。
④ 卓新平:《适应与奉献:中国社会处境中的基督宗教》,《汕头大学学报》2013年第1期,第5页。

是回到中国,将骨灰"安葬在原燕京大学他妻子的墓地旁"①。历经几番风雨,2008 年 11 月 17 日,在司徒雷登逝世 46 年后,他的骨灰终于安葬在杭州半山安贤园。安葬仪式上,美国驻华大使雷德发表感言说:"中国是司徒雷登先生热爱的国家。他出生在杭州,今天回到这里,完成了他的人生旅途……如果他能看到今天的变化,他一定会非常高兴。"②

巧合的是,2008 年是中国实行改革开放 30 周年。这 30 年,是中国创造人类社会发展奇迹的 30 年,也是中国基督教发生沧海桑田般巨大变化的 30 年。基督教徒的人数及其社会影响,③ 与司徒雷登的年代不可同日而语。若司徒雷登能看到这个变化,估计会更加高兴,并夹杂着一些惊叹。也正因为这个变化,他才能实现遗愿,安葬中国。究其原因,关键在于基督教本土化的发展,在于基督教与社会主义的社会相适应。

---

① 郝平:《无奈的结局:司徒雷登与中国》,北京大学出版社 2002 年版,第 418 页。
② 参见郝平《魂归故里:司徒雷登骨灰安葬杭州的前前后后》,《中华读书报》2008 年 12 月 10 日,第 3 版。
③ 据中国社会科学院世界宗教研究所课题组 2008—2009 年的入户调查,中国基督徒占全国人口总数的 1.8%,总体估值为 2305 万人,其中已受洗者 1556 万人,占 67.5%。[参见《中国基督教入户问卷调查报告》,金泽、邱永辉主编:《中国宗教报告(2010 年)》,社会科学文献出版社 2010 年版,第 191 页]

革命的基督教与中华现代性：
一种思想史的评述

曾庆豹

（台湾中原大学基督教研究中心）

  夫教会之入中国，既开辟中国之风气，启发人民之感觉，使吾人卒能脱异族专制之羁厄，如摩西之解放以色列人于埃及者然。以色列人出埃及而后，犹流离困苦于荒凉沙漠间四十年，而必待约西亚以领之，而至加南之地。今中国人民既由散沙而渐结团体，卒得脱离清朝之专制矣。惟脱离专制之后，反陷于官僚武人腐败横暴政治之下，如水益深，如火益热，困苦比前尤甚，其望约西亚之救也诚切矣。然统观中国今日社会之团体，其结合之坚，遍布之广，发达之速，志愿之宏，孰有过于中国基督教青年会者乎？是欲求一团体而当约西亚之任，以带领中国人民至加南乳蜜之地者，舍中国基督教青年会期谁乎？予既有望于青年会之深，而不禁勉青年诸君之切也。诸君既置身于此高尚坚强宏大之团体，而适中国此时有倒悬待救之人民，起不当发其宏愿，以此青年之团体而担负约西亚之责任，以救此四万万人民出水火之中而登之衽席之上乎？中国基督教青年其勉旃，毋负国人之望。

孙中山《勉中国基督教青年会》（1924 年）

一

梁启超在《中国近三百年学术史》中说道：

中国智识线和外国智识线相接触，晋唐间的佛学为第一次，明末的历算学便是第二次……明末有一场大公案，为中国学术史上应该大笔特书者，曰欧洲历算学之输入。……我们只要肯把那班人的著译书目一翻，便可想见他们对于新智识之传播如何的努力。只要肯把那时候代表作品——如《几何原本》之类择一两部细读一过，便可以知道他们对学问如何的忠实。……在这种新环境之下，学界空气当然变换。后此清朝一代学者，对于历算学都有兴味，而且最喜欢谈经世致用之学，大概受利（玛窦）、徐（光启）诸人影响不小。①

作为晚清一位知识分子，梁启超对天主教与中国的理解基本上即是在"追求现代"或"中华现代性"的框架下来理解传教士于中国所造就而成的文化效应；换言之，从明末以降的经世之学到晚清的变法，基督宗教是被中国知识分子置于与中国现代化的历史进程相提并论的，他们都是基于对"中国如何实现现代"或"为何未能走向现代"的探问中来解释或评价基督宗教的。

回顾历史，基督宗教到达中国，主要都以西方的"科学"来达到传教的目的。无疑这是以一种现代性之姿与中国相遇，这样的相遇虽然仍以"天学"（The Science of God）为旨，但他们所做的，无异于是将西方的现代性带到中国，尽管这种现代性主要是以科技作为其号召。天主教耶稣会士于晚明带着科学（以天文学、算术、地理学为主）来到中国，与中国士大夫建立友谊，并影响他们入教；晚清基督新教传教士亦带着科技（以机械和各种科学知识为主，尤重医疗与教育）来到中国，与中国知识阶层取得良好的互动，推动着中国走向现代化的道路。虽然天主教来华之际的西方还不能算作是已全面发展出现代性，但对于中国而言，不管是天主教或是新教，它们都是以一种"现代性"的姿态与中国互动，以其器物优势之姿企图说服中国，正如邵辅忠在《天学说》所说的："利玛窦始倡天主之教，其所立言以天文历数者，一时士大夫争着向往，逐名天学云。"

不同于西方基督宗教在遭逢现代性的问题表现为"古今之争"。在中

---

① 梁启超：《中国近三百年学术史》，台北：里仁书局1995年版，第11页。

国，基督宗教与中华现代性的言说特性即在于"中国/西方""传统/现代""精神/物质"的二元思想框架下来解读的，基督宗教与中华现代性错综复杂的历史际遇和互动模式被简化作"中华性"而非"现代性"问题，结果关注的是"会通"而非"改造"之议题。① 关于这方面，我们无法在此展开，须另辟蹊径来处理。

梁启超对晚清以降基督新教的表现评为不佳：

> 新教初来……各派教会在国内事业颇多，尤注意教育。然旨尘旧，乏精神；对于数次新思想之运动，毫未参加，而间接反有阻力焉。基督教之于清代，可谓无咎无誉；今后不改此度，则亦归于淘汰而已。②

基督新教的各项事业虽未如梁启超所言"归于淘汰"，但确实是未参与数次新思潮之运动。换言之，梁启超评论清代基督新教的表现也是基于中华现代性的问题上，即基督新教在中华现代性的反思和推动上并未有深刻的行动和参与，以致错失了其积极的影响力，所"无咎无誉"，最终当然亦即"归于淘汰"。

梁启超对基督新教的评论是否正确，取决于从何种角度评价之。但我们仍然不能否认的是，自晚清以降像李提摩太（Timothy Richard）、林乐知（Young J. Allen）、丁韪良（W. A. P. Martin）、花之安（Ernst Faber）、傅兰雅等人，从各个方面在传播西学的工作上表现得相当出色，从"船坚炮利"到西政、西法、西教等观念的传播仍作出了重大的贡献。③ 李提摩太于 1880 年见到李鸿章，并听取了他的建议，应向士大夫传教，以西学、西政等知识来吸引他们，这样才可能在中国获得重大的传教成效。于是他在天津主编《时报》，之后又到上海主持广学会，甚至创办山西大学，都是在这种思想模式下来进行的，所讲的西学、西政，都无外乎是西

---

① 汪晖：《当代中国的思想状况与现代性问题》，《台湾社会研究季刊》第 37 期，2000 年，第 5 页。中国近代知识分子在说明中西文化差异的时候，基本上都根据这种架构来进行，梁漱溟的《东西文化及其哲学》是一个最具代表性的例子。

② 梁启超：《清代学术概论》，收入于氏著《中国近三百年学术史》，台北：里仁书局 1995 年版，第 85—86 页。

③ 王树槐：《外人与戊戌变法》，台北："中央研究院"近代史研究所 1980 年版。

方现代性的产物，这些东西恰好是中国正在努力追逐并想获取的。[①]

关于这一点，朱维铮说得极为中肯：

> 这批所谓自由派的传教士（按：指上文所述的几位西洋教士），或受雇于官府，或见之于大吏，出入侯门，游说公卿，广交士绅，鼓动学林，实际是步利玛窦的后尘，走所谓学术传教的道路。他们在这方面造成的历史效应，并不逊于利玛窦、汤若望、艾儒略等人。
>
> 他们掌教的京师同文馆、上海广方言馆等，曾为清帝国培养了不少办洋务人才。他们任翻译的江南制造局译馆，以及与在华西方人士共同创办的广学会、格致学会等，所译介的西方图书，曾是晚清人士汲取西学西政西艺等新知的主要来源。他们所办的中文刊物，尤其是《万国公报》等，在戊戌维新前对于中国思想界起过巨大的启蒙作用。当然，有些活动是他们与社会福音派合作进行的，如兴办西式教育，编纂新式教材，救济灾区贫民等。
>
> 历史表明，晚清在华的传教士，所谓自由派的人数最少，著名者不过数十人，但对于近代中国的思想与文化所发生的影响，却难以低估。更其是在十九世纪的最后三十年，这一派人参与的西书翻译、主办的中文报刊以及从事的文化教育事业等，是中国士人官员了解世界、认识西方的新知来源，是中国学界政界出现"新学"、吁求"变政"的论说依据，也是晚清中西文化交流的主要媒介。……但他们的"间接传教"的客观效应，即在晚清社会走出中世纪的痛苦而缓慢的过程中引进五光十色的欧美思潮作为参照系的作用，则已由历史证明是无可置疑的。[②]

可见，梁启超的评论未必准确。

如果梁启超的评论所指的是清代基督新教，那么到了民国初年，基督新教是否如梁所言的"无咎无誉"呢？虽然，民国基督教并未成功地进入中国现代思想史的主流论述之中，但公平地说，这个时期的基督新教对

[①] 李提摩太：《亲历晚清四十五年：李提摩太在华回忆录》，李宪堂、侯林莉译，天津人民出版社2005年版。

[②] 朱维铮：《走出中世纪》二集，复旦大学出版社2007年版，第215—217页。

于中华现代性的反省始终都没有停止过,甚至还表现得相对比较激进,基本上即是朝以基督教改造中国社会上来理解,一方面是面对中国遭逢西方现代性所萌生的种种弊端,实在已达到天怒人怨的地步,亟须一些釜底抽薪或根本的改革措施,就此也就产生另一方面的思想,即基督教如何理解为一种革命的力量,此种对革命的阐释和分析,全系于对中华现代性的反省和批判上,其中最为关键的课题即是如何尝试通过基督教来实现一个公平、正义与解放的社会,中国集几千年的弊病以及半殖民的状态,已到达非常时期,势必考虑非常手段。因此,革命不仅是民国初年不断涌起的情绪,同时也是那个时期青年思潮的主流,基督教亦不例外,"改造社会的基督教"或"革命的基督教"成了民国初期一股重要的基督教思潮。①

同时我们也注意到,由于"泰西"代表着一种现代性,但不是完全在中国意义下的现代性,所以随着民国历史进程中所延伸出来日益复杂的全球资本主义问题以及相伴随的帝国主义问题,也就存在着一种以中国为问题意识的现代性,正如毛泽东在《新民主主义论》开头就提出了一个中华现代性的问题:"中国向何处去?"可以说是总结了自晚清以降所有问题的核心。如果说中国现代思想史的核心问题即是民族主义问题,但是这个民族主义肯定不是内在于自身的问题,现代中国的民族主义问题必须同时放置于与帝国主义的问题上共同论述,因此我们可以理解,由于这种特殊的中华现代性,基督教促进了中国现代性的历程,但同时它又遇到前所未有的反对,所以它又是一个"去基督教的现代性",这从一波又一波的非基督教运动中可以看出端倪。②

许多研究民国时期"反教言论"的学者都指证说,知识分子反教主要源于民族主义的思想,但他们并没有认真面对这样的民族主义与反帝国主义存在着内在辩证的逻辑关系,民族主义是帝国主义不断激化或强化的

---

① 中国基督宗教史未明确以"基督教社会主义"的旗帜为标志,主要还是因为以美国基督教的团体比较熟悉的"社会福音"来形容相对比较激进的基督教思想和行动,所以也没有特别形成一种像欧洲的"政治神学"或拉美的"解放神学"之类的说法,顶多像张仕章自己造了一个"耶稣主义"来泛指这类强调社会批判、社会行动、政治参与、"左"倾基督教的现象或立场,张仕章著有《耶稣主义论文集》于1931年由新文社出版社出版;《耶稣主义讲话》1941年初版、1944年再版、《基督教与社会主义运动》(1939年、1949年)等。

② 参见马建标《冲破旧秩序:中国对帝国主义国际体系的反应(1912—1922)》,社会科学文献出版社2013年版。

产物，因此反帝国主义就更明显地植根于民族主义的情感和理解，这是一个不能回避并作为全面理解中华现代性的核心问题。① 换言之，基督教在1949年前后仍然受制于这一问题，基督教无论如何响应并接受民族主义，仍受到怀疑，理由即在于对帝国主义的问题与态度上并未有一个更为明确的批判态度，尤其帝国主义又与资本主义的扩张有直接的关系，中国当时的现实处境即处在由资本主义与帝国主义扩张所刺激起来的民族主义浪头上。②

总之，基督教与中华现代性之间的关系更是紧张和对立，也正是这种紧张和对立，"改造社会的基督教"或"革命的基督教"才紧紧地把握到中华现代性的问题。比较起晚清西方的传教事业、中国福音派或基要派的布道，中国激进基督教对中华现代性不仅不回避，尤有进者，还提出了一种激进神学的观点，企图在"中国向何处去？"的问题上，给出在中华现代性语境下的回答，虽然今天看来好像已"归于淘汰"，但我们不同意它们所做的不论是社会行动或是思想建设是"无咎无誉"。

二

自清中叶以来，中国社会就受到西方外敌的冲击，传统的意识形态已名存实亡，社会的改革者都倾向于建立一种强而有力的意识形态为统治的中心，这样的新秩序又不能完全与中国的传统割裂的，中国知识分子在理智上反传统却在情感上摆脱不了传统的坚持。李泽厚通过对中国近代思想的分析发现，"救亡"的思想几乎全面占据了知识分子的心灵，而且是"救亡"的召唤压过了"启蒙"的革新，情绪决定了反思，使得意识形态的使用成了唯一有利的手段，以此支配中国社会的发展。

李泽厚的评论虽然很准确，但是要把这种评论当作指责，恐怕有失公平。事实上，在那样艰难的处境下，知识分子的心灵很难冷静得下来，中

---

① 把反教与民族主义联系起来并淡化帝国主义的问题，相关之代表作可参见叶嘉炽的《宗教与中国民族主义：民初知识分子反教思想的学理基础》，收入张玉法主编《中国近现代史论文集》，台北：联经出版社1980年版，吕实强《近代中国知识分子反基督教问题论文集》，台北：宇宙光出版社2007年版。

② 参见赵承信《中国目前政治经济问题的社会文化背景》，《真理与生命》第21期，1948年3月；叶青：《资本主义与中国》，《文化建设》第1卷第9期。

国千年来一大巨变,孙中山革命后留下的,比革命前的问题还要复杂,就连外国来的传教士和中国基督徒都感到整个中国都陷入巨大的危机当中,甚至连"百废待举"一词都难以形容民国初年政治与社会的严峻和险恶。正如当时经常到中国来布道的世界著名传教士艾迪(Sherwood Eddy)以其国际视野分析认为,除了中国自辛亥革命以来社会的分裂与矛盾外,全世界的恐慌现在已经影响到中国。①

我们从主要的基督教杂志上处处可见类似于这样的警告,其他的布道家如穆德(John R. Mott)、华德(Harry F. Ward)、贺川丰彦(Toyohiko Kagawa)等人,都同样在他们的布道内容中注入了许多对中国现实痛苦的同情与分析,充分地说明基督教除了福音派以末世论的"千禧年主义"吸引普罗大众皈依基督教,被说成是"自由派"的基督徒更是尝试从精英或知识分子的层面来反映其对社会的关心和期望被改造的想象,中国基督教的激进思想,以及之后不少同情共产党而被"染红"的基督徒,都以"救亡"为己任,无疑的,"救亡"成了他们实践信仰的最大动力,"社会改造"成了他们对于基督教在中国的现实处境中最深切的期望。

我们注意到于上海召开一次特别有意思的大会,1927年8月18日中华全国基督教协进会以题为"基督化经济关系全国大会"反思和分析中国在资本主义全面展开的过程中所遭遇的问题,这个会议共进行十天,针对"今日中国革命运动的重要问题:社会与经济生活"。正如会议报告书的序言中所说:"今日的革命。亦可谓一个社会与政治革命。劳工已有新的感觉,农民运动勃兴,表示农夫的要求。综之,今日的社会制度必须有根本改造之必要。"②

此次大会主要邀请了日本著名的基督教社会主义思想家贺川丰彦来分享他的基督教思想,以及介绍在日本反思种种经济活动所带来的分配、贫穷、压迫等诸多社会问题供中国这个同样步入资本主义社会的国家作参考。这十天的会议讨论包括了工业状况与问题、乡村经济、劳工与妇女、童工等现代问题,诚如此次大会委员会会长乐灵生(Frank J. Rawlinson)

---

① 艾迪:《中国与世界的危机》,《上海青年》第39期,1934年;另见艾迪讲述,袁访赍译述:《基督教与今日中国的问题》,上海青年协会1935年版。

② 中华全国基督教协进会:《基督化经济关系全国大会报告》,1927年,第3页。

在开幕词中说道：

> 试问今日世界和中国所要者，是哪一种主义？中国所要的不是以上的三种（按：资本主义、社会主义、共产主义），乃是牺牲服务，即基督的主义，不论在政治还是社会都应有这种精神。经济问题必须基督化，这就是我们集合这许多代表所要讨论实行的。①

此次大会不论就现实社会课题，或是具体实行方案之提出，都可以说是中国基督教史上一次最有气势的"改造社会"的会议。大会总结声明说：

> 本会主张劳资合作，建议国内各种工业及商店设立雇佣调节委员会及仲裁机关，以弭纠纷；大田产制为造成农佃制中各种弊端之主要原因，故建议由政府公布法令，限制大田产制；基督徒须研究现行经济制度，批评各种学说，灌输基督精神于经济生活，合即赞助，不合即改革之。②

中国基督教以其前所未有的勇气和良知，为中华现代性作出反思和行动的贡献，会议中还特别订立实行手册，以具体的行动落实会议的共识。③

此次会议在中国基督教史上是绝无仅有的，事实上，中华基督教协进会在此之前即已组织了一个"基督化经济生活委员会"，同时发行了中英文版的《工业改造报》。1925—1928年已展开的工作项目，以下摘录之：

> 一、1925年以前，国内研究劳工问题的书籍，寥寥无几，本委员会竭力编译工业问题书报，以资提倡，实行基督原则于经济生活中，目下出版各种书本单张，计共35种；《工业改造报》，中文已出

---

① 中华全国基督教协进会：《基督化经济关系全国大会报告》，第11页。
② 同上书，第102—111页。
③ 同上书，第98—100页。

18期,英文11期。①

二、原有工业会议计划,分地方会议、区会议及全国会议三种,后因时局影响,未能全部实现,地方会议已有数处举行,全国会议亦于1927年召集,会议决案及报告书,广布国内外,颇得同道称许。1928年春,在沪召集专家会议,出席者有国府市府劳工行政人员、调查机关的领袖、社会经济学教授、劳工服务人员等。

三、委员会对于提倡调查劳工状况忝居先驱,竭力促进各地调查事工,并与其他团体合作,鼓励创设调查基金,至于直接办理调查者,即有马德兰医学博士的白磷火柴毒窖调查、广州劳工状况调查及上海生活费调查,均得本委员会的帮助。筹备全国经济大会时亦曾聘请专家,调查农村经济状况,各种报告,均已编辑印行,其他各地调查,由委员会间接提倡者,不胜枚举。

四、训练人才一事,委员会素极注意,一面调查各工业区的需要,请求差会遣派专家,服务劳工,一面养成本国人才两次参加华东大学暑期学校,由委员会干事主讲工业及劳工科目,在北平燕京大学创设劳工问题奖学金,遣派委员会干事陈其田君出国两年,专门研究劳工问题,现在政府劳工行政院各同道主持本委员会深引为幸。

五、普通工作,若通讯旅行,组织地方分会,研究调查工业问题等,莫不尽力进行;最盛时期,地方分会,多至二十处,因革命影响,及政府需要人才,各地供职干事,先后去职,分会事业,无形停顿,本会干事,到各处旅行,辄在教会青年会学校演讲工业问题,唤醒同道注意,外宾由本委员会聘请来华,说明提倡劳工服务,改良经济生活者,有美国华德博士及日本贺川丰彦,二君俱是世界知名之士,对于我国贡献不少。

六、劳工立法,为改善工人生活必要的条件,本委员会自成立以来,及行提倡,北方政府,向来不重视劳动法,国人亦漠不关心,本委员会特聘英国内政部工厂检察长安特生女爵士来华,提倡劳工立法,本委员会参与上海工部局童工委员会,促进取缔童工,此外出版

---

① 中华全国基督教协进会基督化经济关系委员会曾出版张自强《广东农民运动》一书,内容提及广东农民运动之沿革、广东农民运动之政策、农会与各方面之冲突、农会之工作、政府之态度、清党段之农会等七章,并最后附有广东农民协会章程、农民调查表。

关于劳工立法小册数种，国民政府成立之后，本委员会略尽绵薄，帮助促进各种劳工立法。

从上述的事件和报告内容看来，无疑的，被喻为"社会福音派"的中国基督徒所思所为的，即不断地投身于对中华现代性的反省和改造上，不管基要派或福音派分子如何批评他们，也不论他们是否称得上是中国基督教的主流，但就历史而言，我们对于他们试图或尝试对中国社会的改造之勇气和行动，不管其成功与否，其努力不应否定。至少，从这次会议以及之后的相关工作来看，明确地代表了民国基督徒曾以一种极为积极的态度迎接现代性并对其带来的种种弊端作出反应并探取对策，足见基督教在中国进入现代性的历程中是有所反省和行动的。相对照之下，基要派更多是从种种社会的痛苦中来获得他们传播福音的机会与理由，他们并不热衷甚至否定"改造社会"的主张与行动，并用恶劣的语言攻击他们，基督教在中国没有显著的突破，以及无法进入主流的历史书写，与基要派的脱俗立场有关，或者，基要派的"成就"也是一种中华现代性的产物之一。

除了协进会，青年会是另一个以积极的态度来反省并响应现代性对中国社会的挑战的。以往，学者在论述青年会时，主要在于将它理解为一个推动中国现代化或对引介西方先进思想或社会活动极为重要的代表机构。事实上，青年会对于中华现代性也有所反省，这方面主要表现在它们的刊物上，以及相关的出版物中。在一套以"非常时期"为系列标题的出版计划中，编者在此套丛书的前言中对其主旨作出了如下说明：

> 大时代的洪炉，把我们整个民族的生活与思想，放在猛烈的火焰里，给它一个空前的锤炼与镕铸。这一个烈火的洗礼，现在还在进行着，我们还不能预料到它将来所赐予我们的是什么；但我们已经感觉到我们有无数的事要做，有无限的话要说，有无穷的远象要憧憬、要实现。看呀，全国觉醒的人们不都在那里流着血、流着汗，在迎接这伟大时代的到来么？

"非常时丛书"的计划，就是在这样的意识和环境中产生出来的。

"非常时丛书"共分三类，共三十种。第一类的总题是"非常时的认识";第二类的总题是"非常时的基督教运动";第三类的总题是"基督教思想的新趋向"。现在将这三类丛书的内容,简略地加以说明。这套丛书共分三个系列,分别的编辑旨趣为:

在第一类丛书里,我们希望读者能从各方面去认识大时代——从历史的诏示,从中国人民的自觉,从国际的现势,从宗教的信仰,从实际的经验。我们希望竭力避免主观的空论,抽象的意识,处处以事实为根据,以经验为指导,去取得一个对大时代正确的认识,使我们在正确认识之下,能完成大时代所赋予我们的任务。

第二类丛书是讨论基督教对大时代应取的态度和对大时代应有的贡献,例如基督教对于救国运动,和平运动,战时服务,联合阵线,极权国家等等问题,以至基督徒本身的修养与训练,都加以探讨与叙述;一方面使我们觉得基督教在大时代应是一种活泼有生命的力量,同时也因为使命的艰巨,使我感觉有把我们的宗教信仰与生活在各方面深刻化的必要。

第三类丛书是用批评的态度,来介绍基督教思想的新趋势的。这些新趋势大半表现于基督教对许多现行思想的态度,其中比较重要的如资本主义,社会主义,共产主义,法西主义,合作运动,新心理学,新物理学等,均在讨论范围之内。我们觉得基督教许多的新思潮,与我们的大时代有密切的关系,应当为我们所注意。我们更希望:这一点小小的介绍工作,可以作为未来更大的探讨的起点。

其出版之书目和撰写者规划如下:

第一类:"非常时的认识"
  第一种 大时代的宗教信仰(吴耀宗著)
  第二种 被压迫者的福音(谢扶雅著)
  第三种 中国抗战与国际现势(胡愈之著)
  第四种 国外民众怎样帮助中国(郑麦逸著)
  第五种 世界弱小民族的解放运动(王一鸣著)
  第六种 民族解放的故事(胡仲持著)
  第七种 抗战中的无名英雄(刘良模编)

第八种　抗战中的青年（钱国宝编）
第九种　怎样服务民众（刘良模编）
第十种　基督教与社会改造（应元道译）

第二类："非常时的基督教运动"
第一种　基督徒与救国运动（沈体兰著）
第二种　基督教与和平运动（徐宝谦著）
第三种　基督徒与联合阵线（蔡葵著）
第四种　国难期中的基督教运动（孙恩三著）
第五种　基督徒与战时服务（梁小初著）
第六种　基督徒与极权国家（余日宣著）
第七种　国难期中的灵修（陈文渊著）
第八种　经过烈火的洗礼以后（邵镜三编）
第九种　国外基督徒对中日战争的态度（吴耀宗著）
第十种　基督徒学生的人生哲学（江文汉译）

第三类："基督教思想的新趋向"
第一种　基督教与资本主义（应元道译）
第二种　基督教与共产主义（张仕章译）
第三种　基督教与法西主义（应元道译）
第四种　基督教社会改进理论的批评（徐宝谦译）
第五种　基督教与合作运动（张仕章译）
第六种　基督教与社会主义运动（张仕章著）
第七种　基督教的合一运动（刘廷芳著）
第八种　巴德宗教思想评述（赵紫宸著）
第九种　基督教与新心理学（陈文渊著）
第十种　基督教与新物理学（涂羽卿著）

综上所见，许多基督教的新思潮与当时中国的大时代有密切的关系，所以应当多作介绍，以进一步探讨该有的行动和态度。因此，这一套丛书主要是以基督教为出发点，但在取材和态度方面却都适合于一般读者的阅览与参考，以达到让教外人士也可以对基督教的立场和态度多有认识，尤其希望对青年读者产生一种激励鼓舞的作用，使他们更能为真理、为国家、为民族而献身。从上述书目构思方向来看，编者清楚地意识到中国所身处的问题以及相关的主要课题,这些问题都是中国在面向现代性时必然遭遇到的,丛书的主旨依然是以基督教的眼光或立场来予以评论,并提出一套方案以求可以为中国社会的改造注入一股力量。

显然,像青年会这样的组织经常被保守的福音诟病他们"不传福音",甚至说他们所传的"不是福音"。我们判断不是所有的书籍都成功地出版了,但从主题的构思和相关的作者,都可以看出大时代的中国基督教徒对如何在现代生活中注入更多的关怀和实践的思想与理论作了准备。尽管如此,青年会开始还是承认自己与基督教是有关的,他们所传的和所做的被称作"社会福音"。①

值得注意的是,"社会福音"不是不传福音,青年协会书报部曾发行过数份单张,即是以耶稣的伟大人格为号召,以吸引人成为基督徒,单张的标题有《社会革命的耶稣》《解放思想的耶稣》《服务群众的耶稣》《尊重劳工的耶稣》。这些恐怕都是吴耀宗的真知灼见,正如他明显地感受到共产主义潮流不管在世界或是中国都是来势汹汹、势不可当,于是他邀请杨缤翻译了一本名叫《苏联的宗教与无神论之研究》,时为1935年。所以,吴耀宗确实有先知先觉的眼光,清楚认识到必须事先理解共产党统治之下的宗教政策会是如何,以及将来中国要是共产党取得政权,基督教

---

① 我们可以根据华德的"社会信条"(The Social Creed of Churches in America)来理解"社会福音"所包含的内容,见简又文译《革命的基督教》,中华基督教文社1926年版,第113—115页:1. 全体人民无论在任何生活环境地都有一律平等的主权,受完全公道的待遇。2. 施行单一的贞洁标准(按:即谓贞洁的标准,男女一律;现行的道德是双重的),全国一律的离婚法律(按:美国各省自有离婚律,全国并不一致)婚姻之正当的规定,及使人民有适宜的住舍(按:美国工业城市中贫民居住区宛如活地狱,房间小,房租贵,人烟稠密,不合卫生,光线不足,疾病丛生,道德腐败,而于中图利者乃为大资本家的房东)以维护家庭。3. 各儿童都有最充分最圆满的发展,特别是利用正当的教育及游戏之设施。4. 废除儿童劳工。5. 规定妇人劳工的条件,使可保护社会上身体的健康及道德的健全。6. 贫穷之减少及预防。7. 保护个人及社会使免受酒毒而致有社会的、经济的,及道德的虚耗。8. 保存健康。9. 保护劳动者使免受机器的危险,职业的疾病[按:特别的职业每令工人发生特别的疾病,如制火柴(磷寸)的工人常受磷毒]意外的损伤死及亡。10. 全体人民一律有全享受自养自存的机会;维护此天权,反抗各种的侵略;及保护劳动者使免受迫失业之苦。11. 设备年老的工人及受伤的残废工人之赡养金。12. 用和解及公断办法以解决工业的纷争。13. 七日中休息一日。14. 日渐减缩工作时间至可以实行的最低程度,及使全体人民身心得有闲暇——此为获得最高尚的生活之条件。15. 各工业中有足以营养生活的工资最低额,及各工业应工人以所能给最高额的工资。16. 工业产品,依按最善的方法,应有最公平的分配。17. 东家(雇工者)西家(被雇者)应有同等的权以自行组织。18. 重新注重基督的原则,使其实施于得获财产及施用财产中。

如何面对各种的挑战和考验，这些课题都是必须认真地先做好反省性的准备。

总之，中国基督教没有在反思和批判中华现代性的问题上缺席，协进会和青年会等相关机构同样具有一种清醒和批判的眼光来分析现代性，并提出策略尝试做出改变，关于这一段历史，至今尚未获得公平的论述。

三

美国著名的神学家华德在中国旅行布道的演讲中，即是以"革命的基督教"为题展开，他先在北京，应北京大学之请主讲"工业的伦理"六次，后来在朝阳、清华、燕大、汇文等校续讲社会伦理问题，之后在天津、济南、上海、广州、南京、武汉等处观察、游历及讲演，华德博士讲演题目包括"耶稣的革命精神""民治与工业""民治与舆论""甘地与印度之将来""工业主义的伦理""贫穷之废除""怎样求得经济之均等""战争之废除""私利之废除""全世界之合作""俄罗斯之大试验"等，之后这些演讲的内容集结成册出版，名为《革命的基督教》，译者为以研究太平天国见长的著名中国学者简又文先生。

正如译者在该书的前言中说道：

> 吾国人概念中所谓"革命"，大都以为是有限于政治范围，而不知社会一切现象中——若经济，若宗教，若社会组织，无一不可施行革命。有此误解，故热心于政治革命之徒，见有组织的基督教对于政治运动向之活动的参与，遂以其为反革命了。而除了政治界之外，其在经济界，及在社会生活中一切活动皆所不讨也。但智识较深的头脑，当知经济革命，社会革命，精神革命之为真革命，不特亚于政治革命，而且尤为重要的，为根本的。以上种种障碍所除"革命的基督教"之真理乃可表现。

基督教的本质即在于它是革命的，这一点正是当时中国社会急需的，因为：

> 无论帝国主义、资本主义，无论那种万恶的社会制度之残害人生

禁锢人生压迫人生至如何程度，而凡具有如此信仰及人生观的基督教徒断不敢稍萌改革之念了。以故，无论自身所受之痛苦，社会所充塞的弊害罪恶，民族国家之衰弱颓败，及世界人类之不能共度太平幸福的生活，至如何程度，这一辈的教徒都以为是"天命"是"神意"是自己生前预定的"命运"了。

贺川丰彦（Toyohiko Kagawa）于1930年7月26日在杭州举行的"中华基督教会干部工作会议"上提到：

> 我渴望看到社会变化，不是因为我是个社会主义者，而是因为我是个基督徒，我看见圣灵在现存社会中受难。①

基督教在中国的发展，正是诸多的历史苦难发生在中国之际，从晚清的天朝崩落，到民国时期的内忧外患，任何稍具良心又想实践自己信念的人，无不忧心并企图去做些什么。"因为我是个基督徒"，不是什么主义或党派，中国基督教公共神学萌生于这个大时代，大时代激发了伟大的心灵和勇敢的思考，当然，大时代也创造了机会和风险，从民国肇建到新中国的诞生，中国基督徒在社会思想上曾有过深刻的反省，包括成功的与失败的。

现代中国是一个极其复杂的历史阶段，没有人可以说清楚究竟有多复杂，以至留下了许多可能的解释空间。所谓"中华现代性"问题，事实上是交织在资本主义与帝国主义的历史纠葛之中，正如汪晖在《现代中国思想的兴起》中所指出的那样："现代帝国主义与殖民主义的根本特征不仅在于军事占领、武力征服和种族等级制，而且还在彻底地改变殖民地社会的原有结构，并使之从属于工业化的宗主国的经济体系，进而形成一

---

① 贺川丰彦是民国初期影响中国非常大的一位日本基督教社会主义者，1928年就已出版过一本他的传记《贺川丰彦评传》，中国思想界名人曾受他影响的人包括孙中山、陈独秀、王希天、黄日葵等，他在中国出版的著作包括《基督教社会主义论》（1928）、《贺川丰彦证道谈》（1929/1939）、《魂的雕刻》（1932）、《爱的科学》（1934/1939）、《上帝与新生命》（1936）、《友爱的合作经济学》（1940）。关于贺川丰彦思想传记最详尽的介绍，可参见 Robert Schildgen《贺川丰彦：爱与社会正义的使徒》，刘家峰、刘莉译，天津人民出版社2009年版。

种世界范围的、不平等的国际劳动分工。"①

基督教遭遇中华现代性，在理性的言说上与科学对立，在救亡的言说上则与民族主义对立，前者尚未足以立即改变或冲击基督教在中国的命运，后者的论述实践因与资本主义和帝国主义存在着不可分割的关联，"认同危机"转变为"正当性危机"。许多的基督徒都有同样的感受，认为基督徒的任务是必须对付现在摧残着人类的两大罪恶：国际的不平等和社会间的不平等，中国与世界同样处在这样的历史情境中，从吴雷川、沈嗣庄、张仕章到吴耀宗，摆在他们眼前的，就是如何同时面对基督教的未来与中国的现实，以及两者之间的关系。

要认真思考基督教的未来与中国的现实，就必然要从社会政治史或经济史的角度说起，基督教传教人士与团体大批抵达中国，正是全球资本主义的一次高峰期，也就是许多人所指出的：帝国主义是资本主义发展的必然结果。我们必须注意到，20世纪30年代的中国已经是一个与世界或全球接轨的国家，所有在中国发生的，都与世界发生紧密的关系，从全球各地涌入中国的宣教团体、宣教人数和全世界关注的程度，都可以证明当时的中国确实是处在世界的核心之中，这与我们在1949年以后所认识的封闭的中国是完全两个不同的世界。

当代许多海外的中国学研究中，已从各文献和档案中考察过1949年之前中国的经济状况，这是一个可以作为更深入去理解民国社会或政治的重要面向。工业现代化在中国晚清时期就已经开始，20世纪30年代的经济大萧条反映了中国与世界的关系如何地紧密，特别是这时的全球世界，对以后的中国政治与经济都产生了深远的影响，除了冲击中国的货币体系（从银本位转到金本位），通货膨胀、因需求减少而工业生产萎缩、农村借贷因为金融机构的资金短缺也受阻，更为关键的是，当1934年美国及全世界各地经济开始复苏时，中国则陷入更为严重的经济危机中。② 因此，这种危机全面性地冲击到中国社会的各个方面，从劳工、农村到学生等，都受到波及。

不管是工业或是农村，在卷入这一次全球性的经济危机中，都经历了

---

① 汪晖：《现代中国思想的兴起》上卷第一部，上海三联书店2004年版，第19页。
② 城山智子（Tomoko Shiroyama）：《大萧条时期的中国：市场、国家与世界经济》，孟凡礼等译，江苏人民出版社2010年版。

前所未有的痛苦，加上1937年爆发中日战争，1946年爆发内战，国民政府在稳定货币政策上看起来是成功的，然而这样成功是以牺牲绝大部分人的生活和幸福为代价的，这种大时代下的生活情境，使得关心社会变化的中国基督徒，无不在这个时刻里发表自己的见解，我们可以从《青年进步》《真理与生命》《文社》《天风》《消息》《田家》等杂志或刊物上感受到这个时期的冲击如何地巨大。作为具备了这种感受又熟知国外大事的基督徒知识分子，无不痛定思痛地反思帝国主义与资本主义的关系，换言之，他们不是搞什么思想上的"自由派"或是倡谈什么"社会福音"，他们没有选择地被卷入这场世纪的风暴中，出自最基本的同情心或是良知，他们天真地认为或义无反顾地相信，基督教恐怕是人类的唯一出路。

的确，民国初期的中国面对的重大的考验和危机，造就了"社会福音"的思想在基督教的知识圈子和青年人中变得具有吸引力，从青年会的组织到学生运动，无不对此种带有强烈革命倾向的思想表示认同，在他们当中就流行着一句口号："到民间去"，这是一句十足的"救亡"呼吁。中国已经到了一个关键的时刻，正如金观涛、刘青峰所述：

> 五四以后，革命不仅意味着进步与秩序的彻底改变，还成为社会行动、政治权力正当性的根据，甚至被赋予道德和终极关怀的意见。①

综观中国近代思想的言说，"革命"代表着"进步"，两者完全可以画上等号。作为基督教思想家的谢扶雅也清楚地表达了这层想法：

> 基督教是革命性，至少耶稣本身是象征一团革命的烈火。他对旧制度、旧文化、旧思想，不惜用最猛烈的炸弹投将入去。他排弃饭前

---

① 金观涛、刘青峰：《观念史研究：中国现代重要政治术语的形成》，法律出版社2009年版，第365页。关于革命与中华现代性的关系，参见陈建华《"革命"的现代性：中国革命话语考论》，上海古籍出版社2000年版。陈建华之作虽被金观涛评为开山之作，但本书对于梳理近代中国的革命言说之生成史仍充满着含糊其词的表达，说的都是一些"文学意味"的革命，基本上即是避开了中国现代史从孙文革命到毛泽东革命的内在逻辑和言说形式，都缺少深入的把握，基本对于占据主流言说的"共产党"的革命说，都尚未进入讨论，金观涛和刘青峰的评语过于客气。

洗手，排弃十字街头祷告，排弃安息日绝对安息。他对于罗马帝国强权，时时起严重的抗议。他宽慰劳苦，同情下层，而对有势力的长老法利赛文人不惮当面痛斥。他立意要建设一个崭新的社会——公道、自由、平等、博爱的"天国"。这与当时的现实社会相差太远，但他毫不跼蹐、迁就、妥协、抱着大无畏的精神，贯彻他所坚信的理想。这不是一个革命家的行动而何？福音书中屡载，当耶稣每次讲话后，人人都表示惊奇，好像他的话有权威，这都可以证明革命家的一身魂胆！耶稣所到的地方，人山人海，蜂拥相随，一方面他具有伟大的魄力，他方面亦见革命思想之何等适应当时大众的需求。中国古书上也有"……革命，顺乎天而应乎人"的话。耶稣的革命运动，自然一方面秉承上帝的启示，而他方面也隐隐地听到了大众的呼声。……他为了这种革命运动，济之以死，十字架上，从容献身，自有人类以来，未有如耶稣对革命之烈者！奉耶稣为教祖之基督教，奈之何不奉此革命为救世之圭臬也！①

换言之，这种把革命与进步画等号的思想，旨在传达一种中国急需一种"崭新"的未来，这种崭新的未来甚至在于创造一种"新人"的信息，如冯友兰的"新事论"：旧邦而有新命，新命就是现代化。② 根据的即是"周虽旧邦，其命维新"，与西汉公羊学的改制说关系密切，换言之，这一切都是在革命的意义上所说的。③

吴耀宗清楚地表示：

> 我们肯定了耶稣的福音是社会福音，是应付当时代需要的福音，并且在原则上是应付一切时代需要的福音。我们也指出了耶稣社会福音的特点，知道他是超出了他的时代。我们看清楚了今日社会的需要，他对我们的挑战。我们看见无数困苦颠连的民众，我们看见一个压榨掠夺的制度，我们看见没落时代许多矛盾纷乱的现象。我们也看见一些"到自由之路"——我们可以十分同情，却又不能完全认可

---

① 谢扶雅：《基督教对今日中国之使命》，上海：青年协会书局1935年版，第26—28页。
② 冯友兰：《三松堂学术文集》，北京大学出版社1984年版，第2页。
③ 参见曹聚仁《新事十论》，香港：生生书集社，出版时间不详。

的路。于是我们大声疾呼地说：我们需要一个社会福音，我们需要一个能应用在今日的社会福音。社会福音的意义，我们是知道了，但是社会福音对今日社会的使命，我们还要去研究、去试验。①

吴耀宗希望教会认清当前所处的现实，这个现实同样是对福音的一项巨大挑战，当基督徒考虑到上帝国的实现时，肯定要面对当前现实中存在着与福音信仰对立的元素，因此必须寻求与时代要求相吻合的信仰响应，这也即是社会福音的根据所在。因为基于耶稣的精神及对社会的批判，耶稣人格追求的即是公义和爱，基督徒的政治与社会革命根据即源于此，基督徒对于中国社会存在着政治与经济上的改革主张，基本上均予以支持，吴耀宗认为在这方面的立场明显地与社会主义者是一致的，虽然手段和方法不一样，但至少对中国半封建、半殖民的社会性质而言，确实已到达需要（非暴力）革命的阶段：民族革命、社会革命和精神革命。

虽然中国基督宗教绝大部分的神学走向都是保守或是灵恩的，②但是我们仍然更多时候是看到某些激进的基督教思想，这些激进的基督教思想可以概括地形容为一种"革命的基督教"，在刘静庵、徐谦、吴雷川、沈嗣庄、张仕章、谢扶雅、吴耀宗、简又文等人中形成，所以在中华现代性的语境之下，存在着一种中国的激进神学，这种神学基本上即是主张基督教是革命的，对中华现代性进行批判和改造，最终，这种思想立场更多地选择或是同情革命。③ 因为基督宗教本质上即是革命的，包括耶稣本人，他是"革命的木匠""无产者""被压迫者""解放者"等形象不一而足地在中国激进神学的思考中，成了面向中华现代性下名副其实的"中华解放神学"。

曾任基督教著名的刊物《文社月刊》主编的沈嗣庄对于帝国主义的问题表达了强烈的批判，他曾著有《社会主义新史》，征得蔡元培给他写序，称赞该书"今读沈嗣庄先生之社会主义新史，乃详人所略，侧重基督教与社会主义之关系，使读者公认此种运动，为人类普遍的要求，而决

---

① 吴耀宗：《社会福音》，上海：青年协会书局1934年版。
② 连曦：《浴火得救：现代中国民间基督教的兴起》，何开松、雷阿勇译，香港：香港中文大学出版社2011年版。
③ 邢军：《革命之火的洗礼：美国社会福音和中国基督教青年会（1919—1937）》，赵晓阳译，上海古籍出版社2006年版，第154页及以下。

非一学派之所杜撰,则其对于社会主义之研求,将益增兴趣"。《社会主义新史》的特别之处即在于发挥了对《圣经》所进行的社会主义式解读,他恐怕是中国第一位从这个角度来诠释圣经的基督徒。

沈嗣庄主张"基督徒应该干政""帝国主义和资本主义都应该被推翻""反对与帝国主义和资本主义有所联系的传教活动和教会组织"。① 他要教会明白,基督教传教与帝国主义之间的关系是很难摆脱的,只要"这块洋招牌"是战争的、是不平等条约得来的,都是反基督的,因为不管是战争的形式或是签订不平等条约,其实质即是帝国主义,而帝国主义的背后即是资本主义,所以他主张,要解决帝国主义问题,首先必须先推倒资本主义。他甚至认为孙中山的三民主义,其中民族即是为对抗帝国主义而说的,民生即是对资本主义做出的反应,但可惜的是,国民革命至今,牺牲太多的民生,不仅没有成功反抗资本主义,而且帝国主义也没有被打倒。总之,如列宁所言,"帝国主义是资本主义的最高阶段",沈嗣庄同样认为资本主义与帝国主义是一而二、二而一的敌人,支持三民主义的基督徒应该看清楚这一点。

借助共产主义的反思,沈嗣庄认为应该改善农民的生活、劳工的生活,所以当他分析了中国的情势后,认为马克思的共产主义在许多地方是非常吸引人的,而且他也认为马克思的共产主义理论有许多是非常正确的,他认为唯一比较缺欠的是精神生活方面的不足。基督徒恰恰在这方面可以予以补强,他认为欧文的社会主义失败,即是没有充分将自己与无产阶级和受苦大众联系起来,中国基督教也应该看到这一点。②

像沈嗣庄这样激进的基督徒不在少数,如谙通国学笃信基督的翰林吴雷川,都表现了同样激进的思想,他说:

> 基督教固然以全人类得救为博爱底目的,但社会进化有一定的程序,不能躐等而几。基督教有所谓"无抵抗主义",每为指摘基督教的人所借口。其实这种无抵抗主义,只是个人与个人间在某种情况之下所应用的事理,本不是为国家民族说法的。

---

① 沈嗣庄:《一九二七年圣诞日中国基督徒对时局的宣言》,《文社月刊》第3卷第1期。
② 同上。

自民国以降，帝国主义对中国的进逼已到达忍无可忍的地步，历经"五卅""九一八""一·二八"等事件，中国所遭遇的前所未有的苦难使得越来越多的基督徒认为政治行动是社会改革的一部分，如要建立上帝所应许的理想社会，这是必经的过程。像吴雷川那样赞成用武力手段解决问题的，许多有识之士也亲身去参加群众抗议的行动，主张基督教应该从事社会改造或革命，即使战争与流血，也在所不辞。正如吴雷川所言：

> 基督教唯一的目的是改造社会，而改造社会也就是寻常所谓革命。纵览古今中外的历史，凡是革命的事业总没有不强制执行而能以和平手段造成的。试问：叫一个有家产的财主舍弃他的财产，叫一个拥兵自卫的军阀解散他的军队，叫一个军备充实的国家消灭他的兵力，都是等于与虎谋皮，岂能只用口舌来取得他的同意？所以有人高举唯爱主义，说基督教不可凭借武力以从事革命，这种和平的企望，我们在理论上固然应当赞同，但从事实上着想，如果要改造社会就必须取得政权，而取得政权又必须凭借武力，倘使基督教坚持要避免革命流血的惨剧，岂不是使改造社会底目的成为虚构以终古？

因此他认为，"中国民族要求复兴，恐怕已得不着从容改革的机会，只有预备从艰苦奋斗中开出一条血路，前途才有光明的希望"。[①] 吴雷川的思想立场，从《基督教与中国文化》一书开始一直贯穿到他之后的所有著作都表现出这类激进的思想态度，其思想堪称为"中华解放神学"。[②]

在中国，我们可以见到比拉丁美洲的神学家更早地意识到帝国主义和跨国资本主义的问题，正是在中华现代性底下，中国的激进神学家在此作出了相应的回答：基督教究竟对中国人意味着什么？这个答案不是从"中华文化"的本位出发，相反的，这个问题的语境在"中华现代性"。换言之，正因为我们认清了革命如何作为中华现代性的问题核心，我们才可能清楚地留意到一种与之相应的激进神学随之而起，"中国解放神学"比20世纪拉美现化性所激起的"拉美解放神学"要早二三十年。

[①] 吴雷川：《基督教与中国文化》，上海青年协会书局1940年版，第291、298页。
[②] 曾庆豹编注：《基督教与中国文化：吴雷川作品集（一）》（导论），台北：橄榄华宣出版社2013年版。

中华现代性可以说即是汪晖所说的"中国认同"问题，这种认同不能简单地理解为一种民族主义，因为近代中国以降的民族主义问题夹杂着许多复杂的历史元素，尤其与帝国扩张和国际与地域经济关系的发展有关，"现代"中国意义的"革命"之所以不同于之前历代的革命，其差异即在此。① 现代中国的革命是面向西方的革命，是与西方现代性发生碰撞而起的革命，因为所有这一切问题都必须与传统中国的帝国范畴以及文化论述相提并论，所以中华现代性完全是在中国在面对西方时从中国主体的形塑中应运而生的，以现代国家学的语汇来说即是关于"主权"的问题，以文化心理学而言则是"认同"的问题，对于神学而言则是"改造"的问题，总的来说，也就是关于"革命"的问题。换言之，民国以来所发生的"非基督教运动"绝非义和团式的仇教运动，中国基督教内部所推行并主张的"本色化运动"也不是简单地去除基督教的洋教色彩。真正说来，不管是"非基督教运动"或"本色化运动"，它们都与帝国主义的课题有关，中国的民族主义应从这一方面来准确地被理解，这样也就明白何以激进神学在响应上述问题时会走上革命一途，似乎帝国主义的问题如此巨大，若非革命一途无法根本地解决，中华现代性在晚清经民国形成到共产党的论述，都与帝国主义的问题息息相关。

当代中国的新左派应该承认，中国基督教激进神学的思想立场与他们的主张是一致的，当汪晖不断以新左派的姿态来重申"批判"的姿态时，不应否认甚至要认真开发中华现代性的激进神学的批判资源，正如西方"左派"思想家如何肯定《圣经》和基督教的批判性思想一样，同样，中国早期不少"左派"的前辈也是肯定基督教的批判性的。

四

因此，对中国而言，基督宗教即代表西方现代性，当然随着对于西方现代性的质疑和批判，基督宗教首当其冲，"基督宗教是帝国主义侵略中国的工具"完全是一句在中华现代性的问题意识下形成的控诉，同时，中国在形成自己对现代性的理解过程中，即是为推进现代性而最后抛弃了基督宗教。这即是基督宗教在中华现代性的问题上所面临的两难，一方面

---

① 汪晖：《现代中国思想的兴起》（上卷），上海三联书店2004年版，第100—101页。

它因为与现代性的紧密关系而成了被批判的对象，另一方面则是在不断地强化现代性的同时反而成为被抛弃的对象。基督宗教在中华现代性的命运底下，没有取得任何令人满意的结果，可见，在中华现代性的问题上，基督宗教一直都是成问题的，它一方面被说成是帝国主义侵略中国的帮凶，另一方面又被指作一种与科学相违背的迷信。不管是哪一个问题，它都与中华现代性的问题意识有关，尽管这不是一个容易回答的问题，仍有待许多的思想和历史条件去梳理基督教在此中华现代性的冲击下所面对的问题以及如何做出回应等，但相信对此问题的反思极为有价值，对它的认识成了对中华现代性的一种理解，同时也是一种反思。

问题即在于，为何在理解基督宗教与西方现代性的关系和传播上，仅仅是在器物的层面上取得了极高的成果，但在"革命"的思想和理论准备上是却步的。我们不要忘了，晚清到民国，中华现代性的问题完全被"革命"问题所支配。同样是作为现代性问题的"革命"，基督宗教似乎在此问题上没有过多的关注，甚至特别与革命保持距离，这反映了基督宗教在中华现代性的历程上，与它在西方的现代性历程上的展开，完全是不同的面貌。基督教在西方参与了无数次的革命，① 但是在中国，它更多是表现为一种保守的力量，甚至只有当他们被质疑其认同与忠诚的问题时，才表现得稍激进些，激进的基督教更多是一种基于中国民族主义的革命论述，以至于尽管从晚清到民国的社会是充斥着革命的行动与号召，但传教士与中国基督徒普遍上并未跟上，所以稍为激进些的，就是主张所谓的"社会福音"，可是"社会福音"仍然是停留在一种社会关怀和社会改造的工作上，关于"革命"或"制度性选择"的问题在基督宗教圈子里仍然是极为少见的。

正是尚未有过这种思想史的梳理，中国神学一再地只将目光聚焦于"中华性"的问题上，所以发生了种种"本色化神学"的解读，然而，对于"中华现代性"的问题，不是视而不见，就是被基要派学者因"教会本位"立场遮蔽了。

中国共产党创始人陈独秀对于"基督教与中国"的关系有过如此的评论：

---

① ［美］伯曼：《法律与革命：新教改革对西方法律传统的影响》第二卷，袁瑜琤、苗文龙译，法律出版社2008年版。

> 我们今后对于基督教问题，不但要有觉悟，使他不再发生纷扰问题，而且要有甚深的觉悟，要把耶稣崇高的、伟大的人格和热烈的、深厚的情感，培养在我们的血里，将我们从坠落在冷酷、黑暗、污浊坑中救起。①

陈独秀认为基督教的根本教义就是"信与爱"，并总结认为，耶稣的伟大人格和情感表现为三方面：牺牲、宽恕与博爱。对于当时的"基督教救国论"，陈独秀也指责他们："忘记了耶稣不曾为救国而来，是为救全人类底永远生命而来……忘记了耶稣教我们爱我们的敌人……忘记了基督教是穷人底福音，耶稣是穷人底朋友。"②

在当时的五四新文化运动背景之下，像陈独秀这样对基督教持正面态度的言论可以说是非常少见的，他在《"新青年"宣言》所刻画的"理想新社会"，一定程度上都是他所诠释的耶稣的人格和情感的体现。从《基督教与中国人》一文中的《圣经》引述看来，陈独秀的"耶稣传"主要根据"马太福音版"的耶稣形象，是柏索里尼式的"耶稣传"，也是革命式的"耶稣传"，这种比"人格救国"更深刻的"革命救国"精神，正是中国"新青年"的象征，无疑的，当时有不少知识分子成为基督徒，与这样的基本精神和期待是一致的。

另外一位被喻为中国共产党"革命青年的楷模"的恽代英，对基督教也有过非常中肯的评价，他认为耶稣是同情受压迫者的，关于这一点他甚至认为耶稣优于孔子，所以基督教与革命相距不远。只是基督教在其传播的过程中，不幸地与帝国主义取得了联系，甚至成了帝国主义进行文化侵略的工具，所以恽代英说：

> 要对付这些压迫的人，孔子的"劝"的法子是不中用的，耶稣的"骂"的法子亦是不中用的，对于这种人只有用我们革命党"打"

---

① 陈独秀：《基督教与中国人》（原刊《新青年》第 7 卷第 3 期），林文光选编：《陈独秀文选》，四川文艺出版社 2009 年版，第 70 页。
② 同上书，第 76 页。

的法子。我们革命党天天喊打倒帝国主义、打倒军阀。①

恽代英思想的核心即在于认为基督教在中国受到帝国主义层层的剥削与包围，基督教没有办法帮助中国人从此桎梏中解放出来。所以，恽代英重申他之所以反对基督教即在于反对帝国主义，如果基督教无法加入反对帝国主义的行列、无法站到受压者的一方来反抗帝国主义的殖民和统治，它也就成了帝国主义统治的一种工具。不幸的是，基督教在中国的传播与发展，一直都在处理与帝国主义侵略中国的问题上采取极为微妙的态度，基督教种种教义和内容并不是指导人们反对统治和殖民，相反的，它变成了帝国主义统治中国的一种工具，不管是自觉或是不自觉，只要它们没有反抗帝国主义或与帝国主义明确地划清界限，它都很难与种种压迫的关系划清界限。

恽代英同样对于基督教在"人格"方面的塑造是极感兴趣的，他认为革命者必须具备"好的人格"。恽代英之所以被基督教深深地吸引，一方面是基督教有着极为严密的组织和经营，另一方面则是在人格的修养方面对于现代人格塑造极为有帮助。关于后者，恽代英尝试做了一些东西，即仿效当时一本非常有名的基督教灵修日课的作品《完人之范》，② 以查经讲义的方式编写一本以革命青年为对象的《淑身日览》，他认为基督教的精神莫过于对耶稣基督人格的崇拜和敬仰，《完人之范》一书的内容形成即是以耶稣为学习的对象，现代人格的塑造即是以耶稣的人格为范，每一天都"三省吾身"，以充沛的精神和人格来应付各种的挑战和考验，《淑身日览》正是借助于基督教对耶稣人格的效法来形成革命者的精神人格的一种修炼，这即是恽代英希望共产党青年成为有相似于耶稣那般的"完人"。

我们从恽代英1917年5月4日的日记中发现：

此一星期仁社之报告：成人方面一与余景陶同做《淑身日览》，

---

① 恽代英：《耶稣、孔子与革命青年》，《恽代英文集》，人民出版社1984年版，第817页。
② 富司迪：《完人之范》，谢乃壬译，上海青年协会1917初版，1925年八版。译者谢乃壬即谢扶雅先生，此书可能是民国时期基督教中最具影响力的一本著作，据说"基督将军"冯玉祥随身带着一本，许多非基督教的人士也对此书多所赞誉。截至完稿，《淑身日览》一书尚未见到。

为警觉一般少年之用。作法：（一）排列有力的格言。（二）利用读者愿信从之贤哲理论。（三）自附短而刺激人使之起行的理论。（四）附引人反省的问题，皆以动人为主。此书仿耶教查经用书体裁，为非宗教徒用。①

余景陶即是余家菊，我们在余家菊的日记中同样了解了恽代英对《完人之范》的评价：

> 4月28日晚饭后至恽代英处，相商访《完人之范》的形式，作"修身日览法"。《完人之范》是美国富司迪的著作，全书共十章，分别为耶稣之乐、耶稣之宽大、耶稣之忠、耶稣之怒、耶稣之忍耐、耶稣之诚、耶稣之克己、耶稣之勇、耶稣之爱、耶稣之标准。两人在商谈后，即一同开始编写《淑身日览》，为警觉一般少年之用。其做法为：（1）排列有力的格言。（2）利用读者愿信从之贤哲理论。（3）自附短而刺激人使之起行的理论。（4）附引人反省的问题，皆以动人为主。该文集中了许多人生格言和贤哲的言论。其目的，是为了激励广大青年的自觉意识，鼓励人们树立奋发向上的人格精神。②

可见，恽代英对于耶稣的人格基本上是无异议的，但是他对于基督教的批判还是严厉的，关键是基督教与帝国主义的关系使他无法接受基督教，因此终其一生，恽代英对基督教的批判是不遗余力的，问题即在于中国饱受帝国主义侵害之深，在知识分子当中早已达到忍无可忍之地步。

中国基督徒对中华现代性的反省并没有缺席，从几份重要的基督教刊物，如《青年进步》《真理与生命》《文社月刊》《天风》等，都有非常精彩的论述，另外我们从吴耀宗主编的《基督教与新中国》一书林林总总不同的作者论著看来，现代中国所遭遇到的现实问题，中国基督徒早已做了深刻的反省，包括"基督教的本质"问题：

---

① 中央档案馆、中国革命博物馆、中共中央党校出版社合编：《恽代英日记》，中央党校出版社1981年版。

② 《余家菊年谱简编》，章开沅、余子侠主编：《余家菊与近代中国》，华中师范大学出版社2007年版，第385—386页。

作为统治阶级麻醉人民的工具
作为新兴资本主义的拥护者
铁腕下的和平论
神秘的命定论
逃避现实的独善论
空虚渺茫的天堂论
失去斗争性的唯爱论

以及面对反帝国主义的意义下所涉及的十项课题：

获取平等的经济权
获取自立的军事权
保存完整的领土权
树立国内外各民族间的平等
获取文化自由发展权
推翻封建政权
发展广大的民族
泯除土地与资本的独占
发展生产技术和消费平均
促进大同世界

以此总结出，基督教之于新中国，其中心思想包括十项：博爱、反强权、排斥自我主义、发扬牺牲精神、反对私人资产、同情贫苦大众、民族平等、阶级平等、世界大同、至上人格。①

从周继善的文章可以发现，现代中国面对的即是帝国主义强权对中国的施暴与恶行问题，基督教在这场面对历史和现实斗争的过程中，无可避免地将对自身的思想作一次严格的清理，换言之，基督徒应该为站到反对帝国主义的这一边作好思想性的自我批判和准备。正如吴耀宗所说的，"以个人经验为主的基督教信仰，与整个大时代有什么样的关系"，这个

---

① 周继善：《基督教与新中国》，吴耀宗主编：《基督教与新中国》，上海青年协会书局1940年版，第1—38页。

问题迫使基督教认真考虑如何在这场即将迎来新的时代意义的中国作出积极的贡献，这样做一方面是考量着基督教在中国的命运和发展，另一方面则是将基督教信仰永恒的真理和价值提炼出来，以进行更大的社会改造工作。①

中国激进神学即是在此基本前提下进行反省，他们普遍同情社会主义思想，甚至对于革命持肯定的态度，特别令人惊讶的是，对于暴力或武装革命也不排斥，这也就形成了比中国当时流行的"社会福音"主张走得更远的革命福音，从呼吁"到民间去"变成"上了山"。

历史学家吕实强先生对中国激进神学的评论显得不够成熟，与那些基要派的口吻没有分别。他说：

> 尽管那些自由派，尤其力倡社会使命在于社会改造与革命者，言论洋洋盈耳，似乎声势夺人，但那些固持基要与福音者，却明显地获得更多的信徒。这是为什么？虽然很难作正确的解释，但可以依理衡量，那是因为若干社会福音派可以说已经偏离了宗教，而转入了人文主义的领域；甚至在人文主义中，亦趋向极端，不能为一般中庸之道的人所接受。②

无可讳言，像吕实强这样的历史学家前辈在梳理史料上，还算得上是令人敬仰的，但是其在这些现实上的评论却是令人失望的，正如他说：

> 至如王明道、倪柝声等的固持基要，确能吸引信徒，培养属灵，不失为宏扬宗教的一项根本之图。③

上述的评论可以说完全超过了史家的边界，说"若干社会福音派可以说已经偏离了宗教"，也说转向人文主义的，往往"不能为一般中庸之道的人所接受"，故此"固持基要与福音者，却明显地获得更多的信徒"。

---

① 吴耀宗：《编者序》，吴耀宗主编：《基督教与新中国》。
② 吕实强：《民初若干教会人士对中国基督教社会使命的看法（1912—1937年）》，林治平编：《基督教在中国本色化论文集》，今日中国出版社1998年版，第244页。
③ 同上书，第246页。

对于吕实强这种看法,吴耀宗早已作出了中肯的回应:

> 我们期望的不只是增加信徒的数量,而是在实践服务中分享生命。信徒的数量会增加亦会减少,但如果我们认识到在一个非基督教的社会秩序中,力图过着一种基督徒的生活,上帝之国就会很快到来。①

换言之,吕实强及大部分基要派信徒主张以信徒的多寡来判定何者为正确,或以中庸之道来定义宗教,完全是基于一种偏见,未能公允地评价究竟基要派和社会福音派何者在面对中国社会问题时,是谁比较认真或严肃地看待信仰。或者说,当基要派和社会福音派在处理社会问题时,问题不在于是不是偏离了宗教的主旨,真正的问题在于,他们各自采取了何种态度或方式来面对时局,很难说孰是孰非,相反的,应该看到他们各自的优点和缺点。

像所有主张社会福音或激进神学的中国基督徒一样,当致力于与其他的思想对话或反映现实时,都不免与教会组织造成意见上的冲突,正如他们大都认为基督教本身必须接受检讨或批判,这是信仰的部分,因此他们认真思考所有与基督教敌对的主张或立场,甚至借助他们的观点使基督教免于堕落或腐败,基督教在他们那里同时是可以也必须容纳得了"自我批判"的,诚如吴耀宗所说的:

> 我们十分同情于社会革命的运动和这种运动所反对的虚伪的宗教,一方面因为这本来是宗教自身的一种使命,另一方面,因为社会革命的目的在解放物质条件对于人生的束缚,而这一种解放同时也就帮助宗教从它现在的迷信和反动中解放出来。②

任何对时局稍有感受以及仍有丝丝道德良知的青年都会有同样的

---

① Y. T. Wu, "How one Christian Looks at the Five Years Movement," in *The Chinese Recorder* 61 1930, p. 147.

② 《吴序》,参见 Julius F. Hecker 著,杨缤译《苏联的宗教与无神论之研究》(*Religion and Communisim, A Study of Religion and Athesim in Soviet Russia*, 1933),上海青年协会书局 1935 年版,第 5—6 页。

感受，现代帝国主义与殖民主义的根本特征不仅在于军事占领、武力征服和种族等级制，而且还在彻底地改变殖民地社会的原有结构，并使之从属于工业化的宗主国的经济体系，进而形成一种世界范围的、不平等的国际劳动分工。

对基督教与马克思主义进行过深入反省和对话的吴耀宗也有这样的感受，他认为基督徒的任务是：必须对付现在摧残着人类的两大罪恶：国际的不平等和社会间的不平等，中国与世界同样处在这样的历史情境中，从"社会福音"到"唯物主义的基督教"。横在吴耀宗眼前的，就是如何同时面对基督教的未来与中国的现实。①

也许正是中国遭遇了如此巨大的危机，民国初期就形成了一个"反现代性"的"共产基督教团体"——耶稣家庭，这个在山东马庄发迹的"本色""灵恩"教会，标榜自己是履行基督的教诲并实践原始教会精神的教会，是"新中国"成立后的一个模范，《耶稣家庭》歌词唱着：②

> 耶稣家庭，主爱组成，由天而降，毫无人工；
> 是恩中父子，是灵中弟兄，领袖色彩淡，团体滋味浓；
> 也不论男女老幼，也不论愚拙聪明；
> 种族、邦国、贫富、贵贱，都忘形；
> 真个是天国临世，神旨行地，相亲相爱永不休。

《一点天国醇》：

> 而今是兵商士工农，农为最下层；
> 耕也不免饥，织也不免冷，人人可鱼肉，人人可欺凌；
> 基督真门徒，深为抱不平，宁可劳苦死，与农表同情；
> 不愿居都市，愿住草野中，勤劳多生产，粗淡务节省；

---

① 曾庆豹：《吴耀宗的"唯物主义基督教"与中国现代性批判》，《道风：基督教文化评论》2012年第36期，第37—64页。
② 汪锡鹏编：《耶稣家庭诗歌选》，中华基督教协进会乡村事业委员会1950年版，第2、16页。关于耶稣家庭的研究，参见陶飞亚《中国的基督教乌托邦研究：以民国时期耶稣家庭为例》，人民出版社2012年版。

多纳一分税,使民担负轻,少吃一口饭,可回饿殍生;
深知萤火光,难照普世明,千里始足下,有志事竟成;
一点天国酵,人类变家庭。

艾儒略入闽时间考：兼论叶向高致政的原因[①]

林金水

（福建师范大学中国基督教研究中心）

艾儒略是明末继利玛窦殁后又一位蜚声海内外的意大利耶稣会士，有"西来孔子"之称，是福建天主教的创始人。

艾儒略是在明末大学士叶向高邀请下，在天启年间入闽，至1649年6月10日[②]，病逝福建延平，葬于福州北关外十字山。在福建活动了二十多年，足迹殆遍八闽，北至南平、建瓯、崇安、建宁、泰宁、邵武；中临福州、福清、莆田、仙游；南下永春、安溪、德化、泉州、漳州。由于他广交当地缙绅与社会名流，皈依当地士人，在福建各地引起了强烈的反响，留下了以《口铎日抄》为主要代表的几十种明末天主教在华传播的历史文献。从20世纪末艾儒略就引起了西方汉学界的关注和研究，成了热议的课题。荷兰莱顿大学汉学院许理和先生及其弟子钟鸣旦、杜鼎克博士，可以说是国内外研究艾儒略最早的拓荒者，一是他们的研究成果，二是对艾儒略资料收集之全，他们早期的研究成果都是后人研究的最好入门教材。在他们的影响下，国内外史学界兴起了继利玛窦研究之后的"艾儒略研究热"。对明清耶稣会士个案的研究中，尚未发现能

---

① 本文为2013年度国家社科基金重点项目"明末福建天主教文献整理与研究"阶段性成果。

② 1649年6月10日，即顺治六年己丑五月初一日。李嗣玄《泰西思及艾先生行述》所说"（己丑）四月晦，赴张广文家奉弥撒谈道……次日天未明，呼从者秉烛伏几坐，恭呼耶稣玛利亚数声而逝。"四月晦，即四月三十日，次日，即五月初一。

够像研究利玛窦和艾儒略这样的集中的、广泛的、持续的探讨。作为艾儒略研究阶段性的标志性成果，应推 1994 年 10 月 19—22 日在意大利艾儒略故乡布雷西亚召开的艾儒略国际研讨会后，于 1997 年出版的会议论文集《西来孔子——艾儒略》（Scholar from the West: Giulio Aleni S. J. 1582 – 1649, and the Dialogue between Christianty and China）和 2007 年出版的许理和先生翻译的英文版《口铎日抄》（Li Jiubiao's Diary of Oral Admonitions）。国内外也有以艾儒略为题的博士论文。

在以往的艾儒略研究中，对艾儒略活动的事实作了相当多的考证和论述，但是在艾儒略入闽时间上，还存在仁者见仁、智者见智的看法。众所周知，叶向高的邀请是艾儒略在福建传教活动的起点，最后也在福建南平结束了在闽活动的生涯。历史本来就有始与终，人也喜欢有头有尾，历史头尾的相接本身隐含着事物发展的因果规律，历史研究总离不开时、地、人、事这四大元素。叶向高与艾儒略的相遇，表面上看是一件偶然的、碰巧的事。艾儒略因叶向高的致仕，在杭州而获交叶向高。叶向高的致仕就成了后来艾儒略在闽 25 年活动这一事件的起因。从深层次看，叶向高致仕的原因，又是明末社会的历史所使然。因此，我们研究艾儒略的视野，必须从最早的起因入手，把艾儒略的活动置于明末这个特定的历史背景下加以考察，仅就传教而言传教，呈现的只是历史最浅的一个表层，而不是它的原貌。

一

福州作为艾儒略在闽活动的起点站，其抵达福州的时间，依据福建天主教的历史文献李嗣玄的《泰西思及艾先生行述》和艾儒略的《三山论学》的记载，是在天启乙丑年。

《泰西思及艾先生行述》云："乙丑相国叶公致政归，道经武林晤先生，恨相见晚，力邀入闽，先生亦有载道南来意，乃同舫而来。"① 艾儒略《三山论学》云："相国福唐叶公以天启乙丑，延余入闽，多所参证。

---

① 李嗣玄撰，翁震书：《泰西思及艾先生行述》，巴黎：法国国家图书馆，中文编号 1017。康熙二十八年抄本，无页码。下简称李嗣玄，《行述》。

丁卯初夏，相国再入三山，一日余造谒。"①

以上的记载，把叶向高的致仕时间与艾儒略的来闽时间捆绑在一起。如果不加推敲，"天启乙丑"既是叶向高致仕的时间，又是艾儒略来闽的时间。但至于李嗣玄把"天启乙丑"说成是叶向高的致仕时间是否准确，则鲜有人问津。人们认为李嗣玄是艾儒略最虔诚的信徒，他写的艾儒略行述，还算可靠的第一手资料，而忽视了对引用史料甄别的重要性。陈寅恪先生曾说过，"通论吾国史料，大抵私家纂述易流于诬妄，而官修之书，其病又在多所讳饰"，如"能于官书及私著等量其观，祥辨而慎取之，则庶几得其真相，而无诬讳之失矣"。② 对于明清天主教的研究，黄一农教授在《两头蛇：明末清初的第一代天主教徒》中也说："我们在今日的许多史学出版物中，屡屡可见一些学者不从先前的研究出发，而只是径自摘抄原典，却又不曾积极扩充新材料，或尝试较深入地梳理史料，以提出更合理且具创见的新结论。这些作者有意避谈己文与前人研究间的异同。"③ 可见，"摘抄原典"固然重要，但整理、爬梳、甄别史料之真伪是必要的一步。黄一农教授在研究艾儒略时，明确指出"天启四年，叶向高罢归，途经杭州时遇艾儒略，对其学问十分钦佩，遂延艾入闽传教"④。可见，如果稍加研究，就不会采纳《泰西思及艾先生行述》把叶向高致仕时间说成是"天启乙丑"。最早对这段史料真伪作细辨的应推许理和先生。1994年在艾儒略故乡布雷西亚召开的艾儒略国际研讨会上，许理和先生提交的论文《艾儒略中文传记》（*Giulio Aleni's Chinese Biography*），是对李嗣玄《泰西思及艾先生行述》翻译⑤。虽是翻译，许理和先生对原文逐段逐字加以考订，对于原文言之不详或有误的地方，许理和先生则通过笺注加以说明。如译到"先生初由岭表，历豫章、吴越、齐鲁、秦晋、燕赵之区，其化人洗心向道，弃邪归

---

① 吴相湘：《天主教东传文献续编》（一），台湾学生书局1966年版，第435页。
② 陈寅恪：《金明馆丛稿二编》，生活·读书·新知三联出版社2001年版，第81页。
③ 黄一农：《两头蛇：明末清初的第一代天主教徒》，自序，上海古籍出版社2006年版，第9页。
④ 同上书，第106页。
⑤ 关于艾儒略的行迹，有巴黎国家图书馆本、罗马耶稣会档案馆本和上海徐家汇藏书楼本，书名稍有不同。许理和先生则以巴黎国家图书馆藏的《泰西思及艾先生行述》为蓝本作翻译，足见许理和先生的卓识。其他两种版本错漏较多。

正者，至不可胜计。"这一段时，他就参考费赖之、荣振华、英文版《明代名人传》中由周道济撰写的《艾儒略传》和陆鸿基（Bernard Hung-kay LuK）的博士论文"Thus the Twain Did Meet? The Two Worlds of Giulio Aleni"作了笺注：

> （艾儒略）1613—1615 年在北京；访问开封（河南）；
> 1616 年前抵江南地区（上海、南京、杭州、扬州）；
> 1616 年教难发生，在杨廷筠保护下，在杭州避难；
> 1620—1621 年抵陕西绛州，建立传教点；
> 1621 年到郑州（河南）；
> 1621—1623 年第二次到杭州，寓居杨廷筠家；
> 1623 年居常熟（江苏）；
> 1624 年回杭州；与叶向高相会；
> 1625 年（4 月）抵福州。
> 李嗣玄提到的地区包括广东、江西、山东和山西，但未提到河南和浙江①。李嗣玄对艾儒略这些年所到地区作如此详尽记载的原因，我们不得而知。②

这里许理和先生明确指出了艾儒略是 1624 年到杭州与叶向高相会，1625 年 4 月到福州。许先生的笺注，不仅仅是简单的注释，而且是在中西文献相互参照的基础上得出的结论，对"乙丑（1625）相国叶公致政归，道经武林晤先生，恨相见晚，力邀入闽，先生亦有载道南来意，乃同舫而来"。翻译这段记载时，他不改变原文的意思，直接译成"1625 乙丑年大学士叶向高致政归，道经武林"。但在笺注中，则对原文作了修订，指出叶向高致仕的时间是 1624 年 8 月 22 日："叶向高作为大学士是东林党人的坚强后盾，在位十五年，后因魏忠贤阉党的迫害而被迫辞职。1624 年 8 月 22 日获准致仕返闽。"③

---

① 这里许先生可能有误会，"吴越"似应包括浙江。许先生将"越"误理解为"粤"。
② Erik Zurcher, Giulio Aleni's Chinese Biography, in T. Lippiello and Malek（eds.）*Scholar from the West*, *Monumenta Serica Monograph Series LXII*（Sankt Augustin：the Monumenta Serica Institute, 1997）, pp. 104 – 105.
③ Ibid., p. 106.

此处许理和先生所说，叶向高致仕的时间 1624 年 8 月 22 日，是引自富善（L. Carrington Goodrich）和房兆楹（Chaoying Fang）编的《明代名人传》（Dictionary of Ming Biography）中周道济（Chou Tao-chi）写的条目《叶向高传》。① 周道济的《叶向高传》关于叶向高致仕的时间 1624 年 8 月 22 日，即农历天启四年甲子七月初九，与清人夏燮撰《明通鉴》："秋，（天启四年）七月，辛酉（初九），大学士叶向高罢。"② 可以相互印证。这一推论与叶向高《续纶扉奏草》与《蘧编》乞休疏的时间和赐准的时间也完全一致（见下文）。

　　但是，在对原文"天启乙丑"作笺注时，他又说："译文所说 1625 年，也许指叶向高抵达杭州的时间，艾儒略正是在杨廷筠的保护下住在杭州。"③

　　笔者推断，许理和先生认为叶向高既然是在 1624 年致仕归，北京到杭州路程可能需要 4 个月，所以他判断李嗣玄所说的"乙丑"是他抵达杭州的时间。可是，这种判断实际上又与上述的笺注所说艾儒略"1624 年回杭州，与叶向高相会"自相抵牾，这是许先生始料未及的。

　　许理和先生的笺注，纠正了《泰西思及艾先生行述》关于叶向高"乙丑"致仕时间的错误说法，但对叶向高抵达杭州的时间又无所适从。造成许先生这种无所适从的原因，皆因尚未发现其他的中文史料记载可以佐证叶向高到杭州的时间。实际上，笔者早在 1992 年第 2 期《海交史研究》上发表的《艾儒略与明末福州社会》一文，就提出了艾儒略到福州的时间是 1624 年 12 月 29 日，原文如下："乙丑（1624 年）相国叶公致政归道，经武林晤先生，恨相见晚，力邀入闽，先生亦有载道南来意，乃同舫而来。"艾儒略说："相国福唐叶公以天启乙丑，延余入闽。"据叶向高年谱记载，艾儒略抵福州应是 1624 年 12

---

① L. Carrington Goodrich, etc. *Dictionary of Ming Biography*, New York and London: Columbia University Press, 1976, p. 1569.
② 夏燮撰、王日根等校点：《明通鉴》。黄一农教授在《两头蛇：明末清初的第一代天主教徒》持这样的观点，"天启四年，叶向高罢归，途经杭州时遇艾儒略，对其学问十分钦佩，遂延艾入闽传教。"
③ Erik Zurcher, Giulio Aleni's Chinese Biography, in T. Lippiello and Malek（eds.）*Scholar from the West*, *Monumenta Serica Monograph Series LXII*（Sankt Augustin: the Monumenta Serica Institute, 1997），p. 106.

月29日。①

文章尽管没有具体指出叶向高到杭州的时间，但从叶向高到杭州的路程前后，就限定了叶向高到杭州的时间是在天启四年九月初至十一月初期间。笔者当时关于艾儒略抵福州的时间作推论时，在"乙丑"后加"1624年"未作说明，造成了误会。笔者本想说明艾儒略到福州的时间是1624年。许理和先生曾多次引用拙文的观点，唯独在入闽时间上，他没有采纳拙文提出的推断，而是以西文资料为主，定为1625年4月，杜鼎克博士持同样观点。② 为此，笔者将就本人早先得出的推断，作详细的考述和辨析。

二

要回答拙文与许文观点相左的原因，应在明末社会历史大背景的前提下，去考察和探讨叶向高致政的原因以及致政允放后从北京回福州的旅行路程和时间。

叶向高作为三朝元辅，有关他的历史资料可谓汗牛充栋，而可作为第一手资料的莫过于他自己写的《苍霞草全集》和《蘧编》。

叶向高万历三十五年（1605）五月擢礼部尚书兼东阁大学士，十一月入朝。首辅朱赓和其他并命的三位大学士，但或卒、或辞、或杜门不出，叶向高从此独相七年，至万历四十二年（1612）。据叶向高《纶扉奏草》统计，叶向高从入阁第二年，万历三十六年四月二十一日第一疏开始乞休，到万历四十二年八月二十日第六十一疏乞休获准，叶向高在万历年间就已经想致仕归。叶向高乞休原因固然与其病有关，但在万历朝，更重要的原因是他的治国理念和策略未得到万历的认可，其入阁想做的第一件是罢矿税。所以入阁后，他的第一疏就是"请止矿税疏"。《明史·叶向高传》："初，向高入阁。未几，陈用人理财策，力请补缺官，罢矿税。

---

① 据叶向高《蘧编》（卷十七，第12页下）记载，叶向高天启四年七月十八日（1624年8月31日）离开京城，九月初旬过淮安，十一月二十日（1624年12月29日）抵三山。十二月初十（1625年1月18日）抵舍。艾随叶抵榕，故应是同一时间。

② Adrian Dudink, Giulio Aleni and Li Jiugong, in Tiziana Lippiello and Roman Malel（ed.）, *Scholar from the West*, *Monumenta Serica Monograph Series*, vol. XLII. Sankt Augustin：the Monumenta Serica Institute，1997，p. 130

见帝不能从,乃陈上下乖离之病。"① 万历帝不从,使得叶向高从万历三十五年开始,就先以病告归,向万历皇帝自陈告病的第一疏和第二疏②。叶向高在《告病疏》说:"不意自徂秋以来,病躯委顿向时,所苦溺血痔疡诸患一时并作,呻吟痛楚,不自聊生,兼以营卫素虚风邪易感,寒热交攻,肌肤尽削,但以部中乏人,勉强支吾,不敢言去。"③ 叶向高虽然患有痔疮疾,但他向万历皇帝乞休的第一疏还是"因人浮言求去"。④ 以病为托词求去,这是叶向高无奈之下的一种选择。

天启年间,叶向高从天启二年(1622)二月初五日开始乞休第一疏到天启四年(1624)七月初七日乞休第六十七疏。在天启二至三年的两年时间里,平均约21天就乞休一疏。到了天启四年,从正月二十九日开始乞休第三十四疏到最后乞休第六十七疏获御准,短短近半年内又上疏三十四份,平均约4天就乞休一疏,这是当时时势使然。

天启元年八月,"魏忠贤矫杀前太监王安"⑤,揭开了魏珰乱政之始。天启四年甲子,叶向高66岁。此时阉珰自王安被害后,"愈肆滔天,益无顾忌。调奉者登进,忤恨者诛伤。此左悺⑥有回天之力,令孜⑦有阿父之号也"。⑧ 由于天启皇帝的宠信,魏忠贤就是这样一位有回天之力的"阿父"。叶向高已经察觉到了这场党锢之祸,正在他身边酝酿萌发。凭着叶向高"为人光明忠厚,有德量,好扶植善类"⑨ 的性格,他并不是魏

---

① 《明史·叶向高传》,第6234页。
② 叶向高:《苍霞草全集·纶扉奏草》卷一第十一册,江苏广陵古籍刻印社1994年版,第179、181页。
③ 同上书,第185页。
④ 叶向高:《苍霞草全集·纶扉奏草》卷二第十一册,第247页。
⑤ 谷应泰撰:《明史纪事本末》第三册,中华书局1977年版,第1133页。
⑥ 左悺(?—165),河南孟津人。为汉恒帝宦官五侯之一,因诛杀外戚梁冀有功,与单超、唐衡、徐璜、具瑗四人被封为县侯,左悺为上蔡侯。司马光《资治通鉴》卷第五十四汉纪四十六:"诏赏诛梁冀之功,封单超、徐璜、具瑗、左悺、唐衡皆为县侯,超食二万户,璜等各万余户,世谓之五侯。"(司马光《资治通鉴》第4册,中华书局1956年版,第1747页)后来,五侯结党营私,骄横奢侈,贿赂公行,无恶不作。单超死后,四侯更加专横跋扈,民间流传"左悺有回天之力,具瑗唯我独尊,唐衡势大如暴雨"。
⑦ 令孜,即田令孜(?—893),字仲则,唐僖宗时的宦官。宋范祖禹《唐鉴》卷二十二(明弘治刻本)说:"干符二年,帝之为普王也,小马坊使田令孜有宠,及即位使知枢密,遂擢为中尉。帝时年十四,专事游戏,政事一委令孜,呼为'阿父'。"
⑧ 谷应泰:《明史纪事本末》第三册,中华书局1977年版,第1171页。
⑨ 《明史·叶向高传》,第6237页。

忠贤的对手，惹不起，但可以躲得起。所以，他唯有以消极的乞休来抗争，还是以病为托词，从天启四年正月二十六日开始，叶向高具疏乞休的要求越来越强烈了，上疏的步伐也越来越快，直到第六十七乞休疏允放，前后共34次。时间分别是：

1. 正月二十六日，乞休第三十四疏，正月二十九日得旨；叶向高还是以"老病思归"为由，"臣之年日以老病日以深如前所陈不寐，痣疡诸症皆医治不痊，且加甚焉，又兼以足痛，拜跪艰难，步趋不便"。旨："卿辅理忠老频，岁屡请具悉忠恳，但以三朝元老，表率百僚，当念时事艰难，勉留匡济，伫望即出，慎勿再陈。"①

2. 正月二十九日，乞休第三十五疏，二月初三日旨。

3. 二月初三日，乞休第三十六疏，二月初六日旨。

4. 二月初六日，乞休第三十七疏，二月初九日旨。

5. 二月初九日，乞休第三十八疏，二月十一日旨。

6. 二月十一日，乞休第三十九疏，二月十三日旨。

7. 二月十三日，乞休第四十疏，二月十五日旨。

8. 二月十九日，乞休第四十一疏，二月二十二日旨。

此时，龙体欠安，叶向高暂停乞休疏，到了天启痊愈，又开始具疏乞归。②

9. 三月二十日，乞休第四十二疏，三月二十三日旨。

叶向高说他的求去疏是"一字一泪"写下的，"不以病死，定以苦死"。天启还是以时艰而慰留他。③

10. 三月二十四日，乞休第四十三疏，三月二十五日旨。

11. 三月二十六日，乞休第四十四疏，三月二十九日旨。

12. 三月二十九日，乞休第四十五疏，四月初三日旨。

13. 四月初四日，乞休第四十六疏，四月初七日旨。

---

① 叶向高：《苍霞草全集·纶扉奏草》卷一第十六册，第773—775页。

② 二月三十日，"圣躬违和，宣召阁臣甚急，同官诸公先到官门欲进见。上传待元辅至同进。余扶病疾趋，中官传呼络绎不绝。余不胜惊惶，愈不能步，追入思善门，上传且从容行色乃定。遂至乾清宫卧榻前，上衣冠御便坐，余辈叩首问安"。

③ "臣求去苦情具于屡疏，每当下笔辄一字一泪，今诵温纶亦一字一泪，如其不去，即不以病死，定以苦死。"旨："今时艰，岂忍自遂，还望体朕倚眷至意，即出佐理，以慰延伫。"叶向高：《苍霞草全集·纶扉奏草》卷一第十六册，第822—825页。

此疏叶向高说他已经把乞休的话都说尽了,"今日即面厚千重,断无可留之理","惟人臣之求去,苟非其情之至穷,心之至决,则其辞必不敢尽,亦其身尚在于可留可去之间。今臣之言已无所不尽,闻之者皆知其必去"。天启也深知叶向高乞疏之真情,"卿辞甚恳,朕意自定国家多事之时,万无元老可允去理。且前召见卿精神甚健,忠爱蔼然。今何忍恝然决去,还勉为朕留,蚤出辅理,以副中外之望,慎勿再陈"。①

14. 四月初八日,乞休第四十七疏,四月十一日旨。

叶向高在这份乞休疏中提出的理由,不仅关乎于他个人之事,而且关系到明代宰相制度存在的弊端问题,明代官员通常难进易退,如果应退而不退,就会造成官员之间的"贪位争官"。"今臣孙中书舍人益荪,亲至阁门,哀求同官拟允。而同官臣爌②漠不动念,臣国祯等寂无一言。爌之意不过恐人疑其欲作首辅而留臣,以遮饰门面耳。爌不放臣,他日人不放爌,相牵相扯,习为固然,将使纶扉尺地结成缠绵不了之局,又何以责百僚之贪位争官,纷纷而不已乎?"③对叶向高的乞休疏,天启皇帝还是慰留,"卿屡疏求去,朕屡旨慰留,次辅赞成,自是君臣大义。况中外多虞,卿为首臣,还宜深思,以君命国事为重,即出赞理,勿得苦辞"。④

15. 四月十二日,乞休第四十八疏,四月十五日旨。

此疏叶向高想以己之词退为榜样,开天启皇帝"重政本之地"之先例,"臣十五疏乞归,不无责望于同官,而是日爌遂避不入直(阁),臣国祯谓我初票,此本不敢遽为拟允,是同官诸臣无一不欲困臣也"。"皇上欲重政本之地,亦万万当自放臣始矣。"得旨:"朕倚重元臣图治理,原非虚隆礼貌,诸臣拟旨参合舆情,听朕裁决。岂得凭臆自专。卿还安心勉留,毋自烦苦伫望,蚤出用副眷怀。"

16. 四月十六日,乞休第四十九疏,四月十九日旨。

---

① 叶向高:《苍霞草全集·纶扉奏草》卷一第十六册,第845—847页。
② 即韩爌,字象云,蒲州人,万历二十年进士。选庶吉士,进编修,历少詹事,充东宫讲官。四十五年擢礼部右侍郎。天启元年少傅、太子太傅、建极殿大学士。见《明史·韩爌传》,第6243页。
③ 叶向高:《蘧编》,第483—484页。
④ 叶向高:《苍霞草全集·纶扉奏草》卷一第十六册,第849—852页。

17. 四月二十日，乞休第五十疏，四月二十三日旨。①

18. 四月二十三日，乞休第五十一疏附王文言事，四月二十六日旨。

此时，魏忠贤挑起各种事端开始把矛头直指叶向高，"忠贤乃时毛举细故，责向高以困之"。给事中傅櫆弹劾东林党人左光斗、魏大忠、王文言"招权纳贿，命下文言诏狱"，② 这正迎合了魏珰伺隙而动的阴谋，而叶向高以"只罪臣一人，而稍宽其他，于以释官府之嫌，而消缙绅之祸"为由，出面保护东林党人不受陷害。而他自己则以"在此尸位素飧，一筹莫展，一事难行，误君误国，遗恨无穷，其心之不安更万倍他人也"。为由乞休。旨："对别奏事，朕自鉴知，卿不必引求去。"③

19. 四月二十六日，乞休第五十二疏，四月二十九日得旨。

此疏，叶向高还在为东林党人作辩护，"文言之事，罪实在臣。使臣不为文言题用，史馆则文言必去，文言去，则必无今日之祸，朝廷必无此一番骇人之举动，士大夫亦得相安于无言，不至于贤人君子自相攻击，以开无穷之衅，使素有清正之名如左光斗、魏大忠者，亦不得免"。"此一事其失若小，而其关系甚大，臣又安得晏然而已乎？"此时，魏忠贤毕竟还不敢动叶向高的旧臣，此案结果是"光斗等不罪，止罪文言"④ 一人，"文言无足惜，不可使祸延缙绅"。⑤ 但是，"旨下文言诏狱"对叶向高来说"严旨再下，如雷如霆"。叶向高已经预见到了文言案将会带来祸害，"东林祸自此起"。⑥ 所以，他再疏求去"断无不放之理，如圣慈犹责以强留，臣唯有泥首阙廷，以待罪而已"。而天启皇帝似乎在与叶向高打"太极拳"，旨："别奏具悉卿意，朕自裁酌，知道了。卿宜安心勉出，当不以此介怀。"⑦

20. 五月初三日，乞休第五十三疏，五月初三日旨。

叶向高以乞休未允，而造成抑郁病情加重再疏："臣二十疏乞归尚未

---

① 叶向高还是"恳恩允放事"，"苦苦求去"。旨："时艰主忧，原老忍去，同官即拟允。朕即勉听卿心，亦何能安还，望幡然回念，即出辅理，副朕为国留卿至意。"
② 《明史·叶向高传》，第6237页。
③ 叶向高：《苍霞草全集·纶扉奏草》卷一第十六册，第865—868页。
④ 《明史·叶向高传》，第6237页。
⑤ 夏燮：《明通鉴》下册，第2196页。
⑥ 《明史·叶向高传》，第6237页。
⑦ 叶向高：《苍霞草全集·纶扉奏草》卷一第十六册，第873页。

蒙允，中心抑郁遂成痢疾，肠胃搅痛如同雷鸣，又加以痣疡作苦，溺血不休，年老气衰之人，岂能堪此。"旨："朕以老城主持国是，迩来议论争挠，知卿定能平章，况卿年力康强，何以衰老言去，还望勉出辅理，以副延伫。"

21. 五月初三日乞休第五十四疏，五月初六日得旨。

上述天启旨意说"知卿定能平章"，激起叶向高心理上的真正痛楚。叶向高在处理国事上并没有实际的权力，"臣三载于兹，有何国是力能主持，有何议论力能平章，他人不知皇上独不知乎？"旨："朕意勿以言及愈急求归，伫望勉留，用副倚任。"

22. 五月初九日乞休第五十五疏，五月十二日得旨。

此时叶向高疏称，从"杜门乞归，自春初而至夏半，殆将半载。其章疏，则千言万语，笔秃唇焦，其苦情则万绪千端，眼枯肠断"①。旨："朕为国家留卿，诸臣目当仰体，日览南北章奏，具见舆论佥同，卿宜勉出，以答中外之望，慎勿再陈。"同日，给事中孙绍统上疏留叶向高。旨："朕眷倚元辅，图济时艰，屡旨谕留，悉出真悃。"②

23. 五月十九日乞休第五十六疏，五月十九日旨。

叶向高再以病乞归，过去还能勉强自立谈及朝事，"近痢为疾所苦，前后闭塞，肠胃作痛，每夜腹中常如雷鸣，又痣疡下坠，溺血不休，遂伏枕呻吟，一人不能见，一事不敢闻"。得旨："览奏情词恳切。朕岂不鉴念？但卿精神强健，偶病不妨调摄。言官疏留，具见举朝公论，还望勉出佐理，副朕倚眷至意。"③

24. 五月二十一日乞休第五十七疏，五月二十四日旨。④

25. 五月二十七日乞休第五十八疏，五月二十八日旨。

叶向高还是"百病俱作，危困可矜苦求允放"再疏。得旨："知卿方理医药，暂需静摄，慎勿亟陈。"⑤

26. 六月初五日乞休第五十九疏，六月初六日旨。

---

① 叶向高：《苍霞草全集·纶扉奏草》卷一第十六册，第891页。
② 叶向高：《蘧编》，第495—496页。
③ 叶向高：《苍霞草全集·纶扉奏草》卷一第十六册，第893—894页。
④ 叶向高再以病疏乞休，得旨："元辅表率，百僚出处自有关系，况中外多事，方望济艰，不比皇祖承平无难自遂，卿宜勉出，副朕倚眷，慎勿再陈。"
⑤ 叶向高：《苍霞草全集·纶扉奏草》卷一第十六册，第899—904页。

六月初一日，左都御史杨涟，抗疏劾魏忠贤二十四大罪，真正掀起了一场轩然大波。魏忠贤面对这一弹劾，以"自请罢斥"本上奏，天启命阁臣，"传谕拟票进呈"。六月初二日，韩爌草拟"回奏魏太监本揭"，以"臣等亦以为今多事之时，朝端不宜纷扰，但事体关系颇大，人情猜忖易生"为他们二人打圆场，"忠贤久侍左右任事过直，素蒙鉴信，而杨涟当两朝鼎革忠诚肝胆，为先帝及皇上所知，疏中事情总在圣鉴"。可见，叶向高等阁臣，就把杨涟弹劾魏忠贤罪行的是是非非，交由皇上来圣鉴裁决，宫内的事情宫内查，外廷的事遂款辨明，"不至于为朝廷增一疑事"。① 这足见作为三朝元辅在处理突发事件时所惯用的伎俩。

六月初五日，叶向高"上以皇子得疾，召阁臣看视，余不能往，因具疏辞"。此疏还是以"病势危急，一人难支，恳恩亟放"。乞归，得旨："今日召卿，何不勉进览奏。知卿郁火为苦，若肯幡然一出意志，一纾具疏精神自畅，日来疆事方殷，议论纷错，边筹国是赖卿主持。着鸿胪寺上官宣谕朕意。卿宜即出，以副倚眷，幸无再延。"②

27. 六月初六日乞休第六十疏，六月初八日旨。

在此关键时刻，天启特命鸿胪寺宣谕官到叶向高府邸宣谕"万不能出"。面对当前时局，叶向高把乞休看成是自己的生命之路，"臣一归便是续命之膏，回生之路，万万无再入阁之类矣"。③

28. 六月初十日乞休第六十一疏，六月十一日旨。

此时，天启再命鸿胪寺宣谕官到叶私寓宣谕，一肯定他"才望兼隆，精白纯粹，清正无私"。一说他"卿康健有余，还当仰遵朕意，翌日力进阁，竭忠筹划，匡济时艰，弗得再有陈情，勿负朕惓惓伫望之意"。叶向高就当时的政务粮饷空虚作了回应，但还是希望天启皇帝能赐予他"犬马残生，使得归骨故园，魂魄依先人坟墓世世衔接，未足为报矣"。④

随着杨涟上疏劾忠贤二十四大罪，与阉珰之抗争也进入白热化。继杨涟之后，上疏者麋至，廷臣相继抗章至数十上，其中包括后来与艾儒略交游的翁正春和朱大典。⑤ 诸臣"先后申奏，或专或合，无不危悚激切"，

---

① 叶向高：《苍霞草全集·纶扉奏草》卷一第十六册，第907页。
② 叶向高：《蘧编》第498页。
③ 叶向高：《苍霞草全集·纶扉奏草》卷一第十六册，第918页。
④ 同上书，第921—924页。
⑤ 夏燮撰，王日根等校点：《明通鉴》下册，岳麓出版社1999年版，第2197、2202页。

天启可以"具不听"①,但却给他以很大的打击,"杨疏上,上震怒,传谕内阁,杨涟本内妄论诸款,具系无根蔓词。内谕中宫皇贵妃并裕妃事乃宫壶严密,况无指实外廷,何以透知呈意猜忖,屡屡屏遂左右,使朕孤立于上。朕自嗣位以来,日夕兢兢,谨守我祖宗成分,惟恐失坠"。杨涟"妄指宫禁,欺侮朕躬屏,逐左右,姑不深究,以后敢有尾论的国法宪典仍存,决不姑息,拟旨来,阁臣润饰以呈"②。天启皇帝一方面希望叶向高来平息这一事件"宜亟为调剂,镇定纷嚣,释诸臣附和猜忖之疑,以副朕凭藉倚毗至意";另一方面对那些上疏者加以迫害,"旨逮系科道官为首的下诏狱"。

而对于叶向高来说,杨涟和诸臣的奏疏让叶向高进退维谷。言臣希望叶向高能站出来与他们一同抗抵阉党,"劝向高下其事,可决胜也"。③ 而叶向高太清楚不过,以天启宠待魏忠贤,是弹劾不了他的,反而将引火烧身,"念忠贤未易除,阁臣从中挽回,犹冀无大祸"。④ 以他"为人光明忠厚,有德量,好扶植善类"⑤之人格,叶向高唯一能做的事,就是希望言臣不要出大祸。《明史·叶向高传》说:阁臣"乃具奏称忠贤勤老,朝廷宠待厚,圣满难居,宜解事权,听归私第,保全终始"。⑥叶向高说"余度此事未可力争,争且决裂时,为所知言之。杨托人⑦强余力争攻忠贤"。但叶向高无法做到,"向高颇以涟疏为率易,又虑上左右无人"。⑧叶向高该出手时没出手,终于给东林党人留下了无穷的祸患。他说:"余不得已,具揭劝上听,忠贤归私第,解其事权,以保全之,且停止内操,以免疑虑。"⑨此时,叶、魏之间,尚未正面交锋。叶向高实际上是在为魏忠贤解脱,而魏珰还是在默恨叶向高。

29. 六月初十日,乞休第六十二疏,六月十三日得旨。

此时,叶向高以"犯上"的口语冒死求去,"皇上如不听臣去,臣将

---

① 谷应泰:《明史纪事本末》第三册,中华书局1977年版,第1142页。
② 叶向高:《蘧编》,第501—502页。
③ 《明史·叶向高传》,中华书局1974年版,第6238页。
④ 同上。
⑤ 同上书,第6237页。
⑥ 同上书,第6238页。
⑦ 此人即缪昌期,他是叶向高的门人,是杨涟疏的代草者。
⑧ 夏燮撰,王日根等校点:《明通鉴》下册,第2202页。
⑨ 叶向高:《蘧编》,第502页。

自去，以待皇上之斧钺，臣不胜冒死吁呼之至"。旨："卿精神康健，中外所知，偶恙不妨静摄，何又急于陈奏。"

与此同时，给事中朱大典也疏留叶向高并及魏忠贤事。

30. 六月十三日，乞休第六十三疏，六月十六日旨。

如果说叶向高以前以病作为申求乞归，到这一疏，叶向高终于说出了真心话，面对阉党咄咄逼人的"大逞"，他终于向天启皇帝表明了时势不可留，"吁诉已极，时势万无可留，哀求亟放"再疏乞去，"向者求去犹出于不肯留之心，今者求去乃处于必不可留之势"。旨："览奏乞归且以昨揭请批答为言，卿之忠恳，朕所深鉴，亦中外所知，有何可疑？卿在皇祖诗主持大事，今昔一心，可以自信，何乃以此决去，尚望安意勉留，副朕倚眷，慎勿再陈"。

此时，工部郎中"万燝以劾忠贤廷杖，向高力救，不从，死杖下"。① 叶向高说，"工部郎中万燝先以陵工经费不给，疏请内府废铜铸钱，不允。至是再请，而语多汗漫。上大怒"。阁中诸公具揭申救。得旨："（万燝）本当上狱鞫问，姑从轻处了。卿等再勿陈情。"② 后来，叶向高又"复自具揭申救"。③ 得旨："卿奏具见为国忠诚，已有旨了。"④ 叶向高原以首辅的地位来申救万燝，未果。

31. 六月十九日，乞休第六十四疏附廷杖事，六月二十二日旨。

申救万燝不成，叶向高以"今祸衅已开，事将决裂，臣之不能已昭然于天下矣。臣何为？臣不去亦何为？"又因病情发作"忽然痰壅，眩晕倒地，久方苏醒，一切世事皆已绝口不谈，纵留在此，亦槁木死灰同耳"。再乞归。旨：天启以"不必以此介怀"来安慰叶向高。

万燝死后，珰辈又把矛头指向巡城御史林汝翥。"御史林汝翥事件"的发生，对叶向高来说时局从"时势不可留"向"时事不可为"⑤ 转化。林汝翥是叶向高的里人，因珰辈"曹大、傅国兴挟人命劫财，斗于涂。皆愿受杖免参。汝翥信其无他也，即杖之"。⑥ 叶向高也说："汝翥行兵马

---

① 《明史·叶向高传》，中华书局 1974 年版，第 6238 页。
② 叶向高：《蘧编》，第 502 页。
③ 叶向高：《救万郎中揭》。
④ 叶向高：《苍霞草全集·纶扉奏草》卷一第十六册，第 958 页。
⑤ 《明史·叶向高传》，第 6238 页。
⑥ 谷应泰：《明史纪事本末》第三册，第 1142 页。

司系治之,国兴托其党为谢过,汝翥复笞之十五。诸珰大閧奏闻。有旨:'杖一百革职。'珰辈恨汝翥甚,必寘之死,集数百人至其家,人持铁锥以待。汝翥惧一出必无完肤,遂微服潜逃,投顺天巡抚邓渼渼。"① 珰辈抓住此事,把矛头直指叶向高,将叶向高府邸团团围住,要搜捕林汝翥,"先是误传汝翥为余甥,珰辈来问,余谓同里疏亲则有之甥,则非也。比捕汝翥不获,遂疑余匿之,群遶余宅欲搜索。余语诸珰,朝廷逮一御史,而阁臣匿之,是阁臣敢于抗旨罪浮于御史矣,若辈但遍索我家,有则甘罪,珰辈乃逡巡散去"。② 至此,魏忠贤从过去"惮向高旧臣""伺隙动"到明火执仗直接向叶向高开刀。在魏忠贤看来,只有除掉言臣的这个保护伞,才能为珰辈恣意妄行、无恶不作扫清障碍。叶向高最终还是躲不过这一劫。作为阁臣首辅,叶向高当时正受天启皇帝的倚眷,阉珰都敢把火烧到他身上,这无疑是对他最大的羞辱。叶向高向天启具揭自明,并不要求对珰辈加以惩处,只是以已离开京城,免遭珰辈的再次打击,他说"中官围阁臣第是国家二百余年所无之事,臣若不去,将何颜以自立"。天启优旨安慰,"上慰留余,而尽收中官,不许在外纷扰"。在这种情况下,林汝翥"闻此,始敢出,惜稍迟数日耳"。③

32. 六月二十二日,乞休第六十五疏,六月二十九日旨。

此时,叶向高已经将家人移居城外。然后对珰辈给他造成的心理上的创伤,他以托病为由说出"入夏以来为暑热所侵,重以郁火,遂成闭结之患,医治不痊。顷缘多事转益忧危,病骨欲枯,知余生之无几,惊魂未定,叹百念之尽灰,每诵昔人知足不辱,知止不殆"。他以自责求骸骨返乡,望圣上"宽其罪戾,予以骸骨俾返故丘,使臣得去,就以礼善始善终"。旨:还是那句套话"还望勉留辅朕,痊可即出,慎勿再陈"。

33. 七月初三日,乞休第六十六疏,七月初四日旨。

如果说以前六十几疏,叶向高还没有把君臣关系说绝了,此疏已经到了没有任何转圜的余地,搬出皇祖万历皇帝的旧例来压天启。"求去已三十四疏,于同官至心已尽,皇上之眷臣者已至门面尽好看矣。"再次上疏。叶向高以旧例万历年间他移家出城得到允放,希望皇上仿效,否则

---

① 叶向高:《蘧编》,第510页。
② 同上。
③ 同上书,第512页。

"亦当于城外候命，即伤国体，而累皇仁"。此时天启对叶向高的乞归要求开始松动了，"卿为元老素笃忠诚尚礼，朕心勿伤国体"。

34. 七月初七日，乞休第六十七疏，七月初九日得旨。

最后一疏，叶向高乞休也到了词穷字竭，万般无奈，大有不允也得走之意，奏为词情俱竭苦求允放事：

> 臣卧病乞归，已历三时，日日吁，天天草，疏虽借苏秦、张仪之舌，作告哀诉苦之亦将穷焉，而无所措辞。长安道上人人知臣之必去，即同官诸臣相对末不叹臣之病哭，可怜有恻然哀矜之意，而独不肯为臣拟允，不知其何心也？臣于阁事毫不预闻已半载矣，累然垂死之残躯强之在此，亦有何益？①

最后，叶向高以自己和家人移出城外，恭候谕旨。此举，叶向高凭着天启对他的倚眷有加，在棋盘上与天启皇帝博弈了67步之后，下的最后一步的"将"棋：

> 臣只身病哭，无可控诉，故欲出城外以就家人，而同官劝臣稍迟。臣不得已已于今早移至僻静处所，稍停一二日，恭候俞旨，伏望圣慈即放臣归，使臣得徼被天恩同于诸臣，是亦圣朝一视之仁。臣之感戴私衷尤万倍者，臣不胜哀鸣迫切之至。②

七月初九（1624年8月22日），天启终于允放叶向高致政返乡，除给叶向高加官荫子赐赠之外，还派行人护送驰驿归里，旨：

> 卿辅相皇祖翼戴皇考以迨朕，忠勤茂着，中外具瞻，朕倚毗正殷乃连章求去。今年复移居俟命，坚意难移，勉从所请。着加太傅，荫一子与做中书舍人，乃遣行人护送驰驿归里，加赐银一百两、彩缎四表里大红纻丝，坐蟒一袭。地方官以时存问，给廪米五十、舆夫八名，称朕始终隆眷至意。卿宜为国爱身，仁俟召用。该部知道。

---

① 叶向高：《苍霞草全集·纶扉奏草》卷一第十六册，第981—982页。
② 同上。

钦此。

叶向高记载的致政时间，再次确认了许理和先生所引用英文《叶向高传》的观点是正确的。

七月初十，叶向高上"谢并辞加恩疏"，对自己"以私情屡渎天听"连上六十七疏的乞休原因，作了辩解：

> 年龄衰暮，致病缠绵，分量有限，伎俩已穷，再三筹度，终无分毫可补国家沈浮。

综上，叶向高以最简短的二十字高度地概括了他致仕的主要原因，前面八字"年龄衰暮，致病缠绵"是他真实的反映，而后十二个字表明了在天启的政坛上，在与魏珰抗争中，他是一位无计可施的败将。而对明清福建天主教的历史来说，因叶向高的败阵而致政，却打开了天主教在福建的一番新天地。

三

叶向高获准允放后，七月十二日，叶向高上"辞朝揭"，旧例告病官可以不辞朝，但叶向高因受皇上隆恩，"若不一望天颜而去，于心何安？"七月十三日，叶向高上御门面辞，"至御座前叩首，劝上寡欲养身，勤政讲学，为宗社计"。上答云："所奏朕知道了。卿宜为国爱身，以待召用。""是日，余出都城，暂居正阳门外。""十三日陛辞出京，从水路而行。"从此，叶向高踏上了由北京返回福州的路程，明代北京同往福建的"官路"，未迁都前是"以南京为中心的漳州路"，"迁都以后，则以北京为中心经南京、浙江的福建路"。"当时的福州官路，系由北京经山东德州、兖州，而达江苏徐州，安徽凤阳，再往南京、苏州和浙江的杭州、衢州，越仙霞岭，进入福建的浦城、延平顺利到达福州、这一条也叫'进京道路'。"① 叶向高致仕返闽的路程，至杭州走的是大运河线，从通州潞

---

① 福建省地方志交通志编纂委员会编著：《福建省交通志》，鹭江出版社1998年版，第53—54页。

河登舟，经天津，沿着大运河而淮安、扬州、京口、常州、苏州，抵杭州。

七月十八日，叶向高至通州潞河，夜半等舟，在船上休整三天。"十八日，遂行百僚皆出祖饯，夜半至潞河登舟。"

七月二十一日，正式起程，二十三日在蔡村与福州董应举①相会，"二十一日发舟，二十三日与董见龙饮于蔡村"。

七月二十四日，抵天津。"次日至天津，饷部毕公自严②、门人饷道钱士晋③皆招饮，毕公当余在政地，通问甚疏，比余归过其地，礼意殷勤，可谓君子矣。"

随后，经河北进入山东，在山东的经历，叶向高在回家之后的《谢恩疏》说："从水路而行，惟山东地方，以有饥民之警，抚按官遣人护送出境。余皆安行无恙。"④

九月初，叶向高抵淮安，"九月初，过淮安，总漕吕公兆熊⑤以杜门不出"。

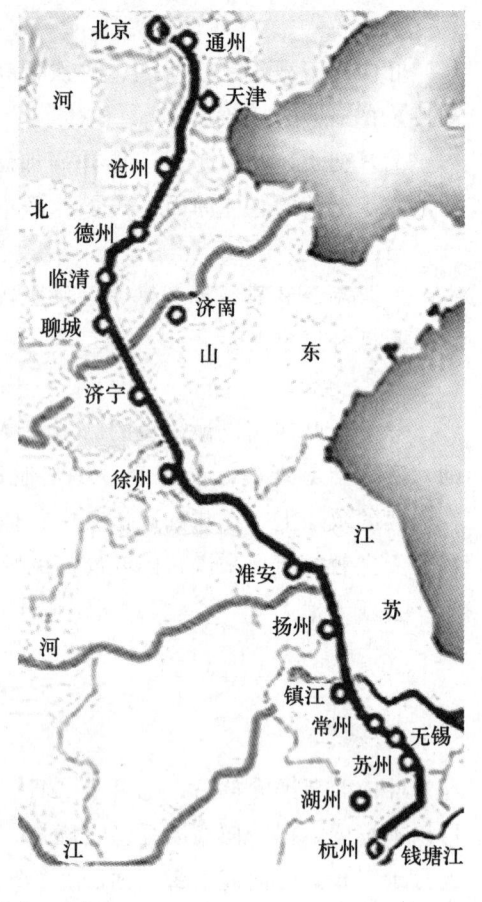

---

① 董见龙，名应举，字崇相，号见龙，福州人。明万历年间进士，天启年间官至工部侍郎兼户部侍郎。
② 毕自严（1569—1638），字景曾，号白阳，山东淄川人。明万历十六年（1588）中举，1592年中进士。天启元年任天津巡抚，二年兼户部左侍郎代代李长庚出任督饷，住天津。参见（清）沈家本《重修天津府志》（光绪）卷十一，清光绪二十五年刻本。
③ 督饷道：钱士晋，浙江杭州府人。（清）薛柱斗《天津卫志》（康熙），新校天津卫志卷之二，1934年铅印本。
④ 叶向高：《苍霞草全集》第十六册，第1010页。
⑤ 吕兆熊，字渭夫，柏乡人进士天启三年任（漕运总督）[（清）孙云锦《淮安府志》（光绪）卷十光绪十年刊本]，"吕兆熊天启三年总督漕运，白莲教起，计擒首恶周志德等，地方以安。"见《淮安府志》（光绪）卷二十七。

九月初九日，抵扬州。"重阳日，次维扬①。"

九月初十日，渡江抵镇江，居两天，游花山②，抵毗陵。"次日渡江，为门人万编③留居京口两日。门人巡按张文熙④以行部至，招余游花山。"

约九月十三日，抵常州，与门人和当地官员同游宜兴著名的张公洞景点，"至毗陵，门人周官允延儒⑤招游宜兴张公善权诸洞宫，允尊人警馀公及门人陈一教⑥、蒋士奇、毛士龙⑦、万象新⑧辈皆同游"。约九月二十日到苏州，叶向高在宜兴留连六七日后至姑苏，在同年申用懋和门人文震孟等人陪同下，游历苏州著名的天平山、石湖、上方山等景点。"（在毗陵）留连六七日至姑苏，同年申公用懋⑨、门人文震孟⑩、

---

① 维扬，即扬州。《书禹贡》："淮海惟扬州。"《梁溪漫志》古称扬州为惟扬，盖取《禹贡》"淮海惟扬州"之语。今则易惟为维矣。

② 花山，在城东二里。东山在城东二里亦号花山。（宋）卢宪《镇江志》（嘉定）卷六，清道光二十二年丹徒包氏刻本。

③ 万编，丹徒人万历二十二年举人，历官遵义同知升佥事。（清）高龙光《镇江府志》（乾隆）卷之三，清乾隆十五年增刻本。万历间人长乐知县；又见（清）徐景熹《福州府志》（乾隆）卷之三十三，清乾隆十九年刊本。

④ 张文熙，字念华，临桂人，万历五年进士历官御史巡按浙江。见（清）沈秉成《广西通志辑要》（光绪）卷三，清光绪十七年刊本。天启甲子巡按御史张文熙上疏。见（明）牛若麟《吴县志》（崇祯）卷之五十二，明崇祯刻本。

⑤ 周延儒（1594—1644），字玉绳，号挹斋，宜兴县城人。明万历四十一年（1613）状元，授修撰。思宗即位，擢礼部右侍郎。崇祯二年（1629）特旨，擢礼部尚书兼东阁大学士，入参机务。翌年，任内阁首辅。任内荐用之人多出私情，为时论所非，谓其"招权纳贿"。六年，被罢相，引疾归里。十四年，奉召复出，再次任首辅，进礼部尚书，中极殿大学士《宜兴老县志》第30卷人物，第826页。

⑥ 陈一教，字硐云，宜兴人，有子陈于泰、陈于鼎。陈于泰是周延儒之姻亲。

⑦ 毛士龙，字伯高，宜兴人，万历四十一年进士。授杭州推官。熹宗即位，擢刑科给事中，首劾姚宗文阅视乖张。杨涟去国，抗疏请留。天启改元正月疏论"三案"，力言孙慎行、陆梦龙、陆大受、何士晋、马德沣、王之寀、杨涟等有功社稷，而魏浚辈丑正害直之罪。

⑧ 万象新，字与调，宜兴人，举人。任山右和顺令、王之寀、杨涟等有功社稷，而魏浚辈丑正害直之罪。

⑨ 申用懋（1560—1638），字敬中，号元渚，苏州人，万历十一年（1583）进士。"除刑部主事，累官兵部职方郎中，擢太仆少卿。熹宗时以右佥都御史巡抚顺天。忤魏忠贤，罢归。"崇祯初历兵部侍郎、兵部尚书。

⑩ 文震孟（1574—1636），初名从鼎，字文起，号湘南，别号湛持，一作湛村，苏州人，天启二年（1622）壬戌科状元。叶向高到访正值他因反魏忠贤，延杖行刑，被打得皮开肉绽，贬谪出京回故里之时。

周顺昌①、熊秉鉴②、吕纯如③、李逢节④、陈必谦⑤、周宗建、吕克孝、姜云龙辈皆集，因同游范长白天平山房及石湖、上方山诸处。"

约九月三十日，叶向高在苏州游历十天之后行抵杭州，得到浙江巡抚王恰⑥的款待，并游了西湖。"（在姑苏）留旬日，方行过武林巡抚王公恰招饮西湖，意亦款曲。"

叶向高致仕归途，顺着大运河从北京到杭州沿途受到了同门、同年、同党和旧下属官员的热情招待，并兴致勃勃地游历了各地的风景名胜，一扫先前在京因时务的打压而留下的压抑和郁闷，而旅途的奔波和劳累，似乎看不出他的病情严重，正如他到家谢恩疏所说，"臣在道路病患稍痊，每逢知交，犹能从容谭笑，扶曳行游"⑦。特别在苏州的相会，不是一般的聚会，而是同僚们的一次相互安抚会，因为他们有的就是东林党人反阉珰的生力军，他们当中有的在此前受到迫害，如文震孟，有的与叶向高会面后不久就被迫害致死，如周顺昌。对于这段从苏州到杭州的行程，叶向高所到之处没有更多的记载，对抵达杭州的时间也没有确切记载，但从上述的记载可以推断出，其抵达杭州时间大约是在九月底。这就纠正了上引许理和先生所作的推断，叶向高可能在1625年抵杭州的说法。叶向高在杭州与浙江巡抚王恰的见面和与艾儒略见面的时间孰前孰后，无关紧要。但杭州作为福建进京官道上的重要驿站，致仕大学士的到来，去引接他的主要是当地的最高官员，而不是一般民众，更不是传教士。而叶向高与浙

---

① 周顺昌（1584—1626），字景文，号蓼洲，谥忠介，吴县人。东林党人，因反魏忠贤，酷刑虐死于狱中。

② 熊秉鉴，字符明，治易，历官浙江右参政。见（明）牛若麟《吴县志》（崇祯）卷之三十四，明崇祯刻本。

③ 吕纯如，字孟谐，一字益轩，吴江人。万历二十九年辛丑科进士，官至兵部侍郎。

④ 李逢节，苏州市人，万历三十五年（1607），登进士，授行人。后升太常寺少卿。天启六年，升应天府府尹，同年改南京工部右侍郎。次年任两广总督、兵部右侍郎，兼右金都御史。

⑤ 陈必谦，字益吾，福山镇人，东林党人。明万历四十一年（1613）癸丑科进士。知辉县，浚河有功升南京御史。

⑥ 王恰，字和仲，又作敬和，琅琊临沂人，万历三十二年进士，天启三年冬，以右金都御史巡抚浙江。见（清）王赠芳《济南府志》卷五十二，清道光二十年刻本。又见（清）李卫《浙江通志》（雍正）卷一百十一，清文渊阁四库全书本。

⑦ 但是叶向高到福清家后又百病俱作，"自入里门，百病俱作，痣疡溺血，肠胃如焚，且腰足肿痛，每一移步，辄须人扶，又臣妻一品夫人俞氏以臣殃奄，忽沦亡臣扶病哭，妻情绪愈恶，观此形势若非圣慈蚤放，必至颠危狼狈，归骨何时，兴言及此真感激天恩衔结难报"。

江巡抚的见面，无疑为后来艾儒略与他相见增加了机缘。从利玛窦开始，耶稣会士都很清楚要走上层的路线，为他们传教获得筹码。艾儒略在杭州结识的杨廷筠、张赓等人的社会地位显然大大低于叶向高。

在叶向高的邀请下，艾儒略与叶向高同舟来到福州，其所走的路程，据隆庆时期黄汴写的《天下水陆路程》记载，明代从杭州到福州有两条水陆路程，一条是从崇安县大安驿入闽的驿道，另一条是从仙霞岭入闽的商道。这两条都是水陆交替，水马并用。明人在著述中称前者为"大关"，称后者为"小关"。①

从杭州到崇安的水陆路程：

> 杭州仁和县钱塘县北关门武林驿，三十里江口浙江水驿；一百三十里会江驿富阳县；百二十里桐江驿，桐庐县；过钓台，一百里严州府建德县富春驿；西去衢州府，西南一百里瀫水驿，兰溪县；东五十里至金华府，西南九十里亭步驿，龙游县；七十里衢州府西安县上杭埠驿，南去浦城县；西八十里广济驿，常山县；路三十五里草平驿，江浙界，今革；三十五里怀玉驿，玉山县；九十里广信府上饶县葛阳马驿；八十里鹅湖驿，六十里车盘驿，并属铅山县；四十里至大安驿，三十里崇安县长平水驿；下水三十里武夷山；四十里兴田驿，并属崇安；五十五里建溪驿，建阳县；七十里叶坊驿，属瓯宁县；五十里建宁府（瓯宁县、建安县）城西驿，属瓯宁县；四十里太平驿，属建安；四十里大横驿，属南平；四十里延平府南平县剑浦驿，西北去邵武府；东六十里茶阳驿，属南平；九十里黄田驿，五十里水口驿，并属古田；四十五里小箬驿，八十五里白沙驿，并属侯官。六十五里芋源驿，属怀安县；二十里至福建布司福州府三山驿②。……南京至常山

---

① 笔者感谢徐晓望提供他的《晚明福建与江浙的区域贸易研究》一文作参考，《福建师范大学学报》2004年第1期。

② "三山驿，在府治西南，即宋提刑司结军寨之故基，宋时城中为驿五，后尽废。元至元间，以宋赵资政府为在城驿。元贞二年，平章高兴移今所，创东西二驿，今驿即东驿也，其西驿，成化七年改为福宁道。"[（明）陈道《八闽通志》之四十，明弘治刻本] 明代"三山驿，驿丞一员有驿吏一人，后仿此。"[（明）陈道《八闽通志》之二十八，明弘治刻本] 清代康熙年间对三山驿作了调整，"三山驿，上至芋原驿二十里，下至大田驿七十里，旧设驿丞。康熙三十八年裁归闽县管理。其驿夫工食系候官县拨给，留设赡夫一百二十名，走递公文等夫十四名，艄夫十五名。大田驿，上至三山驿七十里，下至宏路驿六十里，留设赡夫六十名，走递公文等夫六名，艄夫十五名。乌龙江边腰站，今归大田驿，留设艄夫十五名，留设芋原报船六只，水手三十六名"。（清）郝玉麟《福建通志》（乾隆）福建通志卷十六，清文渊阁四库全书本。

县，皆水。自常山县至水口驿，属古田县，水马并应。崇安至福州府水路滩洪缓急。①

这一条驿道是通过江西与福建的"分水关岭"而进入福建，何乔远《闽书》说"分水岭，岭界江、闽二省，有分水关岭"。② 明代设巡简司，"崇安县分水关巡简司，巡简一员。司，南唐之闽王寨，宋之大安驿也。辖桐木、观音、寮竹、樵岭、温林、岑阳六小关，境接楚越，地当冲衢。"③ 明人在著述中，称这条驿道为"大关"。笔者姑且称之为"闽赣驿道"。

从仙霞岭入闽的这条商道，也叫"仙霞岭小关"。④ 从杭州启程到衢州上杭埠驿站后，分道扬镳，驿道往常山县的广济驿站，商道由水路到江山县，从江山县的清湖渡登陆，从此一直沿着山路，过仙霞岭到浦城，再由浦城乘水路到福州。这条商道从"衢州府由浦城县至建宁府"，笔者姑且称为"闽浙商道"，其路程如下：

> 上杭埠，水。九十里江山县；十五里清湖；路，十五里石门街，十五里江郎山；十里峡口。渡。十里观音阁；十五里保安桥；十里仙霞岭，巡司。十里，杨姑岭，十里龙溪口；十里下溪口；十里南楼，闽浙界；十五里大竿岭；十里五显庙；五里梨园岭；十里鱼梁街；十里仙阳街；三十里浦城县，下舡；八十里水吉，巡司；七十里叶坊驿，五十里建宁府。⑤

这条路程，清憺漪子《天下路程图引》"杭州由江山县至福建省路"也有同样记载，尤其从清湖渡到仙霞岭以后的陆路各点以及从浦城到福州的水路所到站点，记载得更为详细：

> 杭州江口，登船，九十里至富阳县会江驿；九十里桐庐县桐江

---

① 黄汴：《天下水陆路程》卷一，山西人民出版社1992年版，第2—3页。
② （明）何乔远：《闽书》卷之十六，明崇祯刻本。
③ 同上。
④ 徐晓望：《晚明福建与江浙的区域贸易研究》，《福建师范大学学报》2004年第1期。
⑤ （明）黄汴：《天下水陆路程》卷八，杨正泰校注，山西人民出版社1992年版，第254页。

驿；八十里东馆富春驿，进横港；一百里至兰溪县瀫水驿；九十里龙游县亭步驿；八十里衢州府上杭埠驿；九十里至江山县；二十里清湖起旱；五里竹薰店；十里石门街；十五里江郎山，其山甚秀；十五里峡口，过渡；十里三溪口，有观音阁；二十里保安桥；五里仙霞岭，巡见司；十里杨姑岭；十里龙溪口；十里下溪口；十里南楼，浙、直分界处；五里至大枫岭；十里九牧铺；二十里渔梁街；十里仙阳街；三十里浦城县，雇清流船，水路竟到省城；四十里观前；八十里陈步；三十里瓯宁县；十二里小湖滩；十八里双溪口，西去崇安县；十里建宁府城西驿；四十里太平驿；四十里大横驿；六十里延平府剑浦驿；六十里茶阳驿；四十里沧峡，巡司；二十里黄田驿；五十里至水口驿；四十里大箸铺；十里小箸铺；八十里白沙驿；二十里竹崎所；四十里芋源驿；二十里福州府，闽县、侯官、三山驿。

闽浙道的十字路口是"清湖渡"①，（清）顾祖禹《读史方舆纪要》说："清湖镇为闽浙要会，闽行者自此舍舟而陆，浙行者自此舍陆而舟矣。"

闽浙道在明代是一条商道，"明代仙霞岭没有设驿道"②。

叶向高从杭州至福州，到了衢州府后，是继续沿着闽赣驿道走，还是从清湖渡下船，走闽浙商道入仙霞岭？《福建交通志》说："（从）杭州、衢州，越仙霞岭，进入福建的浦城、延平顺利到达福州、这一条也叫'进京道路'。""进京仕商多经由此路"。③ 闽赣驿道和闽浙商道相比，显然"大关"要比仙霞岭"小关"远，"凡往来闽浙暨之京师者，以其路捷而近，莫不争趋焉"，但是"仙霞岭山道即险且长，屡有意外事件发生，运输不够安全，因此，在这一条商道上有商品运输保险制度实行"。④ 而

---

① "清湖渡：在县南一十五里官制浮梁以济行旅为闽浙要途。"见清王彬《江山县志》（同治）卷之一，清同治刊本。明万历二十二年（1594），江山知县蒋光彦建九清廊桥，作《九清桥碑记》云："县治之西南清湖镇，负郭可十五里，而近当孔道之冲。闽以南、大江以西，估客行商转毂入越，由此地上下。闽荐绅大夫宦游他郡国及四方之宦闽者，或不道信州，间道梨关，水税舟而陆税车，清湖亦一要会也。"

② 徐晓望：《晚明福建与江浙的区域贸易研究》，《福建师范大学学报》2004 年第 1 期。

③ 福建省地方志交通志编纂委员会编著：《福建省交通志》，第 54 页

④ 杨荣：《杨文敏公集》卷一二，送浦城陈大尹考满复任序，文渊阁四库全书本，第 17 页。转引自徐晓望文。

闽赣驿道沿路各站，给闽浙经济带来的繁荣，且有官府的巡检，不仅是官员走的路，也是商人必走的路。在明代闽浙商道还没有成为官道之前，叶向高作为大学士致仕，不会舍去驿道各站的接待，而仅仅为了舍远求近，节省时间，冒着风险走仙霞岭。由此推断，叶向高至福州选择应该是沿着闽赣驿道到福州的。九月三十日，叶向高和艾儒略从杭州启程，沿水路过衢州上杭埠驿站，抵玉山县怀玉驿，下船以后从上饶县葛阳马驿①上路进入陆路"鹅湖古道"，即鹅湖驿②、紫溪驿③，至车盘驿④，越江闽分水岭，而大安驿。之后，从崇安的长平水驿登舟，顺流而下直达福州的三山驿，时间是1624年12月29日抵三山，1625年1月18日回到福清老家。叶向高《蘧编》：

> 十一月二十日（1624年12月29日）抵三山。十二月初十日（1625年1月18日）抵舍。护送中书舍人吕邦汉以岁暮至。是月十五日（1625年23日），曾孙进昱生，蕃出。

可见，叶向高言之凿凿地写出了他抵福州的时间，它与上述许理和先生持有的艾儒略抵福州时间"1625年4月"的说法之所以相左，笔者推断其原因可能有以下几点。

第一，许所依据资料之一是荣振华的《在华耶稣会士列传及书目补编》，而荣振华所说的"1625年4月"，是指艾儒略在这个时间"创建了福建传教区"⑤，并非艾儒略抵福州的时间。

第二，有可能是中西日历使用不同造成的误差，公元"1624年12月29日"与1625年1月1日，就差一天就是元旦。而以公元"1625年"之

---

① 葛阳驿"在（上饶县）南隅下郭去县一里许，古真庆宫之基也。旧名饶阳驿。"明张士镐《广信府志》（嘉靖）卷之十，明嘉靖刻本。"葛阳驿，旧名饶阳宋渲熙间在城隅阛阓坊，元至正间徙府左，改今名。洪武年间，徙南城下郭，今奉裁归县，额设站夫二十八名驿马四匹。"（清）蒋继洙《广信府志》（同治）卷三，清同治十二年刻本。
② 鹅湖驿在（铅山县）门大义桥，雍正四年裁。（清）张廷珩《铅山县志》（同治）卷八，清同治十二年刻本。
③ 紫溪驿在县南四十五里。（清）张廷珩《铅山县志》（同治）卷八。
④ 车盘驿在旌孝乡去县治南六十里。（清）张廷珩《铅山县志》（同治）卷八。
⑤ [法]荣振华：《在华耶稣会士列传及书目补编》上册，耿昇译，中华书局1995年版，第12页。

始作为"天启五年乙丑"年，是中外史家较容易犯的错误。艾儒略《三山论学》说"相国福唐叶公以天启乙丑，延余入闽"，有可能受这种的影响。实际上，农日"十一月二十日"，离乙丑年元旦（1625年2月7日）还差36天。

第三，如果叶、艾不是"同舫而来"，才有可能造成叶、艾抵达福州的时间的不同。二人"同舫而来"，不管走上述的闽赣驿道，还是闽中商道，都是一样的，先水路，后陆路，再水路。

稍不同的是闽赣驿道从崇安到福州，闽浙商道从浦城到福州。如果二人确是"同舫而来"而造成了不同时间抵到福州，还有一种可能，从杭州"同舫"出发，到浙江玉山县怀玉驿或清湖驿后，二人分道扬镳，艾儒略下船，而叶向高继续往前。以艾儒略孤身一人来到人地生疏的浙江玉山县或江山县，而后翻山越岭到崇安或浦城，再沿水路到福州。这种可能性是极小的。如果真如有的人所说，叶向高因回避阉党的监视，而把艾儒略抛下，让他独行独走，其抵榕时间也不至于比叶向高慢了整整四个月，即1624年12月29日至1625年4月。如果二人"乃同舫而来"是假命题，二人抵闽时间不同是很自然的事，但目前尚无其他材料和证据，来推翻李嗣玄《泰西思及艾先生行述》所说的。

小 结

综上所述，人们不难发现，明清福建天主教文献留给我们关于叶向高致政的时间是一个错误的信息，留给叶向高到达杭州的时间是一道填空题，而关于他到达福州的时间则是一个引起后人说法不一的、令人模糊的一道问答题。众所周知，明清天主教研究离不开明清天主教的历史文献，但同样也离不开明清的教外典籍，在20世纪30年代陈垣先生就已经提出了研究明末天主教运用教外典籍的重要性。从叶向高的著述中，我们不仅解决了艾儒略研究中关键的两个时点问题，也解决了以往鲜为人知的艾儒略由浙入闽所到过的地点问题。这不能不说是艾儒略研究中又一新的发现。它为我们展现出艾儒略从杭州到福州一幅清晰的、详尽的路线图：

杭州—仁和县—钱塘县—富阳县—桐庐县—建德县—兰溪县—龙游县—西安县—常山县—江西的玉山县—上饶县—铅山县—福建的崇

安县—建阳县—瓯宁县—建安县—南平县—古田县—侯官县—怀安县—福州府三山驿。

艾儒略随叶向高所走过这些的地方，从历史的价值观来观察有三个重要的点：①著名的宋代理学家朱熹和思想家陆九渊"鹅湖之会"点江西铅山县的鹅湖镇；②著名的以武夷山为中心的朱熹理学发源地；③著名的建阳麻沙刻书中心。福建境内的这些点后来艾儒略都重游过。这些点是否对艾儒略产生过影响，颇值得我们研究。至少，它为我们今后沿着艾儒略足迹考察，提供了一段实用的路线图。

礼仪的对话:张象灿及其《家礼合教录》*

张先清

(厦门大学人文学院)

已故天主教史家陈纶绪神父在整理罗马耶稣会档案馆所藏中文文献时,收录了一份清初中国天主教徒张象灿所撰写的论著——《家礼合教录》,并对之做了简要的题解。① 随后,在钟鸣旦教授与杜鼎克博士合作编辑出版的《耶稣会罗马档案馆明清天主教文献》中,首次全文影印了该文,② 由此使得张象灿这位参与了清初礼仪之争的儒士天主教徒的名字逐渐为人所知。然而,由于有关张象灿的传记资料几乎湮没无闻,迄今为止国内外学者尚未有对张象灿的生平及《家礼合教录》的撰写情况进行比较深入的探讨。实际上,依据新接触的史料,我们还是可以在陈纶绪神父著作的基础上有所推进。本文首先考察张象灿的生平及其天主教信仰情况,其次分析《家礼合教录》撰写背景与内容,最后总结《家礼合教录》与清初中西礼仪对话之间的关系及其在中西文化交流上所呈现的文化史意义。

---

* 本文初稿写于2004年,其中部分内容曾经提交给钟鸣旦教授所组织的礼仪工作坊(2004年6月,比利时鲁汶天主教大学),笔者感谢杜鼎克博士在撰写此文过程中给予的帮助。也感谢徐光台教授评议过程中给予建议。

① Albert Chan, S. J., *Chinese Books and Documents in the Jesuit Archives in Rome: A Descriptive Catalogue: Japonica-Sinica I-IV*, (Armonk, London: M. E. Sharpe, 2002), pp. 59 - 60.

② 钟鸣旦、杜鼎克编:《耶稣会罗马档案馆明清天主教文献》第11册,台北:利氏学社2002年版,第279—295页。

一　张象灿的生平与信仰

目前所知关于张象灿的个人资料仍然十分有限。陈纶绪神父根据《家礼合教录》文前的小注，指出"我们所知关于作者的唯一线索来自该稿第145张的一个旁注，云他是西安府的举人，一位基督徒。书稿是呈交给时任中国副省会长的毕嘉神父"。① 这是确认张象灿天主教徒身份的最主要证据，同时也为我们提供了进一步勾勒张象灿生平事迹的线索。依据书稿注释记载，查乾隆《西安府志》卷四十四《选举志》，内中有一条记录云："顺治五年戊子科，张象灿，西安人。"② 明清时期西安府下辖长安、咸宁两县，再查《咸宁县志》卷九《选举表下》，有一条目记载："顺治五年戊子，举人张象灿。"③ 由此可知，张象灿是陕西西安府咸宁县人，中顺治五年（1648）戊子科举人。此外，《咸宁县志》卷九《选举表下》注张象灿曾任"吉水县知县"，此吉水县，即江西吉水。按光绪《吉安府志》卷十二《秩官志·吉水县·国朝知县》载："张象灿，陕西人，举人，顺治十八年任。"同页又注："陈之蕴，绍兴人，进士，康熙四年任。"④ 由此可知，张象灿任职吉水县知县的时间在顺治十八年至康熙四年（1661—1665），任期五年左右。

尽管张象灿担任吉水县知县的时间并不算短，但是现存数种《吉水县志》中有关他的记载并不多。根据县志内容，我们只知道他在吉水知县任上曾于康熙三年（1664）增修了吉水县城墙，并为当地修建了一所慈善机构——广益堂。《吉水县志》记载了包括王雅在内的从清初至清末光绪年间的名宦十八人，却没有张象灿。其原因除了张象灿无显著政绩可表外，也可能与他在康熙二年（1663）任上曾经拆毁了吉水县颇具声望的一座书院——仁文书院有关。仁文书院是明末与东林党人关系最为密切的四大书院之一。明天启五年（1625），御史张讷在攻击东林党时指出党人依凭书院讲学："海内最盛四也，东林书院，江右书院，关中书院，徽

---

① Albert Chan, S. J., *Chinese Books and Documents in the Jesuit Archives in Rome: A Descriptive Catalogue: Japonica-Sinica I-IV*, p. 59.
② 《西安府志》（乾隆）卷四十四《选举志》。
③ 《咸宁县志》（嘉庆）卷九《选举表下》。
④ 《吉安府志》（光绪）卷十二《秩官志》。

州书院,南北主盟互相顽长。"根据日本学者小野和子的研究,引文中提到的江右书院,就是设在吉水县的仁文书院。① 仁文书院同时也是晚明江右王学的一个重镇,是明儒邹元标聚集门人讲学的主要场所,一度被视为江右王门学者阐扬王学的一个地方象征。②

由此不难想象,当张象灿在任内拆毁该书院时,自然遭到了当地学者的强烈反对。吉水籍文人,同时也是邹元标的一位学生李元鼎为此专门撰写了一篇《兴废纪略》,曲折地道出了对张象灿此举的不满:

> 余邑之东郊有仁文书院,盖先师邹忠介先生讲道地也,一毁于江陵当国之日,而虚舟陈侯石楼、徐侯先后创建,再毁于魏珰矫旨之时,而委屈易其名为明德祠者,则尊生顾侯。嗣是仍其故址而修复之者,摩青沈侯也。家大宰实襄其事。今又二十年矣。虽当鼎革以来,而先师木主祀于其中,岁时俎豆不替,凡有事兹土,如笪江上、施愚山,皆以先世渊源之谊,躬亲祭奠,岂惟忠介九原有知,实式灵焉。凡属师门弟子,莫不举手加额,以为斯道兴起有日矣。不知何故有拆毁仁文之议?余以寄栖会城,传闻不敢信。以为既非江陵借端,又非逆魏煽祸,宁复有此?未几而书院果毁矣。举礼乐雍容道德文章之区,一旦鞠为茂草,何哉?嗟乎!惟此仁文书院也,同此文江父母也。或为创始,或为修复,又或为拆毁,各具见解,所不可知独是。此二十年吾乡白鹭、鹿洞、澹台各书院,为督抚中丞所其修而恢复者不可枚举,近日如章江书院有建,洪都书院有建,青原、白鹭讲学之会,已经举行。乃值圣道中天之日,余辈不能为先师保此数椽之坛砥,同梁木泰山之倾颓者,真名教之罪人也。兹恐岁月日久,樵牧莫禁,一片荒基,将有不可问者,特录前后二碑记,付之剞劂,并述兴废之始末,使后之贤令倘能修复如前人者,有考镜焉。北平孙北海少宰顷寄一帙,视之为首善书院今改天主堂,亦虑后人不知其处,特为著之篇端,以告来兹。夫首善亦先师与冯少墟、赵侪鹤诸老国门讲学

---

① [日]小野和子:《明季党社考》,李庆、张荣湄译,上海古籍出版社2006年版,第157—158页。

② 邹元标:《愿学集》卷五上《仁文书院记》,影印文渊阁四库全书,第1294册,第183—184页。

地，有心斯道者，方唏嘘追悼，恐或失坠，而况同邑之及门弟子乎？因援笔书之，以告四方，且以志余辈之过云。①

有意思的是，在李元鼎的记述中，他特意提到京师首善书院也在清初被改成天主堂。我们知道，顺治七年（1650），顺治帝将宣武门内一块空地赐予颇受宠眷的耶稣会士汤若望，作为教堂地基。两年以后，新堂落成，是为著名的南堂。由于此堂基址临近首善书院，因此屡被误传为建在首善书院之上。如清初杨光先掀起反教事件时，在其所著《不得已》中就云："今日之天主堂，即当年之首善书院也，若望乘魏珰之焰，夺而有之，毁大成至圣先师孔子之木主，践于粪秽之内，言之能不令人眦欲裂乎？"② 首善书院在明末时曾为徐光启和汤若望等"借院修历，署曰'历局'"，③ 但却并非是南堂旧址。④ 而李元鼎此处记述此事，可能是欲借此暗讥张象灿拆毁仁文书院的举动，与传闻中的京城改首善书院为天主堂如出一辙。

在结束吉水县知县的任期后，张象灿曾经在康熙八年（1669）出任顺天府霸州大城县知县。⑤ 在接下来的五年时间里，他一直担任此职。同时在康熙十二年（1673）秋冬季节，他还主持修撰了《大城县志》，并为新县志的编成撰写了一篇长序：

> 大城，古平舒地，隶京兆属。灿莅兹土者，五易草木。是岁癸丑，清问下颁，奉修志檄。灿以西秦竖儒，谫劣寡闻，内无锦肠，外无彩笔，典兹重任，如蚁负山，汗浃如淋，舌缩不下者久之。取旧志，谋诸邑人士，笔削增删，以副上命。居无何，邑缙绅名流起而曰：兹志也，修于故明万历癸未，邑令狄公所订证而成帙者也。时移代更，经数十年矣。国朝龙飞甲辰，邑缙绅大中丞刘公慨然起重修盛举，嘱其郎君方伯公公愚，州牧缃箸公暨邑绅司李炤千王公为之操

---

① 《吉水县志》（光绪）卷之二十二《学校志·书院》，第5—6页。
② 杨光先：《不得已》卷上《辟邪论上》，黄山书社2000年版，第22页。
③ 于奕正、刘侗：《帝京景物略》卷四，北京出版社1963年版，第2页。
④ 查时杰：《汤若望与北京南堂》，载查时杰《马礼逊与广州十三夷馆：华人教会史的史迹探索论文集》，台北：宇宙光全人关怀2006年版，第118页。
⑤ 《大城县志》（康熙）卷之四《官师志·国朝知县》，第8页。

舻,县令徐公董辑成编,中丞刘公记之序,将发剞劂,中丞公长逝,炤千王公亦故矣,有稿藏之县庠,曷取而检阅之?发函展披,叙述琳琅,如贯珠玑,堪媲董狐笔也。但自甲辰至今,又经十载,再征邑人士,细加采访,续详增补,登之梨枣,令弹丸之属土人物,得以上达宸陛,行见皇恩渐讫,教泽广被,大邑虽蕞尔也,农歌畎亩,妇庆蚕桑,秀士甄拔,黠贾盈宁。后世父老子弟咸鼓腹而歌曰,吾邑昔有邑侯张姓者,曾修县志,以终成大中丞刘公父子并炤千王公邑令徐公之美意,俾民情获以上达而皇恩旋以下,暨如此也灿不负幼学志矣。盥手谨序。康熙岁次癸丑,孟秋穀旦,顺天府霸州大城县知县张象灿序。①

尽管地近京城,但大城县却是一个小县,在康熙十年(1671),人丁不过"九千七百零三丁"②,换言之,总人口不过数万人而已。如同在吉水县一样,张象灿在大城为官似乎也没有什么显著的宦绩可表。除了主持修撰地方志书外,在《大城县志》中记载与张象灿有关的事迹只有两处。

其一,康熙九年(1670),清廷颁发圣谕十六条,要求"通行晓谕八旗,并直隶各省府州县乡村人等,切实遵行"。张象灿为顺天府辖下一县之长,自然要积极响应。为此他约集乡老,定期聚会讲所,宣讲圣谕。清初,为了更好地宣达皇命,一些地方官员曾经刊刻普及性的书籍,对圣谕十六条进行解释,张象灿似乎也编纂有类似的著作,如《大城县志》中保存一篇张象灿撰写的《〈铎书〉序》:

> 古之教者,家有塾,党有庠,又曰:月吉读法。盖言乡间之不可无以教之也。暨上庠下庠之教,设乡举里选之制,兴民间俊秀子弟育之学官,而党塾读法之义,久不讲矣。穷簷蔀屋,是以顺杞柳之性,多跃冶之行,不得不绳之以刑律,束之以桎梏,诚所谓不教而杀,可悯也。我皇上天亶神聪,性成仁慈,念小民犯法,多系无知。思致治之大本,贵乎尚德。爰颁上谕睿裁一十六条,施行天下,此诚尧舜再见于今日而刑措之风可复睹矣。灿叨蒙皇仁,奉扬休命,敬约里老,

---

① 《大城县志》卷首《重修大城县志序》,第3—8页。
② 《大城县志》卷之三《赋役志·户口》,第1页。

定集讲所,讲绎上谕。使平舒草野愚夫,咸知行孝行弟,兴仁兴让,或于圣天子爱民缓刑之美意,未必无少助云。①

文中标题所云《铎书》,可能就是张象灿讲绎圣谕十六条的著作。如果情况确实的话,该书就值得我们注意。首先,明末山西绛州天主教徒韩霖曾撰《铎书》,以乡约的方式将天主教伦理贯穿于儒家劝善框架中,推行乡里。② 而张象灿此书的出现,或者可以为我们提供另一部带有天主教色彩的乡约。其次,康熙九年圣谕十六条颁行后,各地逐渐出现了诠释圣谕的专书,如周振鹤先生在巴黎法国国家图书馆就找到了一种稀见此类专书,即康熙十一年浙江巡抚范承谟刊行的《上谕十六条直解》。此外,他亦依据《上谕合律注解序》推出康熙十年至十一年(1671—1672),任职江苏按察使的陈秉直也编有《上谕合律注解》。③ 这是目前可知的较早解释康熙十六条的专书,它们刊刻的年代都在康熙十年至十二年(1671—1673)。而从《大城县志》编纂的时间可以推断,张象灿编写的《铎书》,其时间也应当在康熙十二年(1673)以前。与前述范承谟、陈秉直等朝廷大员不同,作为一个小小的知县,张象灿却也能如此迅速地编订讲解圣谕十六条的著述,这是值得重视的现象。

其二,康熙十二年(1673)春,也就是张象灿任大城知县四年以后,大城地方遭遇历史上罕见的大旱,田禾枯萎,官民忧心如焚。作为当地父母官,张象灿为此连续七日"步祷于本县城隍之前",祈降甘霖。他在此期间所撰写的数篇祈雨文字就保留在《大城县志》中。④

继大城知县之后,张象灿有史可据的下一个任所是山西汾州府永宁州,他在康熙十五年(1676)至十七年(1678)担任永宁州知州一职。⑤ 在这个吕梁山脉包裹着的山中小县,张象灿走完了他一生的仕宦

---

① 《大城县志》卷之七《铎书序》,第52—53页。
② 黄一农:《两头蛇:明末清初的第一代天主教徒》,新竹:清华大学出版社2005年版,第257—283页;(明)韩霖著,孙尚扬、肖清和等校注:《〈铎书〉校注》,华夏出版社2008年版。
③ 周振鹤:《〈圣谕〉、〈圣谕广训〉及其相关的文化现象》,李国章、赵昌平主编:《中华文史论丛》2001年2辑(总第66辑),上海古籍出版社2001年版。
④ 《大城县志》卷之七《癸丑仲春祈雨文》,第58—59页。
⑤ 《汾州府志》(乾隆)卷九《职官》;《永宁州志》(乾隆)卷十五《职官》。

生涯。

以上是我们依据现存史料所能勾勒出的有关张象灿的一些生平轮廓。有意思的是，我们发现他的人生轨迹与明清之际另一位天主教徒张赓颇有几分相似之处。二者都是举人出身，长期在小县任职，都担任过几任知县，并皈依了天主教。① 作为一个经由科举而步入仕途的儒学士人，张象灿又是何时受洗为天主教徒的呢？可惜的是，由于缺乏史料，这个问题至今难以确考。张象灿的家乡陕西西安府自明末艾儒略（Giulio Aleni）、金尼阁（Nicolas Trigault）等耶稣会士前往开教以来，入教的人数逐年增多，到清初已经是西北重要的天主教中心地。② 1663 年，陕西全省教徒已超过2 万人，③ 其中相当部分即来自西安府。耶稣会士李方西（Jean-François Ronusi de Ferrariis）常驻此地传教，城中建有两座教堂，"一座为男教友，奉耶稣为主保；另一座为女教友，奉圣母为主保"。而在"西安府属下的其他几处县城，有圣堂 8 座，在乡村有 50 座；此外还有不少圣堂和讲道所 13 所"④。上面提到的西安府辖下的几处县城，自然也包括张象灿的故乡咸宁县。而张象灿很有可能就是在家乡如此兴盛的天主教活动背景下皈依天主教的。

二 《家礼合教录》

如前所述，依据文稿中的拉丁文注释，我们知道张象灿此文是致时任耶稣会中华副省会长毕嘉（Jean-Dominique Gabiani）的。毕嘉，字铎民，1659 年随卫匡国（Martino Martini）入华，长期在江南镇江、扬州等地传

---

① 关于张赓的生平，见 A. Dudink, "Zhang Geng, Christian Convert of Late Ming Times: Descendant of Nestorian Christians?" in C, Jami and H. Delahaye (eds.) *L'Europe en Chine. Interactions scientifiques, religieuses et culturelles aux XVIIe et XVIIIe siecles. Actes du Colloque de la Foundation Hugot.* MIHEC, Vol. XXXIV, Paris, 1993, pp. 57–86.

② Joseph Dehergne S. J., *Les Chretientes de Chine de la Periode Ming* (1581–1650), Monumenta Serica XVI, 1957, pp. 111–113.

③ ［法］费赖之：《明清间在华耶稣会士列传（1552—1773）》，梅乘骐、梅乘骏译，上海光启社 1997 年版，第 284 页。Nicolas Standaert, *Handbook of Christianity in China: Volume one* (1635–1800). Leiden; Boston; koln: Brill, 2001, p. 385.

④ ［法］费赖之：《明清间在华耶稣会士列传（1552—1773）》，梅乘骐、梅乘骏译，上海光启社 1997 年版，第 284 页。

教。1672年，他受命将逝世于安庆府的耶稣会士李方西的灵柩运回陕西西安安葬，并负责管理这一拥有22所教堂的老传教区。1680年，毕嘉被任命为耶稣会中华副省会长。1684年调任南京住院院长。此后，他长期在江南地方传教。1684年、1689年康熙两次南巡时，都曾召见毕嘉。1690年，毕嘉因送天文仪器入京而短暂居留北京，1691年返回江南，1694年病逝于扬州。①

清初在华天主教会内部关于中国礼仪问题的争论已经愈演愈烈。1659年卫匡国携带罗马教廷维护耶稣会关于中国礼仪观点的敕谕返回中国，表明耶稣会士在与多明我会士就礼仪问题的争论中扳回了一局。但是，反对中国礼仪的多明我会士并不甘于接受这个局面。1661年春，黎玉范、万济国、赖蒙笃、窦迪莫、安东尼、白明我六位在华多明我会士在浙江兰溪县圣若翰教堂举行会议，再次仔细研究中国礼仪问题，并在部分中国文人教徒中展开专门调查，最后于1661年4月20日签署了一份《在华圣多明我修会会士在1661年兰溪会议商议之决定》，② 认为1656年谕令存在对中国礼仪问题的明显误解，再次指明祭祖祭孔等礼仪所含有的宗教异端性质，并专门拟定呈交罗马教廷的辩护文件，文中提出二十二点问题，希望罗马教廷答复。文件中还特别要求罗马教廷澄清是否在1656年谕令颁布取消了1645年谕令。随后，黎玉范、万济国等多明我会士委托本会会士刘若翰（Juan Polanco）于当年携带上述多明我会的辩词经马尼拉前去罗马。③ 1661年兰溪会议在中国礼仪之争史上具有重要的意义，它是黎玉范等多明我会士在礼仪问题上为反驳卫匡国等耶稣会士、维护自身立场而作出的激烈回应，其结果是进一步促进了礼仪之争的发展。1669年11月13日，罗马教廷发布裁决，认为此前的两个谕令都有效，实际操作由中国教会根据具体情况定夺。这种折中做法无形中加剧了中国传教会内部的混乱。1668年1月，因为康熙初年杨光先反教而被逐

---

① ［法］费赖之：《明清间在华耶稣会士列传（1552—1773）》，梅乘骐、梅乘骏译，上海光启社1997年版，第359—363页；［法］荣振华：《在华耶稣会士列传及书目补编》，耿昇译，中华书局1995年版，第253—254页。

② "Sentencia de los Missionarios de la China, de la Orden de Santo Domingo, deliberada en la Junta de Lanki de 1661"，见José María González, Historia de Las Misiones Dominicanas de China, Madrid, 1962, Vol, pp. 400 – 401。

③ José María González 前引书，第一卷，第399—401页。

居广州的二十余位在华各修会传教士经过长达四十天的会议讨论后,达成了四十二条议项,其中一项就是遵守 1656 年谕令。但是广州会议之后,黎玉范的忠实追随者闵明我得以寻机返回欧洲,出版了《中华帝国历史、政治、伦理和宗教论集》一书,对耶稣会在中国礼仪问题上的立场展开猛烈攻击,再次在欧洲掀起了关于礼仪问题的争论。① 在这种情况下,当时在华耶稣会士为了应对反对派的攻击,自然要就中国礼仪问题展开更为广泛的调查,收集更多的证据,以为自己的立场辩护。作为时任耶稣会中华副省会长,毕嘉显然肩负更大的责任。事实上,他也确曾为此发动本会儒士教徒就中国礼仪问题提供意见,以证明耶稣会关于中国礼仪策略的正确性。② 例如,从现存的文献来看,除了张象灿的《家礼合教录》之外,至少还有另外三份文件也是呈给毕嘉的,其一是《礼仪答问》,作者具体名字不详,只知道他是一位来自陕西的秀才,应时任副省会长毕嘉神父要求而写此文。其二是《刍言》,作者为何姓教徒,是一位来自福建的举人,他也是应时任副省会长的毕嘉神父要求而撰写该稿。其三是《礼仪问答》,作者署名夏玛第亚,真实身份是来自江西赣州秀才夏大常。该稿也是呈给时任副省会长的毕嘉神父的。值得注意的是,《家礼合教录》的笔迹与上述三份文件完全一致,可以认定系出自同一手书,由此可知,毕嘉曾经盼咐中国教徒抄录备份这些重要文件。此外,据耶稣会资料,毕嘉在 1680 年著有一部讨论中国礼仪的书籍:《有关中国礼仪问题的辩论》(De ritibus Ecclesiae Sinicae permissis apologetica dissertatio),该书 1700 年在比利时列日(liege)出版。③ 结合以上资料,我们或可推断,张象灿的《家礼合教录》也应是写于 1680 年左右。其时毕嘉已被委任为副省会长,长住西安,正着手进行礼仪问题的调

---

① Domingo Navarrete, *Tratado Historicos, Politicos, Ethicos y Religiosos de la Monarchia de China*, Madrid, 1676. 关于该书在礼仪之争之作用及影响,见 J. S. Cummins, *A Question of Rites*, pp. 225 – 259。

② 毕嘉在礼仪之争中扮演了十分重要的角色,参 Henri Bernard: "Un Dossier Bibliographique de la fin du XVIIe Siècle Sur la Question des Termes Chinois" in: *Recherches de Science Religieuse* 36 (1949), pp. 25 – 79。

③ Gabiani, Giandomenico SJ. "De ritibus Ecclesiae Sinicae Permissis Apologetica Dissertatio," (An Apological Dissertation on the Permitted Rites of the Chinese Church), 1680, ff. 394 – 440. Vanves: Archives Françaises de la Compagnie de Jésus Fonds Brotier 106, ff. 394 – 440 (copie); also in BNF ms. espagnole 409, ff. 159 – 188.

查，以为编写上述书籍作资料上的准备。而张象灿此时也可能因为年迈已经致仕归里，①并投身于当地天主教会团体活动中。张象灿因为久任官宦，在地方上富有名望，作为西安府天主教团体中的一个活跃人物，毕嘉自然会请他就中国礼仪问题发表意见，这应当是《家礼合教录》的撰写背景。

张象灿《家礼合教录》的主旨在于阐明宋儒家礼本意对流俗的辟斥，与天主教有共同之处，他在文中开首的一段序文中就直截了当地表明了这种看法：

> 星相术士，佛老杨墨，原属诞妄。孔子曰：攻乎异端，斯害也已。孟子曰：无父无君，是禽兽也。何世俗不察圣贤之言，往往信其邪术，至婚丧大礼，俱依做彼之诞计，相沿日久，江河日下，虽贤者犹不免焉。独天教西来，深辟厥行，以为邪魔，世人见主教之辟若辈，遂诋以为矫世戾俗而不便从之也。抑独不观夫《家礼》乎？《文公家礼》，吾中国日用家常之不可离者，非西国书也，其冠婚丧祭，夫何——辟星术佛老至妄，与天教相合也。由是观之，世人不从天教，以为不便于俗者，其亦随风波靡不达礼之俗夫欤。兹特书一二端于左，以为识者详之，或可少砥其狂澜云。②

宋元以降，随着佛、道宗教的日益世俗化，民间社会礼俗中渗透进了许多佛、道色彩，正如张象灿所指出的，民间"婚丧大礼，俱依仿彼之诞计，相沿日久，江河日下，虽贤者犹不免焉"。③ 由此导致各地风俗中出现许多与所谓"儒礼"相悖之处。明清时期地方志书所描绘的民众"喜佛修斋，间或群聚，族氏之祠宇虽繁，而冠婚之仪文缺讲……丧礼……醵金鼓吹，嫌于用乐；而葬多逾期，酒肉供客。斯数者，实为悖礼，然沿习既久，竟不为怪"④ 的现象多有存在。因为受佛教的影响，民

---

① 尽管我们不清楚张象灿的生卒年，但据他在 1648 年已经中举推断，到 1680 年他应该逐渐步入岁暮之期。
② 张象灿：《家礼合教录》，第 283—284 页。
③ 同上书，第 283 页。
④ 光绪《泰和县志》卷二《舆地志·风俗》。

间甚至早已流行称葬礼为"作佛事"的说法。① 进入中国传教的耶稣会士也观察到清初社会对于"《礼记》一书所开冠婚丧祭之条,现在遵行者,十无二三"②。可以说,民间日用礼俗方面已呈现相当混乱的局面。就在这种礼制荒废、末俗流行的背景下,随着天主教传入,其宗教礼仪也逐渐被引入民众日常生活中,并因其与上述俗礼在表现形式上大为相异而遭到时人的非议。在张象灿看来,"世人"批评天主教礼仪,是因为没有看到他们所行俗礼受到佛道的侵蚀,已与传统家礼背道而驰,而天主教礼仪则恰恰符合朱子家礼的原则,为此他在《家礼合教录》中一一加以考辨。这篇十余页的文章共分十七小节,除了"疾病不祷鬼神"一节外,其余十六小节内容主要关注的是婚丧礼仪:如讨论婚礼的有"女嫁不坐斗抛筋""新婿不戴花""婚娶不用草人等物";讨论丧葬礼仪的有"人殁不烧纸锭""临死沐浴""奠酒不浇于地""不献倒头饭""棺不用背钱小棺木匣""不贴门纸不设磬""不施食、破狱、道场等事""吊奠用香烛,不用纸锭""葬不用风水""葬不拘忌阴阳""葬不用纸竿、幡竿""葬不用明器""葬不用方相"。此即张象灿所说的"婚丧大礼"。

婚礼是中西并重的一项人生礼仪。先秦礼制中对婚嫁仪式已有比较严格的规定。③ 同样,婚配也是天主教七项圣事之一,在中世纪已发展出成熟的礼节。当明清之际传教士入华传教后,天主教的婚配仪式与中国传统婚姻礼仪在民间社会构成了一种对比。针对当时世人对于天主教婚配仪式所产生的一些非议,张象灿进行了辩解。明清时期陕西地方婚嫁时有"坐斗抛筋"的风俗,通行的做法是当新人拜天地后,新郎要将装有天地牌位、尺子和秤的量米斗抱起来,由新娘手扶斗沿,同入洞房,新郎揭去新娘盖头后,二人背靠背坐于斗上,然后才由一位老妇人边唱梳头歌边给新妇"上梳"。很显然,这一地方风俗带有明显的祈神降福特点,是天主教义所不容许的行为。针对世人批评天主教徒"女嫁不坐斗抛筋",张象

---

① 关于明清时期佛教对葬礼的影响,见 Timothy Brook, *Funerary Ritual and the Building of Lineages in Late Imperial China*, in Harvard Journal of Asiatic Studies, Volume 49, Number 2, 1989, pp. 465 – 468;pp. 494 – 499.

② 冯秉正:《盛世刍尧》,"娶妾",雍正。

③ 李安宅:《〈仪礼〉与〈礼记〉之社会学的研究》,上海人民出版社 2005 年版。

灿认为《家礼》只规定"女立室外,姆相父醮夫"①,没有所谓"坐斗抛筋"之类礼仪。同样,当时天主教徒举行婚礼时,"新婿不带花",而民间则普遍有新郎带花盛服迎亲习俗。张象灿认为朱子《家礼》已指出"新俗带花,殊失丈夫之容体,明辟之也,夫何尝有男人带花之礼哉"。在华北民间社会婚娶仪式中,通常在男方户外要立置两个草人,当新娘花轿抵达时,需点燃草人,寓意兴旺驱邪。而天主教徒因为不遵循这种礼仪,受到当地社会的批评,为此张象灿辩解说《家礼》只规定"妇人入门庙见,夹拜合卺。夫何尝有门立草人,姑熨妇足,妇执宝瓶门坎骑鞍,姑反拜妇醋炭水火之礼哉"。② 总之,张象灿认为天主教徒婚礼过程中摒除上述世俗之礼,是完全符合《家礼》规定的,因为它们都是《家礼》所不载的,属于后世民间添加的不当内容。

应该指出的是,从张象灿文中我们只可推知当时天主教婚配礼节的一些简单情况,这与天主教较为烦琐的婚配仪式规定有很大的差距。其原因可能是天主教婚礼在当时中国现实中难以操办,例如,1675 年,耶稣会士利类思曾择取天主教各项礼仪,翻译成中文,编成《圣事礼典》一书在北京出版。内中专列一节,介绍天主教婚配。但内容也只限于介绍天主教婚配的意义,而非具体的礼仪。他解释这样做的理由是"婚配礼节,今不便行,姑置之"。③ 所以也可以理解为何张象灿在所撰写文中只能略微涉及。

在《家礼合教录》中,张象灿对天主教丧葬礼仪与家礼的关系诠释占全稿的最大部分。这揭示出天主教丧葬及祭祀礼仪在中国传教区推行较广的事实。其在中西文化对话中也扮演了相当重要的角色。我们知道,在天主教传华初期,传教士已积极地输入教会丧葬礼仪,利玛窦就记录了一

---

① 此处所指是朱子《家礼》中关于"亲迎"的一个仪式:"女盛饰,姆相之,立于室外,南向。父坐东序,西向。母坐西序,东向。设女席于母之东北,南向。赞者醮以酒,如婿礼。姆导女出于母左。父起命之,曰:敬之,戒之,夙夜无违舅姑之命……"见《朱子成书·家礼·昏礼》,引自 Patricia Buckley Ebrey, translated, with annotation and introduction, *Chu His' Family Rituals, A Twelfth-Century Chinese Manual for the Performance of Cappings, Weddings, Funerals, and Ancestral Rites*, Appendix B. Chinese Text of Chu His's Family Rituals, Princeton, New Jersey: Princeton University Press, 1991, 第 193 页。《家礼合教录》抄稿中"瞧"字或为"醮"字误。

② 张象灿:《家礼合教录》,第 285—286 页

③ 利类思译:《圣事礼典》,钟鸣旦、杜鼎克编:《耶稣会罗马档案馆明清天主教文献》第 11 册,第 462 页。

位早期皈依天主教的家庭操办天主教葬礼的情况：

> 保禄的儿子马丁像他父亲一样勇敢。他是该城中第一个敢于废除为教堂所禁止的某些丧葬仪式而严格实行基督教丧礼的人。尽管它遭到物议，仍有很多人仿效他的先例。也颇不乏各执己见而指责他的为人的人。考虑到完成丧葬的情况，在他父亲殡葬前，他不顾那些劝告他的人的相反意见，确实干了一件很勇敢的事。我们已经叙述过，人死之后中国人有时把尸体在屋里放很长时间才安葬。马丁背弃了这种习惯，第一个公开宣布他父亲信教，同时宣布他本人信教。他在公开场合张贴通告，让大家都看得见，声明他父亲已摈弃了偶像崇拜，信奉了基督教，同时他父亲临终的愿望和遗嘱是禁止在葬礼时有拜偶像的和尚在场，不得举行他们的任何礼节和仪式。据说这张通告声明他和他父亲是同样的信仰，他就此实现了他父亲的最后遗愿和嘱咐。可尊敬的老人是以全部基督教的丧仪从教堂安葬的。这是头一遭信徒们所看见的基督教丧仪，他们从中深感慰藉。①

从上述引文可见，明末传教士进入中国传教后，就重视引导教徒采用天主教的丧葬仪式。上引文中的孝子马丁，在操持其父保禄的葬礼时，就放弃了传统的葬仪，改为严格采用天主教丧葬仪式。另一个例子是南京另一位徐姓教徒，他在临终前，"留下遗言要以基督教的仪式安葬自己"，而他的妻子接受他这个要求。② 由此可知，教会葬礼在当时已开始进入教徒日常生活中，一些皈依的天主教徒们也乐意采用天主教葬仪。而从教会文献所记录的史实可以看出，利玛窦等传教士也从宣教角度出发，积极鼓励教徒采用纯粹的教会葬仪。正如钟鸣旦指出的，当时利玛窦等传教士在葬仪上并没有意识到适应地方习俗的问题，而是强调天主教葬仪的"纯正"宗教特色，以此作为强化和传播天主教信仰的象征。③ 此后，随着天主教徒数量的增多，天主教信仰在民间社会的逐步扩大，天主教团体已不

---

① ［意］利玛窦、［比］金尼阁：《利玛窦中国札记》，何高济等译，广西师范大学出版社2001年版，第326页。

② 同上书，第327页。

③ 钟鸣旦：《礼仪的交织：明末清初中欧文化交流中的丧葬礼》，上海古籍出版社2009年版，第86、129页。

可能处于一个封闭状况,当教徒不得不卷入原有的社会网络时,天主教礼仪也必须面对中国礼仪的影响,以至于逐步走向一种本土化的趋势。①

张象灿有关天主教丧葬礼仪的观点,正是在这种本土化背景下提出的。在张象灿看来,天主教丧葬仪式是符合中国古礼的仪式规范的。其一,针对世人批评天主教徒"临死沐浴""灵桌不献倒头饭",张象灿认为天主教徒临死沐浴、不献倒头饭的礼仪,与《朱子家礼》"设床沐浴,沐发剪爪""饭含"之礼相符。按《朱子家礼》,亲死,有"沐浴、袭奠、实位、饭含"诸礼,如沐浴之礼,"侍者以汤入,主人以下皆出帷外,北面。侍者沐发,栉之,晞以巾,撮为髻。抗衾而浴。拭以巾。剪爪。其沐浴余水并巾栉,弃于坎而埋之"。② 由此,张象灿认为天主教徒临终沐浴的礼俗,是与上述家礼的规定一致的。至于不献倒头饭,张象灿认为传统家礼饭含之礼,"以匙抄新浙米实于口,并实钱。故敛时米实于碗,钱三实于小箱"。其意义"盖以《檀弓》云'不忍其口之虚',故用此美洁之物以实之"。而且"敛毕即撤",③ 并没有继续供祭食物之礼。因此流俗以食物供祭于灵桌,即所谓倒头饭,违背了《朱子家礼》的规定。其二,针对世人批评天主教徒"不施食、破狱、道场、出殃、洒扫",张象灿认为这些礼仪都是"佛礼",朱熹、程颐等宋儒对此早已有所批判,强调"不作佛事"。天主教禁用这些礼仪,正符合宋儒家礼的规定。④ 其三,针对世人批评天主教徒"葬不用纸竿、幡竿""不用明器""不用方相",张象灿指出,宋儒家礼"只云'用灵车、香火等物',又云'世俗一应幡幢之属,皆不当用'",因此"是明辟幡竿不可用也,又何尝有用纸竿之礼哉!"⑤ 至于明器、方相,张象灿认为先儒已明言用之无益,"为不仁不智",天主教不用这些冥器随葬,不用偶像驱鬼,也正符合先儒典籍

---

① 钟鸣旦:《礼仪的交织:明末清初中欧文化交流中的丧葬礼》,上海古籍出版社2009年版,第84—126页。
② 《朱子成书·家礼·丧礼》,引自 Patricia Buckley Ebrey, translated, with annotation and introduction, *Chu His' Family Rituals, A Twelfth-Century Chinese Manual for the Performance of Cappings, Weddings, Funerals, and Ancestral Rites*, Appendix B. Chinese Text of Chu His's Family Rituals, p. 195, Princeton, New Jersey: Princeton University Press, 1991。
③ 张象灿:《家礼合教录》,第287页。关于饭含之礼,见前引《朱子成书·家礼·丧礼》,第195—196页。
④ 张象灿:《家礼合教录》,第288—290页。
⑤ 同上书,第293页。

的解释。除此之外，张象灿还针对世人有关天主教徒不贴门纸、不设磬、祭不用纸锭、葬不用风水、不拘阴阳等的批评，从宋儒家礼中寻找各种证据，逐一进行了反驳。

总之，从张象灿文中可见，当时民间葬仪中受佛、道教影响的部分，大多被天主教葬仪所排除，而这部分被天主教禁止、摒弃的葬仪，也正是教外民众攻击天主教葬仪不合规矩的地方。在张象灿看来，教外之人的上述攻击，恰恰是没有看到明清之际社会习俗已经"流俗化"，早已不符合传统古礼的规定。因此，他从一个儒士角度出发，揭示出时俗的错误之处以及天主教葬仪与古礼的相符之处。很显然，张象灿此文主旨就在于阐明宋儒家礼本质上与天主教有共同之处，正如作者开首即云："文公家礼，吾中国日用家常之不可离者，非西国书也，其冠婚丧祭，夫何一一辟星术佛老至妄，与天教相合也。"① 故名"家礼合教"。张象灿认为"世人不从天教，以为不便于俗"，实际上是为"戾俗"所蒙蔽，从而误解了天主教礼仪与宋儒家礼之间的关系。

三　礼仪话语

显而易见，在张象灿论述中西礼仪问题的框架中，《家礼》被其放在相当重要的位置，成为他屡次参引并用以衡量天主教礼仪是否符合中国儒礼的一个参照。而这与《家礼》在当时儒学界中的权威性地位是相呼应的。明末清初时期，《家礼》一度被当作是振世济俗的一个重要法则，出现了许多诠释《家礼》并向民间演绎《家礼》的著述。作为一个由儒入耶的天主教儒者，在张象灿看来，用《家礼》来衡量是否符合礼法是理所当然。可以说，张象灿"家礼合教"的观点在明末清初儒士教徒中有一定代表性。其时相当多的文人信徒如李九功、严谟等，都秉持类似观点。如严赞化提出"祭祖合礼"。所谓合礼，包含两个含义，首先当然是合乎《家礼》，另一个寓意是合天主教之礼。在这些儒士教徒眼中，儒学与天学，家礼与天主教礼仪，本质上是相容的。其出发点与徐光启等人倡导的天主教可以"补儒易佛"主张同出一辙。在这些儒士教徒看来，在排斥"释老邪说"方面，天主教礼仪与宋儒家礼有许多共同性，正如严

---

① 张象灿：《家礼合教录》，第283—284页。

谟所指出的:"至若流俗杂释老之法于祭祀之中,如焚金银纸钱等,此亦我前贤之所极鄙非痛绝者,禁之足矣。"①

应当进一步指出的是,张象灿等儒士教徒所提出的家礼合教的主张,并不是一段孤立的历史现象,如果将其置于此时期儒家知识界所掀起的复兴正统儒家礼仪的革新运动背景下考察,可能会对今人理解儒学界、基层社会与天主教礼仪之间的复杂关系,提供一个更为广阔的思路。明清之际,为了扭转长时期以来的社会失序现象,当时的儒家知识界曾发起了一场复兴儒家正统礼仪的运动。其中的一个突出表现就是力求在地方社会中重建以程朱正统儒家礼仪为标准的社会秩序。在这方面,陈确、凌廷堪等人就是典型的代表。② 而清初三礼学的兴盛,正是儒家正统礼仪复兴运动的标志之一。已有学者指出,儒家士人发起这种礼仪复兴运动,与他们欲借此整合宗族,建立一个以士绅为主导的地方社会有着密切的联系。在这场宗族礼仪革新运动中,士绅们通过在各种场合操持家礼,不仅有效地激发同姓群体的族群认同,进而促进宗族这种血缘与地缘相结合的社会组织的凝聚,同时也可以借此确认士绅在地方社会中的领导地位。③ 很显然,由于佛道礼仪在这场家礼复兴运动中被视为是正统儒家礼仪的损害者,很快成为正统儒学界竭力排斥的对象。在这场复兴运动中,《家礼》频繁地被抬出来,作为一个推行标准。

有意思的是,明清之际儒家士人在面对佛道及天主教的挑战所作出的回应中,出现了两种情况:一部分儒士既反对佛道,也反对天主教。如上述陈确就是这一类型的典型的代表。另一部分儒士则采取了反对佛道,认同天主教的做法。而张象灿正是这类认同天主教的儒士代表。在张象灿看来,天主教排斥"流俗"的礼仪规定和《家礼》的原则是基本符合的,天主教及其礼仪可以帮助当时社会恢复到宋儒所倡导的礼制正道上来。正

---

① 严谟:《祭祖考》,见钟鸣旦、杜鼎克编《耶稣会罗马档案馆明清天主教文献》第11册,台北利氏学社2002年版,第28页。

② 关于陈确与天主教的关系,见张先清《试论艾儒略对福建民间信仰的态度及其影响》,《世界宗教研究》2002年第1期,第133页。

③ 关于明末清初儒学界正统礼仪的革新运动及对士绅在地方社会的角色与宗族的发展影响,见 Timothy Brook, *Funerary Ritual and the Building of Lineages in Late Imperial China*, in Harvard Journal of Asiatic Studies, Volume 49, Number 2, 1989, pp. 485 – 489; Kai-wing Chow, The Rise of Confucian Ritualism in Late Imperial China, Ethics, Classics, and Lineage Discourse, Stanford:Stanford University Press. 1994. pp. 71 – 97; pp. 224 – 225。

是在这样的背景下,他提出了"家礼合教"的观点。而对于传教士来说,这种观点也正是他们所需要和欢迎的。因为在这种"家礼合教"主张掩盖下,天主教礼仪可以成功地赢得一部分儒士的认同,并通过他们的倡导逐步渗透到基层宗族社会中。因此,张象灿及其所提出的家礼合教观点,在推动天主教在华本土化方面,是具有一定意义的。

总之,明清之际,时易世变,礼仪话语是同时代士人很投入的一个话题,张象灿"家礼合教论"观点的出炉,也离不开这个时代背景。张象灿所代表的是那些认为天主教与儒家文化在对待社会礼俗方面态度一致的儒士群体。从《家礼合教录》可见,无论是儒士圈,还是天主教会,都需要面对民间礼俗的挑战,处理与这些民间礼俗的冲突问题,这也是明清之际中西礼仪对话中相当重要的内容。目前学术界在这方面已经开展了积极的探索,钟鸣旦有关丧葬礼的研究就是其中突出的成果,此外,还有一些学者针对告解等天主教圣事礼仪在天主教本土化过程中的角色进行了有益的探讨,提出了很好的见解。但是,相对于明清之际中西礼仪大课题而言,还有不少有待深入探讨的空间,像张象灿《家礼合教录》稿中涉及的婚礼部分等,都还没有受到应有的关注。从这个意义上说,张象灿这个文本提供了进一步全面探索家礼、天主教礼仪与地方社会之间关系的可贵线索。

修女与姑婆:日据时期台湾天主教女性传教人员考述

雷阿勇[①]

(中国人民大学文学院博士生;闽江学院副教授)

日据时期台湾天主教出现了修女和姑婆(女传道员)两类新的传教成员,她们在台湾天主教的发展中发挥了重要的作用。作为教会中特殊身份的女性群体,修女与姑婆是日据时期台湾天主教会的建构和发展的重要参与者,发挥着神父与男传道员所不能替代的作用。本文通过梳理存留的零星史料,试图从男性书写的教会历史中,发掘出湮没其中的日据时期台湾天主教女性传教人员的活动状况以及与之关联的角色作用。

一 日据时期天主教修女在台活动

1. 道明会修女的入台与本地修女的培育

日据时期台湾天主教的传教队伍增加了一个新的成员,即修女。1903年,台湾道明会向菲律宾圣道明传教修女会(简称圣道明修女会),请求派遣修女来台协助传教。圣道明传教修女会是第一个入台的女修会,也是日据时期台湾唯一的外国女修会,本称"圣道明传教会"(Religious Missionaries of St. Dominic),为道明会玫瑰省的附属修会。[②] 圣道明传教修女会1696年成立于西班牙,目的是辅助玫瑰省道明男修会在东方的传教事

[①] 福建省社会科学规划项目"闽台基督教会语言教育研究"(2009C005)阶段性成果。
[②] 顾保鹄主编:《台湾天主教修会简介》,台中:光启出版社1968年版,第77页。

业。该会所辖甚广，总院原设在西班牙，后移至菲律宾，其分院在 20 世纪初即遍设福建、台湾、日本东京等处，主要活动是设立学校、医院看护及办孤儿院（育婴堂）等。① 1903 年约瑟（Mo. Josepha，另译约瑟芬、约瑟发）和罗撒（Rosa Remedians）两位修女从大陆转道来台，② 成为首批抵台的天主教修女。约瑟修女为西班牙人，来台后即接任孤儿院第三任院长③。菲律宾籍的罗撒修女原为马尼拉圣加大利纳会员，来台后使孤儿院的工作起色不少。道明会传教士在传教信函中称她为人随和并善于结交朋友。在罗撒修女的帮助下，高雄孤儿院获得不少捐助，使孤儿院继续顺利开办。1906 年约瑟修女在台逝世。圣道明传教修女会派魏（Vistacion）修女来接替孤儿院院长，另有两名修女协助。④ 之后道明会修女陆续来台加入传教队伍。《台湾カトック小史》统计，1903—1945 年共有 31 位道明会修女来台协助传教。⑤ 不过大国督统计应该有所疏漏，如 1917 年首批来台协助林茂才主持静修女中校务的除了西班牙籍的 Mercedes Oliver、Rosario Armendáriz 两位修女外，还有位菲律宾籍修女 Margarita Morat。⑥ 道明会修女来台初期主要负责孤儿院事务，1917 年后多数修女在台北协助道明会管理静修女中的校务。1941 年太平洋战争爆发期间，在台的道明会修女与神父一起受到监控和拘禁，禁止在高雄等要塞地带停留，只有日籍修女山内和坂本小须磨可以自由活动。⑦

关于日据时期每年在台的修女数，日本天主教半月刊《声》和包士杰（Jean-Marie Planchet）编的法文天主教年鉴 Les Missions de Chine et du Japon 有部分年度的统计数字（见表 1 和表 2）。这两份文献的统计数字在

---

① 《公教周刊》第 92 期（总 292 期），1934 年 11 月 18 日，厦门，鼓浪屿天主堂，第 15—16 页。

② Pablo Fernandez, O. P. 著，黄德宽译：《天主教在台开教记》，台北：光启出版社 1991 年版，第 188 页。

③ 江传德：《天主教在台湾》，台南：闻道出版社 2008 年版，第 217 页。

④ Pablo Fernandez, O. P.：《天主教在台开教记》，第 160、178 页。

⑤ 详见大国督：《台湾カトック小史》，台北：杉田书店 1941 年版，第 389—391 页，以及江传德：《天主教在台湾》，第 217—218 页。

⑥ Fidel Villarroel O. P., *Religiosas Misioneras de Santo Domingo. Un siglo de apostolado (1887-1987)*, Roma: Tipografía Vaticana, 1993, p. 254.

⑦ Pablo Fernandez, O. P.：《天主教在台开教记》，第 178、201 页。古伟瀛：《台湾天主教史料汇编》，台北：台大出版中心 2008 年版，第 240 页。

一些年份有些出入，但大体上接近。在《声》中，有两类有别于女传道员（《声》中的女传道员数目另外开列），即"道明会修女"和"圣婴会女"。在笔者所掌握的其他教会文献中，极少提到"圣婴会女"这类女性传教人员。① 由于日据时期入台的女修会仅有圣道明传教修女会，因此这类女性传教人员很可能是负责孤儿院的来台道明会修女，或是道明会修女培养的本地籍修女。《声》统计的1914年修女数中并未提到圣婴会女，只记载道明会修女3名（见表1），包士杰法文年鉴所统计的1914年度在台修女总数亦为3名（见表2）。比照表1和表2可见，《声》所开列的每年道明会修女和圣婴会修女的数目之和，基本与包士杰的法文年鉴所统计的在台修女总数相吻合。大国督的《台湾カトック小史》亦载，1913年台湾监牧区成立时，在台修女共有3名。② 由此可见"圣婴会女"应该也是来台的道明会修女。进一步分析，在1917年台北静修女中设立之前，台湾只有高雄孤儿院，因此"圣婴会女"应该指在高雄负责孤儿院的道明会修女。另据高木一雄《大正·昭和天主教会史4》中记载，1932年在台从事教育的修女有6名外国人和1名日本人；圣婴会女有3名外国人，1名日本人。③ 这里高木一雄所记1932年的从事教育外国修女与圣婴会女中的外国人数目总和是9人，正是包士杰的法文年鉴1932年度的统计的在台"欧洲籍"（Européennes）修女的数目。包士杰的法文年鉴的部分年份有另外开列高雄孤儿院和台北静修女中的数据（见表4和表5），在1932年度的统计数字中，负责高雄孤儿院事务共有4名修女（Religieuses），正是高木一雄所统计的1932年度圣婴会女的总数。④ 此外，1923年随教廷使节访问台湾的早坂久之助（1883—1959，笔名早坂善奈朗）在其旅行日志记载，当时高雄孤儿院"只有三位修女"⑤，这正好是《声》1923年度圣婴会女的数目。综合上述分析，《声》中所记的"道明会修女"应为《大正·昭和天主教会史4》记载的"在台从事教育"的

---

① 高木一雄在《大正·昭和天主教会史4》亦有提及"圣婴会女"，见高木一雄《大正·昭和天主教会史4》，东京：圣母骑士社1985年版，第29页。

② 原文为"童贞女三名"，见大国督《台湾カトック小史》，第287页。

③ 高木一雄：《大正·昭和天主教会史4》，第29页。

④ Jean-Marie Planchet ed., *Les Missions de Chine et du Japon*, Vol. 10, Pekin: Imprimerie des Lazariastes, 1933, p. 570.

⑤ 古伟瀛：《台湾天主教史料汇编》，第330页。

外国修女,即在台北负责静修女中教务的修女。"圣婴会女"是在高雄负责孤儿院的道明会修女这一事实。尽管如此,要彻底弄清楚"圣婴会女"的问题以及在台道明会修女的具体情况,还有待于更多相关的教会档案文献的发掘。

表1   《声》部分年份统计的在台修女数①

年份	1914	1923	1924	1925
道明会修女	3	8	7	7
圣婴会女	—	3	3	2

表2   *Les Missions de Chine et du Japon* 部分年份统计的在台修女数②

	年份	1914	1919	1923	1925	1927	1932
修女 (Religieuses Domincaines)	欧洲人(Européennes)	—	—	—	—	—	9
	本地人(Indigènes)	—	—	—	—	—	2
	小计	3	7	11	8	11	11

日据时期是否有本地籍修女的养成,亦是值得关注的课题。在教会文献中,极少提及本地籍修女,不过仍可从零星的史料了解到一些情况。1923年春随同教廷使节 Mario Giardini 访台的日籍神父早坂久之助在其旅行日志曾提及本地籍修女培养的个别情况。下面是早坂久之助日志里的一些相关片段:

> 此地(指高雄)道明会的修女所经营的孤儿院与女修院刚好在教堂的旁边,在门前看到一些孤儿以及初学修女由穿着白衣的修女带领着(彼此间互称背亚大)整齐列队向我们致敬。③

---

① 资料来源:《声》,no. 472(1915/02):46,no. 518(1924/03):54,no. 588(1925/01):60,no. 611(1926/12):68-69,转引自古伟瀛《台湾天主教史研究论集》,台北:台大出版中心2008年版,第164—167页。

② 资料来源:Jean-Marie Planchet ed., *Les Missions de Chine et du Japon*, Vol. 1(1916):318-319,Vol. 4(1921):310,Vol. 6(1925):394-395,Vol. 7(1927):413-414,vol. 8(1929):450,Vol. 10(1933):570。

③ 古伟瀛:《台湾天主教史料汇编》,第327页。

在高雄主要参观的是：第一乃圣道明会的修女院及其经营的孤儿院与初学院及女传教员学校。修女院其实只有三位修女……①

这些道明会修女的其他事业有训练女传道员及培育修女，特别是女传教员是很有急需的，而且效果又颇大。……而在高雄即为培养此女传教员之地。②

早坂久之助的旅行日志表明，日据时期道明会修女在高雄除了经营孤儿院和女传道学校外，还办有初学院培养本地籍修女，至少在1923年已有一些本地籍初学修女。据大国督记载，1910年开始，高雄孤儿院配置"内外の修道女"③负责教育。在大国督书中"修道女"指的是修女。江传德在《天主教在台湾》记载为台湾修女与日本修女。④江传德所说台湾修女应该是大国督书中"内の修道女"翻译，因为《天主教在台湾》的1941年以前的内容大多译自大国督的《台湾カトック小史》。此外，早坂久之助在1923年访台日志中提到当年高雄道明会只有3位修女，根据前文的分析和列举的材料判断，这3名修女应指大国督所言的"外の修道女"，也就是《声》中的"圣婴会女"，即圣道明传教修女会修女。那么，大国督所指的"内の修道女"只可能指早坂久之助提到的本地籍"初学修女"或者是1930年来台在高雄协助料理孤儿院日籍修女坂本小须磨（Sakamoto Kosuma）。后者有很大的可能性，因为日据时期在台日本人称"殖民母国"日本为"内地"，称日本本土人为"内地人"，而大国督本人便是日本籍。另据包士杰统计的1932年度台湾天主教教务数据，在台修女（Religieuses Dominicaines）共11名，并分成两类：9名为"欧洲人"（Européennes）和2名是"本地人"（indigènes）。⑤另外包士杰的法文年鉴对静修女中的教务数据另外开列，在1932年度中，负责管理静修女中校务共有7名修女，其中"西班牙人"（Espagnoles）修女6名，"本

---

① 古伟瀛：《台湾天主教史料汇编》，第330页。
② 同上书，第331页。
③ 原文为"内外の修道女"，见大国督《台湾カトック小史》，第380—381页。江传德记载为台湾修女与日本修女，见江传德《天主教在台湾》，第213页。
④ 江传德：《天主教在台湾》，第213页。
⑤ Jean-Marie Planchet ed. *Les Missions de Chine et du Japon*, Vol. 10, Pekin: Imprimerie des Lazariastes, 1933, p. 570.

地人"（indigène）修女 1 名。如果这里包士杰法文年鉴所载的"indigène"确是指"本地人"而非"日本人"的话，那么至少在 1932 年，台湾已有正式的本地籍修女。不过前文提到，高木一雄在《大正·昭和天主教会史 4》记载，1932 年在台从事教育的修女有 6 名外国人和 1 名日本人；圣婴会女有 3 名外国人，1 名日本人。① 高木一雄所记的从事教育的修女的情况正与包士杰关于静修女中的教务数据一致。进而分析，若圣婴会女是负责孤儿院的修女，那么高木一雄所记的 1932 年在台修女总数应为 11 名，其中 9 名外国人，2 名日本人，这又与包士杰的法文年鉴统计数据一致。如此可见，包士杰法文年鉴所记的 2 名本地籍（indigènes）修女并非台籍修女，而应为日本籍（Japonais）修女，即山内（Yamauchi Tomo）和坂本小须磨（Sakamoto Kosuma）。山内修女于 1926 年来台后在台北帮助管理静修女中校务。② 由于文献资料的缺乏，目前尚无法确知本地籍修女何时开始培养以及养成的时间和具体数目，但可以肯定的是，至少在 1940 年代初，已有本地籍修女出现。台湾第一位本地籍神父涂敏正在日记中记载，1943 年 9 月 22 日罗马传信部批准台湾设立一个"本地籍女修院姊妹会"，且在同年 10 月 25 日，全台修道女集合万金接受为期一周的训练。③ Pablo Fernandez 后来也提到，里胁浅次郎关闭了在高雄孤儿院后，把地方让给了新成立的圣体修女会。④ 可见当时台湾已出现了本地籍修女，且在日据后期已有一定的数目。对于本地籍修女的出现，是教会地方化重要的一步。

2. 在台天主教修女的事工

日据时期在台修女的主要活动是办理孤儿院（育婴堂）和学校，并协助培养女传道员和医院看护，体现了圣道明传教女修会的活动特点⑤。

办理孤儿院是圣道明传教女修会修女来台的最初动因，亦是日据时期天主教修女（同时也是整个天主教会）在台两项最主要社会事业之一。与清统时期一样，日据时期天主教在台慈善事业只有孤儿院一项。日据时期台湾天主教孤儿院有高雄养生堂和罗厝慈仁堂，均创建于清统时期。高

---

① 高木一雄：《大正·昭和天主教会史 4》，第 29 页。
② 江传德：《天主教在台湾》，第 217—218 页。
③ 古伟瀛：《台湾天主教史料汇编》，第 245 页。
④ Pablo Fernandez, O. P.：《天主教在台开教记》，第 28 页。
⑤ 《公教周刊》第 92 期（总 292 期），1934 年 11 月 18 日，第 15—16 页。

雄孤儿院亦称"圣婴孤儿院""养生堂",其前身是1866年郭德刚在台南创办的"圣幼儿之家"育婴堂,开始时由传教士管理,并雇保姆(乳母)协助照看,这些保姆大多来自教会的女信徒。后来有一些姑婆(即女传道员、传道妇)和女信徒也帮忙照看。① 1903年道明会修女来台后,才由修女接管高雄孤儿院。② 高雄孤儿院设有院长一名,1903年之前由道明会神父担任,道明会修女来台后,由修女接任(见表3)。日据时期在高雄负责孤儿院的修女每年有3—4名(见表1、表2、表4)。罗厝孤儿院成立于1875年,是高雄孤儿院的分院,由高雄孤儿院兼管。在教会文献中一般写作"高雄孤儿院罗厝分院",而在罗厝古文契书中称为"育婴堂"或"慈仁堂"。③ 1941年后,高雄孤儿院关闭,罗厝孤儿院接收了该院的孤儿。第二次世界大战后期,台北静修女中的道明会修女逃难到罗厝躲避战乱,并协助管理孤儿院事务。④

表3　　　　　　　　清季至1940年高雄孤儿院历任院长⑤

序号	姓名	就任时间
第一任	Federico Jimenez 神父（即高贤明）	约1874年
第二任	Andrés Chinchon 神父（即杨真崇）	1879年
第三任	Josepha 修女（约瑟修女）	1903年
第四任	Vistacion 修女（魏修女）	1911年
第五任	Modesta Arquello 修女	1913年
第六任	Clemencia Mas 修女（即R. S. Clemencia）	1922年
第七任	Gloria Diez 修女	1939年

道明会修女们除了照顾孤儿的生活起居,更重要的是让孤儿接受天主

---

① 杨惠娥:《天主教在台湾中部之传教:以罗厝教会为例》,硕士学位论文,(台南)"国立"成功大学历史研究所,2003年,第142页。
② Pablo Fernandez, O. P.:《天主教在台开教记》,第26页。
③ 杨惠娥:《天主教在台湾中部之传教:以罗厝教会为例》,第139页。
④ 黄清富等编:《天主教台中教区罗厝耶稣圣名堂开教125年纪念专刊1875—2000》,彰化:罗厝天主堂2000年版,第64页。
⑤ 大国督:《台湾カトック小史》,第379—380页;江传德:《天主教在台湾》,第212页。

教信仰①，因此十分重视对孤儿的教育。据大国督记载，1910 年开始，高雄孤儿院配置"内外修女"②负责教育。除了宗教教育外，还注重社会智育，并按公立学校课时制，教授修身、日语、汉文、算数、裁缝、手艺等各科目。有部分学生进入公立学校读书。③日据时期，高雄孤儿院还附设诊疗所（Dispensaire）。设立诊疗所主要为了照顾生病的孤儿，但也附带医治其他病患，每年救护的病人达二三百人。此外，孤儿院每年还为教会赢得部分望教者（慕道者）。由于修女们的努力经营，孤儿院的事业逐渐为世人所认识，受到社会各界的同情和赞赏。

表 4　　　　　　　　日据时期高雄孤儿院部分年份统计④

年份	院长 （Supérrieure）	修女数 （Religieuses）	孤儿数 （Orphelines）	望教者 （Catechumenes）	救护病人数 （Malades soignés）
1925	R. S. Clemencia	4	58	10	300
1927	R. S. Clemencia	4	58	10	300
1932	R. S. Clemencia	4	68	10	200

办理学校是圣道明传教修女会的另一特色。除了在孤儿院对孤儿施予教育外，日据时期在台道明会修女从事的教育活动主要有两类，一是协助神父训练女传道员，二是办理静修女中。道明会修女从厦门转道来台时，有时会携大陆的女传道员（姑婆）入台。高恒德（Francisco Giner）在 1905 年 1 月 20 日写于前金的台湾教务报告中提到，当时有个随修女从厦门来台的女传道员在万金教会协助神父传教，给成人和幼童讲授道理。⑤高雄女传道学校（及高雄女传教）成立后，道明会修女还协助管理训练女传道员。⑥不过日据时期，在台道明会修女主要的教育活动是经营台北

---

①　古伟瀛：《台湾天主教史料汇编》，第 330 页。
②　大国督：《台湾カトック小史》，第 380—381 页。江传德记载为台湾修女与日本修女，见江传德《天主教在台湾》，第 213 页。
③　大国督：《台湾カトック小史》，第 380—381 页。
④　Jean-Marie Planchet, ed., *Les Missions de Chine et du Japon*, Vol. 7 (1927): 413, Vol. 8 (1929): 449, Vol. 10 (1933): 569.
⑤　Pablo Fernandez O. P.：《天主教在台开教记》，第 159 页。
⑥　古伟瀛：《台湾天主教史料汇编》，第 330—331 页。

的静修女中。

1916年，台湾首任监牧林茂才创建静修女子学校（即静修女中），次年4月正式开学。① 林茂才兼任校长，并从菲律宾邀请道明传教修女会修女 Mercedes Oliver（西班牙籍）、Rosario Armendáriz（西班牙籍）、Margarita Morat（菲律宾籍）三人前来协助主持校务，其中 Mercedes Oliver 来台后不久便因病离开。1917年5月1日菲律宾总会院的 Clemencia Mas、Berta Roy 两位西班牙籍修女，被正式委派来台掌管校务。直到1922年，静修女中一直维持有6—7位修女在学校服务。② 包士杰（Jean-Marie Planchet）的法文天主教年鉴单独开列有部分年份的静修女中道明会修女统计情况。

表5　　　　　　　日据时期静修女中道明会修女部分年份统计③

年份		1925	1927	1932
院长修女（Supérrieure）		Molesta Arguello	Molesta Arguello	Candelaria Goicoechea
修女 （Religieuses）	西班牙人（Espagnoles）	—	—	6
	本地人（Indigènes）	—	—	1
	小计	4	4	7

日据时期静修女中一直是由道明会修女来经营管理的。这在道明会传教信函有提及。④ 前文提到的日籍神父早坂久之助在1923年访台旅行日志中亦提到静修女中是"西班牙道明会修女管理的"⑤。1936年8月21日杨多默辞职，小宫元之助接任。对于这件事，校方当时的记载是：

---

① 大国督：《台湾カトック小史》，第291—292页。
② Fidel Villarroel O. P., *Religiosas Misioneras de Santo Domingo. Un siglo de apostolado* (1887 - 1987), 1993, p. 254. José Eugenio Borao, "Dominicos españoles en Taiwan (1859 - 1960). Primer siglo de historia de la Iglesia católica en la isla." In: *Encuentros en Catay*, Universidad Fujen, No. 23, p. 22.
③ Jean-Marie Planchet ed., *Les Missions de Chine et du Japon*, Vol. 7 (1927): 413, Vol. 8 (1929): 449, Vol. 10 (1933): 569.
④ Pablo Fernandez, O. P.:《天主教在台开教记》，第194—195页。
⑤ 古伟瀛：《台湾天主教史料汇编》，第327页。

昭和十一年八月二十一日，暑假期间的一天……在学校的小泉老师神色紧张表示，现在杨多默校长辞职，小宫顾问就将接任本校校长……此报告有如晴天霹雳，上午十时来到学校的老师们被集合在第一接待室，由カンデラリア报告杨校长辞职的经过，小宫先生遂与杨多默校长致意。①

　　这里カンデラリア即当时静修女中院长修女 Candelaria Goicoechea。静修女中校长的任命由女院长宣布，说明道明会修女掌握着学校的实权，是学校真正的经营管理者。静修女中第八任校长苏婴珠修女根据校友的回忆指出，台湾光复前静修女中名义上的校长是历任监牧或日本人，实际在校内服务的是道明会修女，因此实际的校长应该是女修院院长修女。② 根据大国督《台湾カトック小史》和江传德《天主教在台湾》两书的记载，日据时期静修女中道明会女修院共有 5 任院长（见表 6）。

表 6　　日据时期台北静修女中道明会女修院历任院长③

序号	姓名	来台时间	1941 年情况
第一任	Mercedes Oliver	1917 年	在马尼拉
第二任	Clemencia Mas	1917 年 6 月	在高雄去世
第三任	Amada Olea	1922 年	在马尼拉去世
第四任	Modesto Arquelle	1909 年	在马尼拉
第五任	Candelaria Goicoechea	1921 年 7 月	在台北

　　然而 Fidel Villarroel 所著的 *Religiosas Misioneras de Santo Domingo. Un siglo de apostolado*（1887 – 1987）载，静修女中历任院长修女及任期为：Clemencia Mas 修女，1918—1921 年；Amada Olea 修女，1922—1927 年；Candelaria Goicoecheavu 修女，1927—1933 年。④ 这与《台湾カトック小

---

① 古伟瀛：《台湾天主教史研究论集》，第 136 页。
② 苏婴珠：《静修事知多少》，静修女中官方网站（www.bish.tp.edu.tw），2002 年 3 月 14 日。
③ 大国督：《台湾カトック小史》，第 389—391 页。
④ Fidel Villarroel O. P. , *Religiosas Misioneras de Santo Domingo. Un siglo de apostolado*（1887 – 1987）, p. 254.

史》有出入。Fidel Villarroel 的记载应该是漏掉了 Mercedes Oliver 和 Modesto Arquelle 两任院长修女。疏漏的原因可能部分是因为 Mercedes Oliver 和 Modesto Arquelle 在台停留或担任院长的时间很短。《台湾カトック小史》一书成书于 1941 年，按此书的凡例所记①，乃以コロネル神父②记录为基础，加上台湾第二任监牧杨多默（Thomas de la Hoz）及日据时期两度担任道明会台湾区会长的高恒德（Francisco Giner，即高熙能）口述，经由大国督亲自编撰而成。《台湾カトック小史》所据的三位神父，都是在台多年的资深传教士，特别是杨多默和高恒德两人均几乎亲历整个日据时期的台湾天主教史。此外，此书编撰者大国督曾于 1930—1942 年在静修女中担任地理、理科教师，在学生的印象中是位"学识渊博、教学认真的好老师"和"虔诚的天主教徒"。③ 可见《台湾カトック小史》应有较高的采信度。包士杰（Jean-Marie Planchet）编的法文天主教年鉴亦可作部分佐证。该年鉴 1925 年度、1927 年度所记的静修女中的院长修女为 Molesta Arguello（即 Modesto Arquelle④），证实 Modesto Arquelle 确实任过静修女中女修院院长。日据时期最后一任院长修女 Candelaria Goicoechea，一直到台湾光复仍任校长职务，亦非如 Fidel Villarroel 所言的只担任到 1933 年。如前文提到，1936 年 8 月 21 日小宫元之助接任静修女中校长的任命就是由カンデラリア（即 Candelaria Goicoechea）宣布的。⑤ 此外，据《台湾カトック小史》载，1940 年静修女中的院长修女兼舍监为 Candelaria Goicoechea。⑥ 静修女中校友的一些回忆录也可作证。静修女中 1945 届毕业生王秀兰后来曾提及：她就读静修女中时，综理校务的是 Candelaria Goicoechea。⑦

日据时期道明会修女除了负责管理日常的校务，还担任教学。比如，

---

① 大国督：《台湾カトック小史》，第 6 页。
② 此人应为西班牙道明会神父李嘉禄（Ramon Colomer），见大国督《台湾カトック小史》，第 432 页。
③ 《静修女中创校七十五周年纪念特刊》，台北：静修女中 1992 年版，第 19—20 页。
④ *Les Missions de Chine et du Japon* 为法文年鉴，故一些名称与《台湾カトック小史》的西班牙文拼法有些出入。
⑤ 古伟瀛：《台湾天主教史研究论集》，第 136 页。
⑥ 大国督：《台湾カトック小史》，第 392 页。
⑦ Fidel Villarroel O. P., *Religiosas Misioneras de Santo Domingo. Un siglo de apostolado（1887 - 1987）*, p. 310.

《台湾カトツク小史》记载，1940 年静修女中除了院长修女兼舍监 Candelaria Goicoechea、还有 Camino Martinez、Asuncion Ferrero、山内、Inocencia Gonzales、Asuncion Iriarte 5 名修女协助统理学校校务，并担任音乐、美术、手艺、英语等科目的专任教师。① 据山本礼子研究，1942 年时静修女中共有 9 名修女，除了担任校主、舍监外，还承担音乐教学。② 另据日据时期就读于静修女中的日籍学生清水和子回忆，当时静修女中没有台籍教师，只有日籍和外籍，均不是政府派任。日籍教师从日本聘请，外籍教师有西班牙籍和菲律宾籍的修女。这些资料都说明道明会修女不仅管理校务（如舍监），还承担了重要的教学任务。道明会修女对学校管理很严，特别对女生的学习和生活要求十分严格。③ 在道明会的修女的严格管理下，这所日据时期台湾唯一的天主教中学获得了很高的声誉。

二 日据时期天主教女传道员在台活动

除了修女，日据时期台湾天主教传教队伍中还出现一类十分重要的角色，即女传道员（传道妇）。与男传道员一样，女传道员一般都要事先接受一定的训练。早先的男女传道员是由神父或个别堂区训练而成的，日据时期天主教在台岛成立传道学校专门培训本地传道员。也有一些传道员是从大陆渡海来台。传道员一般由教区主教任免，任用时由教区主教赐予男传道员耶稣圣像及圣母玛利亚神像，挂在胸前以示传道员身份和避邪魔，对于女传道员，则赐予圣衣④。

1. 女传道员的引进和培育

从 1859 年天主教在台开教到日据初期，没有女传道员参与传教事务。台湾天主教道明会神父为了方便对妇孺传教，1900 年开始正式从厦门教区聘请两位女传道员（含笑姑婆、Phai 姑婆）来台。由于她们通晓闽南

---

① 大国督：《台湾カトツク小史》，第 392 页。
② 山本礼子：《植民地台湾の高等女学校研究》，东京：多贺出版 1999 年版，第 238—241 页。
③ 《静修女中创校七十五周年纪念特刊》，第 31 页。
④ 李汝和主编：《台湾省通志》卷二《人民志宗教篇》，南投：台湾省文献委员会 1971 年版，第 112—113 页。

方言，因此一来就在台北协助传教工作。① 前文提到，高恒德（Francisco Giner）在1905年1月20日写于前金的台湾教务报告中提到，当时万金教会有个随修女从厦门来台的女传道员。② 由于首批道明会修女来台的时间是1903年，到1907年才有第二批修女入台，因此高恒德提到的这名女传道员应该是在1903年随约瑟（Mo. Josepha）和罗撒（Rosa Remedians）两位修女抵台，这两位修女正是从厦门转道来台。1906年，当时台湾道明会会长高恒德（Francisco Giner）利用到厦门出差之机，又带4名姑婆（月姑婆、添姑婆、种姑婆、銮姑婆）来台，安排在台湾中南部传教。③ 鉴于这些姑婆工作出色，台湾道明会之后又从厦门招聘数名姑婆，后因水土不服等原因，不久返回厦门。随着教务的拓展，女传道员短缺的问题愈加突出，于是道明会决定在高雄试办女传道养成所（高雄女传道学校），并招募了4名志愿者开始授课，其中两名学成毕业成为女传道员，另外两名因无法完成学业而中途退学。女传道员培养计划也暂时中止。④

1921年高雄女传道养成所（女传道学校）重新正式开办，由圣道明传教修女会修女负责管理。高雄女传道养成所前后共办三届，每届训练期为四年。第一届于1921年招生，共招10名志愿者，其中7名［爱姑（江要）、杨罗撒姑、陈残姑、潘里姑、许随姑、翁姑、税姑］学成毕业，被派往各地教会传教，其余3名［钟意姑、钟纳姑、利亚姑（黄失福）］各回自己家庭修道，并协助传教工作。第二届于1926年招生开课，四年后6名学员［不缠姑婆（受理姑婆）、李专姑、林瑞莲姑、李谦姑、蔡艳杏姑、潘安慰姑］学成毕业。第二届毕业的女传道均被派往各地教会传教。第三届也是最后一届，于1937年开办，四年后培养出7名本地女传道［阿香姑、林碧莲姑、钟稻姑、李善姑、阿早姑（黄巧）、苏勉姑、吟姑（陈爱玉）］和2名南洋来的女传道（淑德姑、凤珠姑）。本地女传道中，除钟稻姑在自家修道并帮助传教外，其余被派往各地教会，而2名南洋女传道中，凤珠姑学成毕业后回南洋传教，淑德姑毕业不久染病殁于万金教

---

① 古伟瀛：《台湾天主教史研究论集》，第323页；江传德：《天主教在台湾》，第207页。
② Pablo Fernandez O. P.：《天主教在台开教记》，第159页。
③ 大国督：《台湾カトック小史》，第384页；江传德：《天主教在台湾》，第207页。
④ 江传德：《天主教在台湾》，第207页。

会。① 这样，1921—1941年高雄女传道养成所三届共培育出20名本地女传道员和2名南洋籍女传道员。此外，各地教会也独立训练女传道员，如白斐理在斗六指导，从新入信的女信徒中挑选志愿者，经三年栽培出3名姑婆［周贵美姑、足姑（江译）、廖莺姑］，分别安排在斗六、斗南、高雄三处传教。② 又如，罗厝教会出身的廖宝及黄欣两位姑婆，分别在罗厝教会和树仔脚教会接受训练而成。可见，日据时期台湾天主教多处堂区都有培养女传道员。至1928年5月，台岛已有9所女传道学校。③ 据统计，日据时期先后共有33位姑婆在台协助传教，分别来自大陆和台湾各地。④ 至1941年2月，全台36处天主教堂区（传教所）除了7处外，均有女传道员进驻，其中台北蓬莱町天主堂和面前厝天主公教会各有2名女传道员，余下27处各有1名女传道员。⑤

2. 女传道员的背景成分与职业成因

在日据时期，女传道员一般被称为"姑婆"或"姑"：年纪大者称"某某姑婆"，年轻者称"某某姑"。日据时期的姑婆并非都出身贫困，有些出身富贵的信徒家庭女子，也加入姑婆阵营。⑥ 女传道员中有来自信徒家庭，也有来自非信徒家庭，另外一部分来自孤儿院。与清朝统治时期一样，日据时期台湾天主教会收养的孤儿以女婴占多数。对比孤儿院收养的孤儿数，受助的孤儿长大后成为女传道员（姑婆）并不多。比如，至1940年罗厝孤儿院收养和救助的孤儿达347人，其中180人过世，活下来长大成人的167人中，只有8名成为姑婆。⑦ 日据时期不少出身信徒家庭的女子加入传道员行列，如日据中后期著名女传道员黄欣姑婆便出生于台湾中部天主教中心罗厝的三代信徒家庭。据教会文献记载，黄欣三岁时身染恶疾而有生命之虞，其母向天主发愿，只要黄欣痊愈愿将她奉献于

---

① 江传德：《天主教在台湾》，第208页。淑德姑原名应该为江淑德，参见涂敏正《涂敏正神父日记》，古伟瀛：《台湾天主教史料汇编》，第245页。
② 大国督：《台湾カトック小史》，第285页；江传德：《天主教在台湾》，第208页；侯若瑟：《台湾天主教传道简史评述》（未出版），第26页。
③ Pablo Fernandez, O. P.：《天主教在台开教记》，第191页。
④ 江传德：《天主教在台湾》，第264—267页；慈亲楼编：《天主教慈亲楼建立10周年纪念（主历1983—1993）》，高雄，多明我1993年版，第13—14页。
⑤ 参见大国督《台湾カトック小史》，第287—288、411—412页。
⑥ 古伟瀛：《台湾天主教史研究论集》，第324页。
⑦ 杨惠娥：《天主教在台湾中部之传教：以罗厝教会为例》，第140页。

天主。后黄欣奇迹地复原，遂跟随当地姑婆早晚作息度过童年。1932年十六岁时，黄欣在树仔脚接受高恒德神父及伏球传道①进行为期两年的训练，1938年正式投身传教工作，曾至台南、台中、台北、仑背、埔心、罗厝等地传教。② 还有一些姑婆来自非信徒家庭，比如受理姑婆。受理姑婆亦称不缠姑婆，圣名罗撒利亚。据古伟瀛记述，受理姑婆于1907年9月5日出生于高雄市苓雅区的一个非天主教家庭，全家只有她一人信教。受理姑婆自小守贞，是高雄女传道养成所第二届学员，毕业后便投身传教，曾协助过高恒德、马守仁、白斐理等多位神父，曾到过三家村、刘厝庄、秀水、台中、大排沙、面前仑、万金庄、潮州等地布道。③ 不过从姓名上看，受理姑婆很可能是在高雄孤儿院长大，因为据相关文献记载，高雄孤儿院以"受"作为孤儿的姓氏，古伟瀛在另一处也提过有个孤儿院长大的受理姑婆④。

　　日据时期姑婆虽然没有发守贞誓愿，但一般终身保持独身。江传德这样描述当时女传道员："一般之女传道，乃一生度独身生活，献身给天主，专为从事传教工作之女士。她们乃是无发誓愿，无穿会衣之在俗修道妇女，而且她们最后皆加入道明第三会。"⑤ 不过也有例外。林环凉就是典型的例子。林环凉出生于台北茶商之家，8岁入台北太平町公学校读书，10岁随母亲皈依天主教，公学校毕业后进入静修女中修完中学教育。1925年17岁时嫁给天主教传道员潘伏求。婚后潘伏求辗转台湾各地堂区担任传道员，林环凉便随丈夫四处传教，后来定居万金多年，1952—1953年林环凉独自成功地建立佳平山地教会。⑥ 从相关文献看，林环凉并未在传道学校受训或在堂区接受神父或修女的训练，而是多半在丈夫的辅导下自学而成，且1927—1934年林环凉生育了4个子女，在日据期间更多是在看顾家庭之余协助丈夫传教。⑦ 由于资料缺乏，日据时期像林环凉这样

---

　　① 应该是指当时树子脚教会的传道员潘伏求，见黄子宁《天主教在台湾万金的生根发展（1861—1962）》，台北：台大出版委员会2006年版，第267页。
　　② 慈亲楼编：《天主教慈亲楼建立10周年纪念（主历1983—1993）》，第26—31页。
　　③ 古伟瀛：《台湾天主教研究回顾》附件，《台湾基督教史：史料与研究回顾学术研讨会》会议手册，1998年5月28—29日。
　　④ 古伟瀛：《台湾天主教史研究论集》，第325页。
　　⑤ 江传德：《天主教在台湾》，第206—207页。
　　⑥ 古伟瀛：《台湾天主教史研究论集》，第149页。
　　⑦ 黄子宁：《天主教在台湾万金的生根发展（1861—1962）》，第265—293页。

女传道员到底有多少，人们不得而知。严格上讲，林环凉这样女性传道人并不是通常意义上的"姑婆"。对于日据时期的天主教女传道员，人们更多指的是献身教会并进行传教活动的独身女子。或者可以这样说，林环凉代表了新一代的女传道员。台湾光复后，像林环凉这样女传道员逐渐增多。

日据时期女传道员从无到有，人数呈攀升态势，在日据中期逐渐赶上男传道员，到了日据后期，已远远超过男传道员数目（见表7）。据1928年5月巴多玛（Tomas Pascual，亦称多玛斯）写的台湾教务报告，当时台岛共有20名男传道员，17名女传道员，而女传道学校已有9所，男传道学校才3所。① 至1941年，全台的女传道员共有29人，而男传道员只有21人。② 女传道员的比重逐渐加大。

表7　　　　　　　　日据时期部分年份的天主教传道员人数③

年份 传道员	1913	1914	1918	1919	1923	1924	1925	1927	1928	1932	1941
男	20	—	—	25	23	28	27	20	20	27	21
女	9	—	—	11	14	14	14	15	17	22	29
总计	29	31	36	36	37	42	41	35	37	49	50

在对比男女传道员的整体表现时，道明会神父认为，男传道员表现较为一般，而女传道员则很出色。对此，时任田中天主堂本堂神父的巴多玛（Tomas Pascual）作如下解释：

---

① Pablo Fernandez, O. P. :《天主教在台开教记》，第191页。
② 大国督:《台湾カトック小史》，第411—412页。
③ 1913、1941年的数据分别引自大国督《台湾カトック小史》，第287、411—412页。1928年的数据引自该年5月巴多玛神父的台湾教务报告，见 Pablo Fernandez O. P.《天主教在台开教记》，第191页。1919年、1927年、1932年的数据分别引自包士杰（Jean-Marie Planchet）编的天主教年鉴 *Les Missions de Chine et du Japon*, Vol.4（1921）：310, Vol.8（1929）：450, Vol.10（1933）：570。1914年、1918年、1923年、1924年、1925年数据出自日本天主教半月刊《声》，No. 472（1915/02）：46, No. 517（1918/12）：46, No. 518（1924/03）：54, No. 588（1925/01）：60, No. 611（1926/12）：68 - 69，转引自古伟瀛《台湾天主教史研究论集》，第164、166—167页。另据 *Les Missions de Chine et du Japon*, Vol.7（1927）：413 - 414，1925年的女传道员数为20位，与《声》的统计数字有出入。

如果一位男性具中上才赋，传教工作似乎不够吸引他。薪水也是一个问题，虽然我们每月支付每人三十"菲币"，不能说微不足道，但却无法供养一个大家庭。①

可见，薪金的微薄是未能吸引男传道员为传教献身的一个重要原因。与清代台湾传统社会一样，日据时期台湾男性仍然是家庭的主要经济支柱。由于传教工作的巨大时间和精力的投入与得到报酬的反差，使得多数男性对传道员的工作并不热情。日据时期台湾天主教会男传道员人数一直徘徊不前（见表7），与同期的基督教长老会传道员数相比，存在巨大反差，日据时期每年在台长老会传道员保持在100名以上，到了日据中后期更达到170名以上。② 随着台湾天主教教务的发展，需要更多传道员协助传教，这也刺激教会更多转向女传道员的培养。

日据时期女传道员的薪金比男传道员低得多，也是教会重视培养女传道员的部分因素。据一些在1940年代日据后期出道工作的姑婆回忆，当时男传道员的薪水每月30元，而姑婆才10元。③ 日据时期台湾天主教会未能支付传道员更高的薪金和聘用更多的传道员，很重要的原因在于经费的短缺。这从巴多玛神父对基督教这一"竞争者"和"异教"的描述中可窥一斑：

基督教派在台湾的潜力不可忽视，他们组织完善，有经济充裕的学校，全套设施的医院及大量的传教师，他们的薪水足以养家，无后顾之忧，故能献身于工作。……资源的缺乏，人力财力的限制，使我们进展得很缓慢④

巴多玛在同一封信中反复提到传道员薪酬问题和对在台基督教（英、加长老会）充裕的传教资源的羡慕，侧面反映了当时台湾天主教窘迫的

---

① Pablo Fernandez O. P.：《天主教在台开教记》，第191页。
② 台湾省行政长官公署统计室编印：《台湾省五十一年来统计提要》，台北，1946年，第1315页。
③ 古伟瀛：《台湾天主教史研究论集》，第325页。
④ Pablo Fernandez O. P.：《天主教在台开教记》，第192页。

经济状况。关于这一点,从一些教会文献可得到进一步证实。如,第二次世界大战期间罗厝教会曾有三年不支薪,传道员黄义弟只好以"寄药包"(家庭平安药)维持家庭生计。① 1946年涂敏正接任台湾代理监牧时,台湾天主教会财政已十分困难,教区库存金仅剩585.5元。② 经济的拮据无疑限制了天主教会吸收更多的男性加入传道队伍。

另外,从传道员本身来看,女传道员具有男性传道所没有的优势也是教会任用女传道员的重要因素。首先,妇女儿童是日据时期教会信徒很重要的来源,女性身份使得女传道员可以直接深入家庭接触妇女和儿童进行传教,并透过妇女儿童,较快使信徒全家信教。③ 其次,日据时期女传道员一般保持独身,能够全身心投入传教工作,且独身的女传道员一般没有家庭负担,教会也可以用较低的薪金来聘用她们。此外,日据时期女传道员对传教工作具有高度的热情。教会文献经常提到女传道员的热情传教使得教务迅速发展。④ 1937年2月教廷在菲律宾马尼拉举行第33届国际圣体大会,台湾天主教会有不少姑婆前往参加。⑤ 在当时女性社会地位不高的情况下,女传道员参与国际性大会实属重大事件,也表明了女传道员的传教热情。女传道员的这些优势在传教过程中起到越来越重要的作用,促使教会逐渐重视并启用更多的女传道员。

巴多玛的传教信件也透露了一个问题,即日据时期台湾教会传道员的职业化。日据时期台湾天主教男女传道学校的设立,即是传道职业化趋向的直接例证。巴多玛在信中提到的传教工作难以吸引具有中上才赋的男性以及男性传道员对薪水的考虑,也反映了当时传道职业化的趋势。与清朝统治时期不同,日据时期男传道员大多成立家室,传道职业化势必使男性更多考虑职业发展和薪金收入。而从教会的一些叙述看,日据时期姑婆的工作更多带有义务的性质。⑥ 不过,尽管薪金微薄,但为献身传教而保持

---

① 杨惠娥:《天主教在台湾中部之传教:以罗厝教会为例》,第128页。
② 古伟瀛:《台湾天主教史料汇编》,第252页。
③ 古伟瀛:《台湾天主教史研究论集》,第323页。
④ 具体可参见罗撒姑(杨素贞)、爱姑(江要)、杏姑(蔡杏)等人传教事迹,载江传德《天主教在台湾》,第142—143、172、183—185、190页。
⑤ 《台湾日日新报》1934年2月11日,另见顾保鹄《中国天主教大事年表》,台中:光启出版社1970年版,第79页。
⑥ 江传德:《天主教在台湾》,第206页。

独身，且带薪工作，已多少显示了女传道员的职业化色彩，同时表明日据时期社会风气的转化为女性从事职业提供了管道。1946年5月涂敏正接任代理监牧后，次月便发生女传道员要求退职的事件："六月卅日，廖莺无礼的要求退职。"① 这则发生在日据时期刚结束不久的事件，透过涂敏正的表述，不仅证明了女传道员职业化的事实，同时显示了在1940年代中后期女传道职业化特征已十分明显。

三 分工与互补：日据时期女性传教人员的角色分析

1. 修女与姑婆的内外分工

日据时期台湾天主教修女和女传道员虽然同为教会里的女性传教成员，但工作有很大不同。修女一般住在修女院，除了管理孤儿院和学校以及培育工作外，便是过虔敬的修道生活，并不外出布道。女传道员虽然也有在孤儿院帮助照顾孤儿和料理院务，但更多是协助神父外出传教。这样，修女和女传道员形成一种内外的角色互补，体现了天主教"属灵母职"的不同形式。

与女传道员一样，日据时期台湾天主教信徒称呼修女为姑婆，并称修女院院长为大姑婆。② 这说明修女已为当时信徒所认可和接受，并融入当地教会。据涂敏正的日记记载，1938年11月21日，静修女中为"大姑婆カレラリア廿五周年誓愿记念"，举行盛大庆典③。カレラリア应为当时的静修女中院长修女Candelaria，日文一般拼作カンデラリア④。涂敏正记载证实了日据时期在台修女被称为姑婆的事实，同时也表明修女在当时信徒中有崇高的地位。日据时期道明会修女以其虔敬圣洁修道生活感染并默化着身边的信徒和民众。如第二次世界大战后期，台北静修女中的道明会修女到罗厝躲避战乱，虽然停留时间不长，然而罗厝涂心家族第四代女信徒涂德兰（原名涂欲）却因此机缘受到影响，后来成为修女。⑤ 此

---

① 涂敏正：《涂敏正神父日记》，古伟瀛：《台湾天主教史料汇编》，第252页。
② 江传德：《天主教在台湾》，第207页。
③ 古伟瀛：《台湾天主教史料汇编》，第230页。
④ 大国督：《台湾カトック小史》，第392页。
⑤ 黄清富等编：《天主教台中教区罗厝耶稣圣名堂开教125年纪念专刊1875—2000》，第64页。

外,道明会修女献身救助孤儿和病患的慈善行为以及对静修女中严格而成功的经营管理也为她们赢得了尊敬。据静修女中的毕业生后来回忆,修女对女生的生活作息、待人接物、举止打扮等方面作了严格规定和管理,以致于个别修女给学生留下"很凶"的印象。不过正是这种严格的家长式管理,使得静修女中的学生不仅学习出色,而且"一向以气质好闻名"。①

相对于修女承担的"对内"性质的教会工作,女传道员所做的更多是对外传教特别是对妇孺传道,帮助更多的妇女和儿童信教。传道员在台湾天主教传教史上曾起到十分重要的作用。19世纪道明会在台湾重新开教以来,便十分重视传道员的作用,并逐渐发展出一套本地传教的方法,就是让传道员在前面开路,然后再由神父出面,去收割传道员播种耕耘的庄稼。② 传道员的使用,极大地解决了语言、风俗习惯、气候对外籍传教士的困扰,为教会和台民架起一座沟通的桥梁。同时在神父十分缺乏的年代,传道员也帮忙照看相当一部分的小教堂和传道所,帮助信徒信仰的维持。日据时期台湾天主教会仍延续这种做法。与男传道员一样,日据时期女传道员在教会和台民之间的沟通亦扮演着重要的角色,且在妇孺传教方面承担着男传道员所不能替代的作用。此外,女传道员也是信徒间交流与通婚的重要媒介。日据时期女传道员分布在各传教据点,又往来于各地区,以女性身份的便利促成不少跨区域性的婚姻,让分处不同地区的信徒产生联系。③

2. 性别互补与圣母钦崇

女性身份是修女与女传道员最显在的共同身份,这种女性身份在传教过程中日益显示出独有的重要性。日据时期台湾妇女识字的不多,很少有读书能力,因此口授是传道最主要的方式。④ 与大陆一样,台湾传统历来重视男女之防,在给女性传道时,男传道员有诸多不便。台湾天主教女传道员(姑婆)最初的引进,便是为了方便对妇孺的直接传教,且家庭中若妇女信教,则可促使一家大小随着入信。女传道员的性别角色作用不仅体现于传道对象,而且反映在传道方式和风格。据调查,日据时期女传道

---

① 《静修女中创校七十五周年纪念特刊》,第3、31、35—37页。
② Pablo Fernandez, O. P.:《天主教在台开教记》,第108页。
③ 林淑理:《传道员的故事》,台北:光启文化事业,2007年,第128—129页。
④ 古伟瀛:《台湾天主教史料汇编》,第331页。

员的传道方式多以为慕道者讲圣经故事、讲解要理问答、教念祈祷经文为主，并凭借女性身份在信徒间交流与通婚方面扮演着重要媒介。① 对于姑婆日常的生活工作，古伟瀛有较为详细的记述：

> 依据前辈们的说法，在一个新地方，她们会住在教堂边的一个很狭小的空间中，自行举炊。平日的黄昏，在家庭主妇较有空闲的时刻，就到村落中较有善意的人家中庭院坐下，并召请邻近亲友前来。姑婆开始先闲话家常，再随机介绍天主教要理。其内容尤其强调和民间信仰的区隔以及对一神的崇敬。②

从上面的叙述看出，姑婆以女性特有的方式，在聆听、关怀慕道者的日常生活中传播天主教信仰。正是这种亲近慕道者的个人与家庭的"生活化"传教方式，往往给姑婆的传教工作带来意想不到的收获："争取到相当数目的教友，建立了早期台湾各地虽小、但很扎实的地方教会。"③

不仅女传道员，修女也起到角色填补的作用。日据时期，修女毕竟与女传道员不同，具有较崇高的地位。从一定意义上讲，修女与神父在天主教会中构成一种互补的性别角色以及相应的宗教职能。日据时期，神父被称为"叔公"④，修女被则称为"姑婆"，从这些对应性的称谓中，可以看出台湾信徒对神父和修女的角色认定。台湾早期天主教会只有道明会神父，日据时期天主教修女的加入，无疑冲淡了教会男权色彩，给教会带来更加柔和亲切的现实感受。这种感受透过当时亲历者的笔触得以生动的呈现：

> 修女院其实只有三位修女……相当阴郁的建筑，进其中感到肃然，绝无阳刚之气……但在此地台湾孤岛上充满阴柔之气的孤儿院以及妇女为主的事业由这些西班牙修女从事，其神圣之信仰，其对神的超自然的爱也施给人，又其献身及牺牲的勇敢精神，若非信仰的恩赐

---

① 林淑理：《传道员的故事》，第128—129页。
② 古伟瀛：《台湾天主教史研究论集》，第324页。
③ 同上。
④ 同上书，第323页。

及结晶是不可能的,此为人精打细算所无法想象到的成就。①

日据时期,修女与女传道员在某种程度上存在内在的神形共契。日据时期的女传道员大都守贞独身。教会对她们的描述是:"她们虽然无发守贞誓愿,但皆默许为基督净配,坚守贞德。一生完全奉献于教会,在世俗中奋勇推行传教工作。"②透过上述摘引的早坂善奈朗、古伟瀛等人的叙述可以看出,日据时期姑婆的行为十分接近修女对贞洁、贫穷、服从三愿的践行。而修女与女传道员一道被称为"姑婆",反映了一种角色的"挪位",从某种程度上看,这并非降低了修女的崇高地位,而恰恰反映了在信徒眼中,女传道员与修女存在着内在的共通;这体现在另一方面的就是对女传道员品行的严格要求,如涂敏正日记记载,1942年11月26日,斗六的女传道员黄氏圻"因恶劣行为被撤职查办"③。修女与姑婆在日据时期发挥作用,与台民的圣母钦崇存在隐性的关联。19世纪天主教再度传入台湾初期,道明会传教士就建立了台湾天主教圣母钦崇的传统。据1865年良方济(Francisco Herce)的观察:

> 在玫瑰圣母纪念日,我们举行了圣母游行,外教人一听这消息,就大批地聚集来观看,当队伍慢慢前进时,可以听到许多人禁不住低声赞美圣母。民众除了低声地喃喃赞美外,都保持肃静,他们对教友的热心和虔敬都表示钦佩。许多人在注视圣母像时,显得格外恭敬,回家后都大声赞美天主和圣母。④

可见道明会传教士初到台湾,就敏锐地察觉天主教传统的圣母崇拜能够引起台民宗教情感的共鸣。从实际情况看,天主教圣母钦崇与当时平埔人和山地人(生番)的老祖(母性)崇拜以及汉人的妈祖、观音信仰有一定的文化契合。故而道明会时期台湾天主教堂许多以圣母为主保(pa-

---

① 早坂善奈朗:《台湾拾撷:伴随使节记行》(中),古伟瀛:《台湾天主教史料汇编》,第330页。
② 江传德:《天主教在台湾》,第209页。
③ 古伟瀛:《台湾天主教史料汇编》,第245页。
④ Pablo Fernandez O. P.:《天主教在台开教记》,第61页。

tron saints)①。此外从天主教本身意义上看，圣母崇拜"从感情上解除严厉的圣父的重荷"，并"扩充、丰富和缓和我们的信仰经验"，在一定意义上满足了教俗两界对母性与爱的渴求。② 从在俗世的操行和事工来看，修女与姑婆可视为圣母玛利亚多重身份在现实中的展现。

  综观日据时期在台天主教的发展，修女和姑婆的作用是显而易见的。修女和姑婆以女性传教人员的身份赋予了教会一种特别的含义。19世纪道明会的传教人员均为男性，这在民众的眼中未免有性别失衡的感觉。日据时期姑婆和修女加入传教队伍，无疑平衡了这一性别失衡，消隐了神父独身给普通民众带来的不良感受，并为教会增添了"慈母的温柔及亲切"③，给在台天主教会信徒对圣母钦崇带来现实的感受，加深了信徒对道明会的圣母信仰理解的内涵。姑婆与修女之内外角色互补与神父及男传道员之间性别角色互补，对日据时期台湾天主教的发展显然是极为重要的。

---

  ① 李汝和主编：《台湾省通志》卷二《人民志宗教篇》，第111b页。
  ② [德]温德尔：《女性主义神学景观：那片流淌着奶与蜜的土地》，刁文俊译，生活·读书·新知三联书店1995年版，第192页。
  ③ 古伟瀛：《台湾天主教史研究论集》，第326页。

《吟咏圣诗三百首》初考

李 莎

(福建师范大学社会历史学院、福建师范大学海外教育学院)

一 《吟咏圣诗三百首》概况

《吟咏圣诗三百首》收录于《徐家汇藏书楼明清天主教文献续编》①，未署明作者姓名。该诗集虽名为三百首，但实际数量为244首，题名三百乃是仿"诗三百"之典。先秦《诗经》共305首（其中6首有目无辞），是中国第一部诗歌总集，亦是儒家视为经典的正统作品，乐而不淫、哀而不伤，是孔子所云"诗言志"的典范。《吟咏圣诗三百首》的作者以三百自居，可见其对自己的诗作亦抱持着"言志"的理想，表现了其赞美教义、弘扬教义的追求。

作者开篇即以"吟咏圣诗三百首以表吾主救世洪恩"来说明其创作意图和主旨，并在内容上按相近话题顺序连缀，形式上则按杂言、七言、五言以及绝句、律诗的先后顺序归类安放，布局精巧严密。

除1首杂言、3首五言外，其余240首全部为七言诗，其中绝句187首，余下53首为律诗，总体而言以近体诗为主，形式上较为单纯。而同时期的其他基督教诗歌体裁类型更为多样，如较早之前嘉靖年间由罗明坚所编的《中国诗集》较为俚俗，时代相近的明末《闽中诸公赠诗》除律诗外也有古风等形式，徐光启创作出了关于耶稣、圣母、十诫、真福的赞辞，而明末王徵的《山居自咏》和清初吴渔山的《天乐正音谱》则以散

---

① 钟鸣旦、杜鼎克主编：《徐家汇藏书楼明清天主教文献续编》第25册，台北利氏学社2013年版，第503页。

曲的形式出现。诗被视为最正统的古典文学形式，也是言志的最典型手段，《吟咏圣诗三百首》的作者选择了诗这一表现手法，正可见作者将阐述天主教义视作人生要事，唯有最正统的诗歌体裁方可作为其言志的手段。

由是观之，《吟咏圣诗三百首》的创作与编纂有较强的系统性，是中国教徒有意识进行的基督教文学创作。其创作时间较早，数量上也领先于明末清初的其他基督教诗歌，可谓明代基督教文学的一次伟大尝试，且其在诗歌造诣上可圈可点，颇有成功之处。

二 作者身份：士人向学道人的转变

《吟咏圣诗三百首》虽未署名，但其中包含一首《送孙澹如》，孙澹如据史载名士美，系孙讷之子，南京松江府青浦县人，由乡举授舒城教谕，后擢知深州。明崇祯十一年（1638）冬清兵破城，孙阖门殉国，追赠太仆少卿①。由是可知作者当为明末士人，更有可能就与孙澹如一样，同为松江府人。

"学道人"系明末清初对教士或教徒之称呼。利玛窦《畸人十篇》曰："学道者愿寡欲而丰养身，比方愿灭火而益加薪。"② 此诗集中多处可见"学道"的字眼，如"从今学道无牵绊""道心到处应无隔"，此外还有一首作品，"独处空山三十年，革衣木食绝人烟。明经学士何须问，认取斯声义撒传"。此诗正是作者本人写照，喻指作者从明经学士向学道人身份的转变。

"万古团圆定有期，偶然去住漫多思。从今学道无牵绊，情见鸟丝自写时。"在这首《知单》诗中，作者一方面表达了对妻子逝去的悲痛，另一方面也坚定了自己无牵无挂继续传道的信念，同时他还在另一首《过滨州学舍步》中写道："同人于野复于郊，志合东西海渡鲍。"此句形象地描绘了作者与其志同道合者东奔西走、共同传道的景象，玩味其中诗意，似可见东西方有志于传道的同人齐来相会、走遍四方、广传教义的场

---

① 计六奇：《明季北略》上，中华书局1984年版，第248—249页。
② 利玛窦：《畸人十篇》，朱维铮主编：《利玛窦中文著译集》，复旦大学出版社2001年版，第471页。

景，这种友谊是建立在共同志愿、共同信仰之上的，是超越了时空距离、种族界限的真挚友谊，亦可证作者对其所属传道群体的身份认同。"海渡匏"出自孔子名言："道不行，乘桴浮于海。"时局的动荡、道之不行的悲怆、乘桴浮于海的无奈，正是作者与友人传教之不易的写照。

三　主要题材内容

《圣诗三百首》开篇即称"以表吾主救世洪恩"，对于"主"，诗集中是这样进行概念表述的——造物："真福人应造物同。"造物一词见于《庄子·大宗师》："伟哉，夫造物者将以予为此拘拘也。"又曰："今一以天地为大炉，以造化为大冶，恶乎往而不可哉？"造物、造化都为中国古已有之的词语，在诗作中与西方教义里创造万物的神相对应。大主："大主台前献礼时""大主施威怒赫然"。大父："大父全慈不汝轻""予亦识之大父前""与尔同之大父前""撒手神归大父前"。全能："宰物全能刚不信""大权在握全能显""全能一体信云云"。天主："天主前驱固有神""天主尚仁不尚祭""天主人怀天主词""天主子音会一聆""吾天主父吾天主"。严君："从知天上严君命。"诗集中多次变换对神的称呼，除为适应修辞上的需要外，更显见作者对教义的熟练把握与理解。

对耶稣生平的详述与赞美是全诗集中最重要的组成部分，作者用了大量的篇幅来描绘耶稣生平，从形式上可分为两类：其中一类是无题的绝句，从"马枥冬守诞圣婴""香药黄金三品贡"，到之后多处的神迹展示，如"湖心举网鱼鳞鳞"写西门彼得与安得烈事，"抚病驱魔逐蟒能""两鱼五饼手频探，饱众犹余十二篮"写耶稣神迹，更有关于耶稣殉难受刑的如"三十银钱卖自身""鞭策乘怒交横挥""茨冠加额敝红裳""钉举喧呼众目瞠"，及至复活事如"复活奇踪破死门"等。另一类则是《天主耶稣默想念珠三十三想》中的诗，33首全为七言律诗，每首八句。除第一想为统领总论外，从第二想起，每一想都有具体的诗名，涵盖了耶稣生平的重要事迹，包括诞生、论道、受洗、试探、选徒、传教、殉难、复活、审判等。这些默想是对第一类无题诗的阐发与敷述，在结构上更为庞大，内容上更为饱满充实。这两类诗将耶稣的生平事迹通过诗歌的形式完整流畅地展现出来，各诗之间气势连贯，笼统读来则仿如一部精彩的长篇叙事史诗。

明末基督徒重视灵修，"默想"乃是教徒进行精神修行的一种冥思静想，艾儒略指出："人晨不默想，则灵性失其养矣。默想者养灵性之粮也。但默想工夫，须用记含、明悟、爱欲三者为之。"① 除默想外，"七克"亦是教徒们孜孜以求的道德标准，《吟咏圣诗三百首》用中"七鬼"来指代教徒需要战胜的七种恶行。

歌颂圣母玛利亚亦是本诗集的一项重要内容，诗集中分别有"海星""福母""玛利"等多处指称，"惟有海星真福母，古经新事一心知。"方豪称："教中习称圣母为海星。意谓其能烛照苦海众生也。"② 集中又有"一朵轻云入日多，庄严土木碎群魔。奇哉童女怀婴像，处处香花肃拜罗。"及"至高爱子结成胎，与尔偕时嘉俾来。玛利勿惊光满被，玫瑰今向棘丛开。"对圣母像的庄严美丽进行了描绘，特别是"玫瑰今向棘丛开"一句带有明显的天主教玫瑰经的烙印。

《吟咏圣诗三百首》中有咏"真福八端"，共八首，分别阐述了真福的性质。福有真福与赝福（世）之辨，艾儒略曰："今人多恋于世福，而不营真福，是不分千金、一黍之类也。不亦惑哉？圣额我略有云：'尔辈既嗜富贵，当嗜无穷之富、不尽之贵，幸毋以小富贵自足者。'正谓此也。"③《吟咏圣诗三百首》中的真福亦是这样表述的："在天父旨能遵守，此是无疆永福基"，"有涕泣所切齿所，福哉信者圣同升"，"从知天上严君命，认地承行更福人"，把是否能够遵守天主的意旨，是否坚持教义看作检视真福与赝福的标准。

自佛教传入中国后，极乐世界与地狱的观念就已深入人心，再加上本土道教关于仙界的想象，天堂、地狱对中国人来说并不陌生，在《吟咏圣诗三百首》中能看到很多关于这两者的描绘：天堂是这样的："紫垣何处叩重关""九天咫尺不违颜""齐来天阆舞斑衣""已偕天上国中游"，紫垣、九天等都是汉语中固有的描写天上世界的词语，但作者更着力突出蕴含在基督教义中的平等思想，如"四海雍容畦畛化""人间雍睦无瑕衅，便是天堂一父儿"。基督教所宣扬的平等观念对于阶级对立尖锐的明

---

① 艾儒略：《口铎日抄》，钟鸣旦、杜鼎克主编：《耶稣会罗马档案馆明清天主教文献》第七册，台北利氏学社2002年版，第397页。

② 方豪：《吴渔山先生天乐正音谱校释·称颂圣母乐章注》，方豪：《方豪六十自定稿》，台北：台湾学生书局1969年版，第1629页。

③ 艾儒略：《口铎日抄》，第346页。

末社会而言，显然有其进步、开明的一面。天堂融合了中国传统文化中关于天上世界的美好想象，亦借由这种会通，令中国信众对教义中的天堂有更美好的期盼与憧憬。至于诗中的地狱，则是"大主施威怒赫然，仁慈尽处义行焉。地牢锁犯冥无日，魔火烧灵恨极天。片刻不支方永永，一肢难忍况全全。饶他益世称才力，到此雄心不似前"。

在天堂与地狱的选择间，世人面临的是末日的审判，是以作者时时提醒人们"常生"与"备死"。道教有长生之说，《老子·第七章》曰："天长地久。天地之所以能长且久者，以其不自生也，故能长生。"《庄子·在宥》："无劳女形，无摇女精，乃可以长生。"艾儒略曰："善者为常生之福，不善者为永死之罚。"①《吟咏圣诗三百首》中亦写道，"善有常生恶永刑""坚光透速常生王""常生不死人皆说，今见常生不死人"。诗作者又有永生、永年之谓，如"天主人怀天主词，永生弗死越先知"，还对违背教义的长生不老的想法予以斥责，如"幻世谁能享永年"。

常生不可期，则世人应该作好死前之准备"百年日月是终期，大限临头孰早知。敢告仆夫宜醒偎，主人归夜定何时"，"备死还知备窈然，达宵环伺敢安眠"。作者主张："罪彰义著膺真判，一俟诚神遣降临。"天堂、地狱、审判之说，有助于弥补儒家重义利之辨而轻死生之事的缺憾，换言之，正因为儒学不重视来生之事而给西学入华提供了一个空白和流传的通道。

该诗集创作于明末，当时尚未有完整的《圣经》中译本而多依赖西方传教士的节译、转述，对于一般中国人而言学习难度不小，故而该诗集中关于耶稣生平、圣母、天堂、地狱、末世等的详细描摹就更显难能可贵了。诗集创作者以中国正统文学的形式，创作大量的传统诗歌，以丰富的内容和题材、变换的解释与描绘，用汉语解经，对基督教教义予以阐释与发扬，有意识地、成系统地对西方天主教义进行一种中国式的诠释，利于中国信众学习教义，其作品既是教众学习、复习时的教材之一，是基督教本土化的优秀成果。同时，它也是中国基督教文学创作的早期成就之一，延续了"诗言志"的中国文学传统和西方赞美诗的宗教传统，继承了西方传教士和部分明代士大夫所创作翻译的赞美诗、天学诗、应酬诗的优点，承前启后，影响并带动了其他天学诗的创作。

---

① 艾儒略：《口铎日抄》，第371页。

四 底层中国传统思想

陈乐民谓:"盖自徐光启以下凡奉西教之士大夫,莫不以尧舜周孔为根底格义之。彼时文人不识有新旧约,其所知者必不出传教士所撰'实义'诸书;而耶稣会士为利于传教,亦必逢迎、趋就中国士人之'华化',于伦理善恶中求其同。"① 这种格义之法亦为《吟咏圣诗三百首》所采用,从中可见其所反映出底层的中国传统思想:"识主全由默牖中,嘉名肇锡伯多隆。"化用了《楚辞·离骚》中的"皇览揆余初度兮,肇锡余以嘉名"。"忆昔初民""乐郊"等则典出《诗经》,用来指亚当、夏娃于伊甸园生活之事。"观易""战乾成艮""乾以易知坤简能"来自《易经》。"斯人若此吾谁与"一句则源自《论语·微子》中的"吾非斯人之徒与而谁与?"这些儒家经典的化用,正是诗作者以儒士情怀来解读宗教精神的表现。

除了上述随处可见的对儒家经典的采撷,道家的身影也同样出现在诗作中。"生生大德开鸿濛,真福人应造物同。"上文已述"造物"一词见于道家经典,至于"鸿濛"即"鸿蒙",亦即"汗漫""混沌"。《庄子·在宥》:"云将东游,过扶摇之枝,而适遭鸿蒙。"《淮南子·道应训》:"西穷窅冥之党,东开鸿濛之先。"《淮南子·俶真训》:"至德之世,甘暝于溷澜之域而徙倚于汗漫之宇。"在中国传统神话中,"鸿濛"乃是世界的原始状态,作者以此印证基督教中上帝开天辟地的事迹。其他如"挥郢""奏庖"均为借用《庄子》中的典故来喻指天主教义。"人人自有朝参地,誓扫心台享主平。""扫心台"化用了佛教禅宗大师神秀的名句"身是菩提树,心如明镜台,时时勤拂拭,勿使惹尘埃"。而心台之语中国古已有之,《庄子·达生》曰:"工倕旋而盖规矩,指与物化而不以心稽,故其灵台一而不桎。"阳玛诺亦谓:"以心为台,以忍为剑。"②

对于祭祀上帝的场所,诗作中既出现了意译的"圣殿",也有化用古语的"明堂""明廷",后两者本指周代祭祀神明的宫殿,具有很高的象

---

① 陈乐民:《吴渔山及其华化天学·序》,中华书局 2008 年版,第 1 页。
② 阳玛诺:《圣经直解》,艾儒略等撰述:《天主教东传文献三编》第四册,台北:学生书局 1972 年版,第 1783 页。

征意义，在此用来比附基督教的祭祀大殿正为合适，此类例子还有"圣殿而今基巩固""圣殿宁容贼窟营""三日明堂再造来""谁将褴褛入明廷"等。

《圣经》中常见牧羊等各种畜牧业的场景，这与犹太人早年的生活习性有关，《吟咏圣诗三百首》中亦有相关诗句，如"而今天国临来近，呼与同乡失牧羊""主识主羊羊识主，美泉肥草引将来""漫倚傭人牧吾羊""为叹多歧易丧羊"。反观中国为传统的农业社会，以农耕之事作设从而解喻人生的谚语、格言、劝世之书由来已久，《吟咏圣诗三百篇》也有这种农业社会的印迹，大量关于农业社会风貌的描写使西方教义带上了清晰的东方农耕文明的色彩，形式上也比较接近传统的劝世诗，如"嘉种何堪播道傍""可叹良农种石田""那望丰登大有年""丛棘良苗莫并留""却养针芒望有秋""稼一从教稊百余""嘉谷奚容蓑稗蕃""稭事终年望有秋""眼穿南亩与东畴"等。以上诗句中出现的播种、良农、嘉谷、稼穑、丰登、针芒、苗莠、蓑稗、田亩等都是典型的中国农业社会的特征，作者写来顺手，读者读来亲切，教义之讲演生动而自然。

五　汉译解经的诗化

1. 七克与七鬼

明万历年间庞迪我所撰的《七克》指出天主所禁之七宗罪，并就此提出七种克伏之法：伏傲、熄忿、解贪、坊淫、平妒、塞饕、策怠①。《天主教要》亦有"克罪七端"与"七德"之说②，《吟咏圣诗三百首》中有诗云："净扫妖气巨敌摧，勇王战胜福堂开。傲贪婬忿妒饕怠，准备招携七鬼来。"显见诗作中的"七鬼"正是比照"七克"而提炼出来的七种需要克服消灭的罪恶，诗人巧妙运用了比拟的手法，将七罪比拟为七鬼，而将七克形象地比拟为勇王战胜。

2. 灵源与物理

明末天主教士毕方济的重要著作《灵言蠡勺》云："亚尼玛之学，于费禄苏非亚（格物穷理之学）中为最益、为最尊。古有大学榜其堂曰

---

① 庞迪我：《七克》，上海土山湾印书馆1931年版，第1页。
② 徐宗泽：《明清间耶稣会士译著提要》，上海书店出版社2010年版，第120页。

'认己',谓认己者是世人百千万种学问根宗,人人所当先务也,其所称'认己'何也? 先识己亚尼玛之尊、亚尼玛之性也。若人常想亚尼玛之能、亚尼玛之美,必然明达,世间万事如水流花谢,难可久恋,性当馨心努力,以求天上永永常丰之事。故格物穷理之君子,所以显著其美妙者为此,推而齐家治国平天下,凡为人师牧者尤宜习此。"① 亚尼玛系拉丁文 Anima 的音译,意为灵魂,该书讨论了亚尼玛之体、能、尊及所向美好之情,费禄苏非亚则指格物穷理之学。《四库全书总目》评论此书曰:"明西洋人毕方济撰,而徐光启编录之书,成于天启甲子。皆论亚尼玛之学,亚尼玛者,华言灵性也……总归于敬事天主以求福。"②

《灵言蠡勺》的思想内容在《吟咏圣诗三百首》中也有对应体现,"灵源自不隔天地,物理何妨见性情"说的正是亚尼玛与费禄苏非亚,而"二千年识亚尼玛,九万里居物尔朋"一句除提及亚尼玛之外,更提到九万里和物尔朋,前者经常用来指西洋传教士漂泊航行的漫漫长路,后者则源自拉丁文 verbum 即希腊文 logos,常译作"圣言""道"。这些诗句与天主教理论著作的对应不能不令人称奇并对诗作者的身份抱有更多猜测,或许他是徐光启的亲密教友甚至其本人,"本着儒者格物致知、知难而进的精神,以绝大魄力来接受利氏所传授的天学,包括西方天主教神学和自然科学"③。

3. 默想

明末意大利传教士龙华民著有《念珠默想规程》,而《吟咏圣诗三百首》中则有题为《天主耶稣默想念珠三十三想》的33首七律诗,每一"想"为一诗,在内容上与前述关于默想的作品相呼应,是理论著作的诗意表达,也是西学本土化的艺术表现,同时亦可想见基督教著作在时人之中流行的程度。更值得注意的是,清代乾隆年间有署名为"云间许鼎金元声"的《超性俚吟》④ 亦是按照龙华民的默想规程所作,亦是三十三首,只是其长度减半仅为绝句,似为明代默想七律的简省。"云间"为松江府别称,亦是徐光启故乡,这更加引人联想《吟咏圣诗三百首》与徐

---

① 毕方济:《灵言蠡勺》,王美秀、任延黎主编:《东传福音》第二册,黄山书社2005年版,第497页。
② 永瑢等撰:《四库全书总目》上册,中华书局1985年版,第1081页。
③ 章文钦:《吴渔山及其华化天学》,中华书局2008年版,第183页。
④ 徐宗泽:《明清间耶稣会士译著提要》,上海书店出版社2010年版,第28页。

光启间是否存在什么关系，即使作者不是同一人，但他们在学理渊源上也很可能有所关联。

4. 真福八端

《吟咏圣诗三百首》中有咏"真福八端"，共八首，分别阐述了真福的性质：纯、善、从剧苦来、应嗜义如渴、应造物同、应勤洒埽心台、不设机、从大义求。同一时期徐光启著有《真福八端》，认为真福乃是：神贫者、良善者、泣涕者、嗜义如饥渴者、哀矜者、心净者、和睦者、为义而被窘难者。①

将两种《真福八端》相比较，可知徐作更多的是对圣经教义的引用、转述，形式上为骈散结合，于内容上更可察见其受汉译基督教典籍之直接影响。而《吟咏圣诗三百首》的作者却不拘泥于教义中的固有概念，更多地是用诗意化的语言来表达个人的理解，同时带进中国式的善恶观，是对教义的另一种浪漫式的本土化解释和阐发。

5. 备死

明末罗雅谷撰《死说》，形式为两千余字的格言，内容为规劝世人备死，"盖借暂苦之园，结永甘之果，备暂死之路，开永生之门也"②。利玛窦的《畸人十篇》亦有篇章曰"常念死后利行为祥""常念死后备死后审"③，这类著作应是《吟咏圣诗三百首》中关于"备死"之言论的部分理论来源。

6. 画像传经

保罗·韦斯说："在宗教艺术中，似乎最能令艺术家和观众感兴趣的是绘画艺术。自文艺复兴以来，在西方尤为如此。"④ 西洋画作为宗教传播的辅助手段之一，在明末传入中国，天主像、圣母像等是明代中国人最早看到的西洋画法实物。据顾卫民研究，晚明时有耶稣会士刊印的木刻版画，如罗儒望《诵念珠规程》、艾儒略《天主降生出像经解》等，以图文并茂的形式来介绍耶稣生平，宣扬教义⑤。

---

① 徐光启：《徐光启诗文集》，上海古籍出版社2011年版，第423页。
② 徐宗泽：《明清间耶稣会士译著提要》，第57页。
③ 利玛窦：《畸人十篇》，第448页，第454页。
④ [美]保罗·韦斯、[美]冯·O.沃格特：《宗教与艺术》，何其敏、金仲译，四川人民出版社1999年版，第38页。
⑤ 顾卫民：《基督宗教艺术在华发展史》，上海书店出版社2005年版，第126页。

在《吟咏圣诗三百首》中有这样两首《全能像》，其一："古来谁见上天人，天上人来事一新。要假有形宣奥义，早从无始撰兹晨。两仪高下全归握，万姓升沉并在身。计日福音传遍处，东西南北共尊亲。"其二："悠悠无始大无垠，造世还该救世仁。自是无形纯妙主，降来有像绝奇人。浑球奠定凶超吉，辉极回旋古转新。莫向旧窠寻活计，翻然革面认尊亲。"明末徐光启曾作《耶稣像赞》："立乾坤之主宰，肇人物之根亲。推之于前无始，引之于后无终。弥六合兮靡坚，超庶类兮非同。本无形之可拟，迺降生之遗容。显神化以博爱，昭劝惩以大公。位至尊而无上，理微妙而莫穷。"①两相对照，可知《全能像》与《耶稣像赞》在意义宣讲上有一定的关联性，而又各自表述，侧重不同。

《吟咏圣诗三百首》中另有一首："一朵轻云入日多，庄严土木碎群魔。奇哉童女怀婴像，处处香花肃拜罗。"描绘了圣母玛利亚怀婴的奇景，而徐光启有一首《圣母像赞》亦属同类性质："作造物之尊母，为至洁之贞身。原之於胎无罪，秉之於性全仁。频施光兮照世，职恩保兮救人。义镜垂而群法，天门启而众臻。位越诸神兮益上，德超庶圣兮特张。福既极而难并，美非常而莫伦。"②

二者比较可知，《吟咏圣诗三百首》中的《全能像》、圣母像诗应属观画后的律诗形式的心得，而徐光启的两首像赞则是题于画像上的骈文赞辞，二者的创作由来及用途别有不同。明代天主教绘画传世者不多，而《吟咏圣诗三百首》中关于绘画的诗作却可与同时代的其他诗作一起作为此一宗教传播艺术的佐证，互为补充，互作支持，意义不可谓不大。

余 论

基督教于明末再度传入中国后，本土化的基督教诗歌也随之发展起来，明嘉靖年间罗明坚编有《中国诗集》，鲁士满编有《圣教俚言歌》，徐光启亦曾作赞辞五篇（《大赞诗》《天主十诫》《克罪七德》《真福八端》《哀矜十四端》），柯毅霖对此称赞说："徐光启的诗作表明，他已清楚地把握了基督教的本质，而且也证明他能够用诗歌这一典型的中国文学

---

① 徐光启：《徐光启诗文集》，第419页。
② 同上书，第420页。

形式来表达。"① 比之徐光启,《吟咏圣诗三百首》的创作手段同样显得娴熟自然,文气生动流畅,在艺术上达到了美的要求。

  同时,此诗集还是一种有意识的创作。艾儒略曾说:"著世俗之书,未免劳而罔功,若阐明天主之事理,则劳多而功多矣。昔贤论天堂之赏,其异数者有三等:一致命,一童贞,一著书以明圣教。夫致命、童贞,亦吾人不易得之事。若著书以明圣教,凡有心、有力者,皆可勉而能也。"②《吟咏圣诗三百首》的作者作为奉教士人,应当对这种著书明教的意义相当了解,也更加有意识、有目的地去进行写作,以便响应这种教义要求,而其创作也打破了主要由西方教士单向灌输的局面,用诗歌的形式来对应、阐释、发扬西学著作,化被动为主动,化单向为双向,是西学本土化的有力尝试。

---

① 柯毅霖:《晚明基督论》,王志成、思竹、汪建达译,四川人民出版社1999年版,第335页。
② 艾儒略:《口铎日抄》,第582—583页。

民国时期华西基督教联合机构的本色化

陈建明

（四川大学基督教研究中心）

中国基督教本色化研究是中外学术界历来重视的课题，但对于华西基督教的本色化研究成果则比较罕见。对华西教会联合机构的研究过去几乎为空白。与本文相关的论著主要有：陈廷湘、龙伟著《20世纪20年代四川基督教的本色化运动》①；吴义雄著《自立与本色化：19世纪末20世纪初基督教对华传教战略之转变》②；刘家峰著《近代中国基督教运动中的差会与教会关系概论》③。正如陈廷湘、龙伟所指出："教会本色运动既已展开，随着中国基督教徒力量和地位的进一步增强，他们便必不可少地开始积极地寻求权力表达的途径，自治的问题迟早提上议事日程。如何从传教士手中获得权力，抑或传教士如何将权力移交给中国教会领袖？虽然这是相同的一个历史进程，但于两者之间却充满了矛盾与妥协，对立与争斗。"④ 就华西基督教联合机构的本色化历程而言，传教士在其中起到了主导作用，但中国教会领袖也有所作为。

---

① 陈廷湘：《中国基督教区域史研究》，巴蜀书社2008年版。
② 吴义雄：《自立与本色化：19世纪末20世纪初基督教对华传教战略之转变》，《中山大学学报》（社会科学版）2004年第6期。
③ 刘家峰：《近代中国基督教运动中的差会与教会关系概论》，《宗教学研究》2006年第3期。
④ 陈廷湘、龙伟：《20世纪20年代四川基督教的本色化运动》（原书标题误为19世纪，笔者改），陈建明、刘佳峰主编：《中国基督教区域史研究》，巴蜀书社2008年版，第372页。

一 外国传教士独揽大权:华西差会顾问部

从 1868 年开始,基督教新教的各个差会陆续来到四川、云南和贵州。云贵川加上西藏属于中国西南地区,被西方差会称为华西。华西区域广大、差会众多,因此,各差会希望建立协调机构来对传教区进行划分和管理。19 世纪最后一年,在华西传教士大会上华西差会顾问部应运而生。

1899 年 1 月 11 日至 21 日,云贵川的部分差会代表在重庆联合召开了华西传教士大会,到会代表 76 人(含 4 名访问者),代表内地会、美以美会、公谊会、浸礼会、加拿大英美会、英行教会、英伦敦会 7 个差会和美国圣经会、英国圣经会、苏格兰圣经会 3 个圣经会。此次会议评估了整个形势并且以仁爱的精神将各差会联合起来为在华西实现"上帝之国"而努力奋斗。会议订立了"睦谊协定",划分了各差会的传教领域,将成都、重庆作为公共传教区,并且进一步确定了差会之间在事工上相互协作的精神。①

大会采纳"传教区划分与协作委员会"的建议,决定成立华西差会顾问部(Advisory Board for West China,亦称教士顾问部),协调各差会的传教工作。顾问会起咨询协调作用,由至少主席、监督——或华西的每个差会出一名资深传教士——组成。除四川省的内地会出两个代表外,每个省的每个差会出一名代表。此外,对任何问题的表决每个差会都只有一票,任何在顾问部有超过一个成员的差会,将决定由一位代表来投票。②

1899 年传教士大会对顾问部的性质和职责的规定比较粗疏。顾问部运作 8 年后,于 1907 年 3 月召开会议,讨论通过了顾问部临时章程和细则。章程由序言和 7 条内容构成,细则共 8 条。章程明确规定顾问部的宗旨是为了"(1)促进在华西工作的不同差会之间的和谐和合作的精神;(2)提出有助于更快速和全面拥有整个传教区的安排建议;(3)对任何与传教区划分或一般性传教政策相关的问题进行考虑和提出建议"③。临

---

① George E. Hartwell, *Granary of Heaven*, Toronto: Ryerson Press, 1939, p. 110; "Echoes From the First West China Conference", *The West China Missionary News*, No. 2, 1925, pp. 7 - 8.

② Ibid., p. 8.

③ "Provisional Constitution of the West China Missions Advisory Board", *The West China Missionary News*, No. 5, 1907, p. 10.

时章程还对顾问部的成员资格、委员会设置、条款修正等事项出规定。顾问部成员资格与过去规定相似，但特别提出圣经公会被视为差会，有权由其华西代理人指定一名代表，男青年会可指派一名代表。顾问部的常务委员会包括出版委员会、反鸦片委员会、数据统计委员会。这些委员会每年选举并交书面报告。章程还规定：顾问委员会每年至少举行一次会议处理事务。年会的地点由顾问部决定，时间也尽可能由顾问部决定，由干事与分委员会的干事们协商后最后决定时间。① 章程的细则对传教区划分的规定与1899年传教士大会精神一致，但川东和川西的中华内地会被视为一个差会，只有一票，由相关地区代表投票。男青年会和圣经公会不对传教区划分的事宜投票。②

顾问部下设成都、重庆、云南与贵州四个分委员会。分委员会负责商谈地方或紧急事务，或在其年会间隔时间中由其干事商谈这些问题。分委员会将他们的审议事项交给干事，干事再向顾问部其他成员报告此事。北分委员会包括圣公会、美国浸礼会、川东内地会的代表和在成都工作的差会代表。南分委员会包括在重庆工作的差会代表。云南分委员会包括监理圣经会（Bible Christian Mission）和中华内地会的代表。贵州分委员会包括中华内地会的代表。顾问部的所有成员在出席任何分委员会会议时被视作当然委员。对于在一个分委员会中心工作的差会，若其顾问部代表不在当地，那么差会可以选举一名成员入地方分委员会。③

1899年1月23日，华西传教士大会刚结束两天，顾问部第一次会议在干事威尔逊牧师（Rev. J. W. Wilson）家举行。戴德生代表云南和贵州两省的内地会参加会议。会议决议，请在华西的每个差会转交给顾问部干事一份书面声明，注明差会现在工作地的区域，或者期望去的区域名称，声明可附带一个区域或多个区域的示意图，以作将来参考。会议决定新办英文期刊的名称为 The West China Missionary News（《华西教会新闻》），每

---

① "Provisional Constitution of the West China Missions Advisory Board", *The West China Missionary News*, No. 5, 1907, pp. 9 – 11.

② "By-Laws of the West China Missions Advisory Board", *The West China Missionary News*, No. 5, 1907, p. 13.

③ Ibid., pp. 12 – 13.

份定价半两白银。①

此后，华西差会顾问部基本上每年都召开年度会议，商讨华西传教事业事宜。1905年5月9日，华西差会顾问部第六届年会在成都召开，通过创办华西协合大学的计划草案。同年11月又开会讨论基督教教育联合问题，成立了两个教育联合机构，一是小学和中学联合委员会（后改为华西基督教教育协会）；二是华西协合大学临时管理部（后改为华西协合大学理事部）。② 1906年5月7日，华西差会顾问部在成都英美会驻地召开年会，讨论并决定了许多与文字宣教有关的问题。会议决定：组织一个出版委员会，由三位成员组成，每年由顾问部选出；《华西教会新闻》作为顾问部的机关报，所有重大通知或通信都通过其版面发表；新创办一份中文基督教月刊。③ 虽然华西差会顾问部是西南三省差会的联合机构，但由于四川的传教事工显得繁杂，其工作涉及四川教务自然偏多一些。

1908年1月27日到2月2日，第二届华西传教士大会在成都美以美会医院的礼拜堂召开。到会181人，其中正式代表160人，访客21人（有5名为中国人）。大会决定将教务分为布道、医药、文字、教育四部，组建华西基督教教育会，创办华西协合大学。④ 本届大会建议扩大顾问部的职责：①为设立新的传教点或开辟新的工场调查整个传教区，同时能够为开辟新工作的特定差会或从事这类工作的专门人手提出建议，如文字工作、盲人学校、聋哑学校、疯人院、博物馆；②目前要特别考虑为传教士子女建立一所学校，为新传教士建立语言培训学校；③建议安排专门人才付出部分时间到属于各个差会的教会中从事特殊布道工作。大会决议对华西差会顾问部一年以前提交的临时章程和细则作出修改并通过，并重新提交给顾问部，要求他们将其作为工作指导。⑤

---

① J. W. Wilson, "Notes from Secretaries of Advisory Board", *The West China Missionary News*, No. 1, 1899, pp. 6 – 7.

② "Echoes From the First West China Conference", *The West China Missionary News*, No. 2, 1925, pp. 7 – 8；刘吉西等编：《四川基督教》，成都巴蜀书社1992年版，第259页。

③ "Minutes of the Annual Meeting of the Advisory Board of Reference and Co-operation", *The West China Missionary News*, No. 6, 1906, pp. 130, 137.

④ 钟可托：《华西基督教大会》，《中华基督教会年鉴》第8期，中华全国基督教协进会1925年编印发行，第101页。

⑤ "Resolutions", *West China Missionary Conference*, Chengtu: Canadian Methodist Mission Press, 1908, pp. 15 – 16.

四川教会人士认为：华西差会顾问部是"华西基督教各差会最早组建的事工协调机构，也是各差会协作事业的决策机关"①。顾问部成员全部是西方传教士，中国信徒对于教会事务尚没有发言权。其主要原因，一是西差会抱着主人的心态，没有主动邀请中国信徒参与教会管理的意愿；二是当时中国信徒数量不多，素质不高，尚难以担当重任。刘家峰教授曾经指出："在整个19世纪，中国基督徒无论从个体还是整体来看，都表现得势单力薄，除了勉强担当传教士助手外，对传教事业几乎没有什么重要影响，教会也几乎无一例外都是传教士主导下的教会，所谓的'差会教会'（mission church），没有一个真正意义上的中国教会（Chinese Church）。"② 这个论断同样适合华西的情形。由于华西地处偏远之地，本土教会成长过程比东部地区更加缓慢。

二　华人参与办教务：中华基督教四川顾问会

　　1908年1月，第二届华西传教士大会在成都美以美会医院的礼拜堂召开。大会对中国本土教会问题有所考虑。大会决议：会务人员可以自由邀请会说英语的中国基督徒时不时来旁听会议。这是比第一届大会改进之处。更为重要的是，大会采纳"华西合一新教基督教会"（One Protestant Christian Church for West China）为其理想，并任命一个"教会合一常务委员会"来考虑实现这个理想的行动。大会要求教会合一委员会召集一个中国基督徒大会。③ 从以上决议可见西方差会已经将中国基督徒走到前台提上了议事日程。三年后，中国社会的巨变推动了华西差会吸收中国信徒参与教会事务的进程。

　　1911年辛亥革命爆发，次年民国建立。基督教所处环境逐渐宽松，基督教徒与非教徒之间的紧张有所缓和，中国基督徒继续主张差会向中国教会转移权利。1912年3月，诚静怡在《国际宣教评论》（International Review of Missions）发表《中国教会的当前任务》一文，认为中国教会正

---

① 刘吉西等编：《四川基督教》，巴蜀书社1992年版，第259页。
② 刘家峰：《近代中国基督教运动中的差会与教会关系概论》，《宗教学研究》2006年第3期，第112页。
③ "Abstract of Proceedings", *West China Missionary Conference*, Chengtu: Canadian Methodist Mission Press, 1908, pp. 15, 22.

处于从"中国差会"（the China Mission）阶段过渡到"中国教会"（the China Church）阶段，希望中国教会承担起自己的责任。①在华传教士也作出了回应。1912年6月，《教务杂志》刊登社论提到当时在华传教士认为"差会在本质上来说就是暂时的。中国教会必须成长起来，承担更多责任……差宣教事工过去的中心在差会，而现在在中国教会。西方基督徒为华做工的时代将过去，从而揭开中国基督徒自己独立宣教的新时代"②。从华西教会本色化的进程看，1912—1922年的10年，是西差会独揽传教大权过渡到差会逐步放权、中西合办教会的时期。

辛亥革命前后，四川的传教士不知要发生什么变化，纷纷逃到上海避难，有的甚至回国，于是不得不将教会事业和权力交给华人办理，"此为华西教会之新纪元，从此以后教会华人逐渐登政治舞台，教会事业亦因之而又长足进步"③。不过，在民国时期，除了不断产生的自立教会以外，更多的还是由差会掌握的各个教派逐步实行本色化，即担任领导职务的中国牧师逐渐增多，传教士从前台逐渐隐到幕后控制，不少教派组织都冠上了"中华"二字。在财政方面，差会也想加大中国教会的自养能力。20世纪20年代初，四川地方物价普遍上涨，海外母会财政预算也在缩减，从而在客观上导致了差会重视本土教会自养能力的培养，通过促进教会本色化而减轻差会的经济压力。

1913年6月30日，华西差会顾问部第13届年会在成都加拿大英美会教堂举行。会上，英美会建议差会顾问部增加中国代表。与会人员通过决议，建议四川各个教会联合组建四川教会顾问会（Advisory Council of the Churches of Szechwan），并建议中文名称为"中华基督教四川部顾问总会"，并提出华西教会可接受中华基督教会全国大会建议的这一名称。顾问总会的宗旨是：讨论工作方法，为在全川扩展上帝之国而提升效率和推动教会的每项工作。其实质就是管理四川教会的各项工作。如果教会同意组建这一组织，顾问部建议每个教会推荐4名代表，第一届会议定于10

---

① Cheng Ching-yi, "The Chinese Church in Relation to Its Immediate Task", *International Review of Missions*, Vol. 1, 1912, p. 383.

② "Editorial Comment", *The Chinese Recorder*, Vol. 43, No. 6, June, 1912, p. 319.

③ 萧文若：《廿年来之华西教会》，《希望月刊》第9卷第5期，1932年5月，第3页。

月29日教育联合会会议结束后在成都举行。①

1913年10月29—30日,中华基督教四川部顾问总会第一届会议召开。出席会议的中西教会人士共20人,计有:英美会的启尔德(Dr. Kilborn)、李芝田(R. O. Jolliffe)、谭可久(华人)、Yang Chwen Lin②(华人);美以美会的毕启(J. Beech)、约斯特(J. W. Yost)、Ho Bu Shan(华人)、Yang Hwa Shan(华人);公谊会的陶维新(R. J. Davidson)、沈克莹(R. L. Simkin)、杨国屏(华人)、Ma Fu Tsu(华人);美国浸礼会的戴谦和(D. S. Dye)、施勉志(F. N. Smith)、乐作舟(华人)、Djang Tao Sen(华人);圣公会的喀鲁姆(D. A. Callum)、杜荣昌(J. L. Stewart)、古寿芝(华人)、Wu Cheng Sui(华人)。启尔德被选为主席,杨国屏和杜荣昌分别被选为中国干事和外国干事,陶维新被选为口译人员。会议决议:联合机构的名称为"中华基督教四川部顾问总会"(下面行文按照当时华人信徒的称呼简称"顾问会")。会议规定,顾问会的成员包括在四川工作的不同教会的代表。每个教会指派同等数量的代表。所有与出版相关的事业都要获得顾问会的官方批准。顾问会每年至少举行一次会议,会议的地点和时间尽可能由顾问会决定。每个教会指派两名代表组成顾问会的执行委员会,这些代表必须驻在同一地点。顾问会为传教士与中国信徒的联合组织,如果出现差会顾问部不能处理的问题,则由教会顾问会协助办理。③ 决议规定,顾问会的宗旨为:"顾问会不是一个立法机关。他的权力只限于顾问及建议事项。他的职务是辅助本省教会各样事功的进行,并使本省教会能与他省教会及续行委办取一致的联络。"④

本次会议传递出明显的中国味道。例如:①这是省级以上会议第一次有中国正式代表出席,而且代表人数中西各10人,完全对等;②会议决议,顾问会官方语言是中文,可以使用英文,但必须翻译为中文。会议记

---

① "Thirteenth Annual Meeting of the Advisory Board", *The West China Missionary News*, 1913, No. 7, pp. 4 – 5.

② 未查到中文姓名,维持原文拼音,下同。

③ "First Advisory Council-Minutes of the Advisory Council of the Christian Churches of Szechwan", *The West China Missionary News*, 1913, No. 11, pp. 4, 6.

④ 方叔轩:《四川基督教协进会》,《中华基督教会年鉴》第8期,中华全国基督教协进会1925年编印发行,第104页。

录用两种语言，在任何表达不一致之处，以中文为准。总会的委员包括一位主席、两位干事，干事中有一位中国人，一位外国人，另有一位司库（不确定国籍）。会上选举5名中国人和5名外国人组成执行委员会。①

四川教会顾问会的成立，标志着采用本土教会名义的中西合作机构组成。随着华西传教区划分问题的渐渐解决，华西差会顾问部的工作职责逐步为四川顾问会以及华西教育会等机构所行使。顾问部还有存在的必要吗？在1918年10月17—19日举行的第18届差会顾问部年会上，代表们就顾问部是否需要继续存在进行了讨论。参会代表认为，虽然顾问部的许多职责被其他机构取代，但其仍然是在华西工作的各外国差会会面和仔细商讨共同感兴趣事宜的机构。它的工作人员能在任何时候帮助协调和解决传教士工作中的困难和问题——没有其他机构能提供这一功能。因此，会议决议顾问部仍有存在之必要，要求各差会继续向顾问部任命未来三年的代表。② 这说明差会顾问部将在教会顾问会的背后发挥其影响力，继续过问华西教会的重大决策问题。

1918年，面临中国基督教本色化呼声日益高涨和中国信徒增加的形势，在四川的加拿大英美会正式实行中西协合办理教会事业。其他宗派的中国信徒也要求在教会事务中发挥更大的作用。1919年11月10—12日，华西顾问会年会在绵州（今绵阳）举行。会议决议于1921年召开华西基督教大会，并成立大会的筹备委员会。筹备委员会在报告中提出，华西大会于1921年1月上旬在成都举行，并建议顾问部和顾问会要求各个教会送200位外国人和200位中国人出席代表大会。这个报告正式提出了关于华西基督教大会的性质应为不区分中国教会和西方差会的"基督教的"（Christian），而不是西方色彩浓厚的"传教士的"或"差会的"（Missionary）。③ 由于各种原因，华西基督教大会延至1925年才召开。

在实际运作中，传教士发现教会顾问会权力有限，办事困难，加之同时还有其他几个协合机关，如教会合一委办（委办即委员会，下同）、全

---

① "First Advisory Council-Minutes of the Advisory Council of the Christian Churches of Szechwan", *The West China Missionary News*, No. 11, 1913, pp. 4 – 6.

② "The Eighteenth Annual Meeting of the West China Missions Advisory Board", *The West China Missionary News*, No. 12, 1918, p. 8.

③ "Annual Meeting of the Advisory Council", *The West China Missionary News*, No. 12, 1919, pp. 5 – 17.

省布道委办等，互相掣肘，无法适应教会发展的需要。于是开始酝酿成立全省独一的协和机关。在 1920 年 11 月举行的华西差会顾问部第 20 届年会上，与会代表讨论了全省布道委办的运作和其与顾问部、顾问会的关系。顾问部形成决议："本部讨论全省布道委办对于顾问会及教士顾问部的关系。同人等以为顾问会应多有执行之权，对于会务始能增加效益。同人等建议如使顾问会成为更有效力的机关，须将各协和委办并合为一，使顾问会为四川教会的协和事业的强有力的总机关，办理各教会交托的事件。又布道干事须与这机关合作。布道委办亦可由这总机关选派。"① 顾问部请顾问会、全省布道委办和各教会与组织考虑这件事。

差会顾问部的建议得到教会顾问会认可。在 1921 年 4 月 25 日（从上年延期）举行的教会顾问会年会上，与会代表讨论了这个建议，并作出决议：建议各教会从下届年会开始，每个教会指派一个代表到一个协和机构，而不是将代表送到各个协和委办。各协和委员会的功能将统一并入这个新的机构。会议代表考虑这个新的联合机构的名称应为"全川基督教协进会"。②

1921 年 11 月 7—8 日，顾问会年会在成都浸礼会福音堂举行。在此次会议上讨论决定，全省联合的新机构名称为四川全省基督教协进会（Interchurch Council of Szechuan），其目标是与全川的基督教会联系，推进基督的事业。具体内容有三项：讨论传道的有效方法；促进教育和发展合作精神；在教会之间培养友好的关系和消除阻碍进步的障碍。协会总部定在成都，常务委员会包括布道委员会、教育委员会、医药委员会、社会服务委员会、出版委员会。协会成员，由各个教会派 6 名，男青年会和女青年会共 1 名，圣经公会 1 名，协和大学 3 名，华西教育会 2 名。每年举行年会。执行委员会由 12 位成员组成，每个教会推举 2 人。常务委员会在年会上选举，要不时向执行委员会汇报。协会领导层包括 1 名会长、1 名副会长、两位干事（一英一中）和一位司库。③ 此次会议标志着顾问会使

---

① "The Twentieth Annual Meeting of the West China Missions Advisory Board", *The West China Missionary News*, No. 12, 1920, p. 7. 译文见方叔轩《四川基督教协进会》，《中华基督教会年鉴》第 8 期，中华全国基督教协进会 1925 年编印发行，第 104 页。

② "Annual Meeting of the Advisory Council", *The West China Missionary News*, No. 6, 1921, pp. 27 – 28.

③ Ibid., pp. 17 – 23.

命的结束。

三 以华人为主的中西合作机构:四川基督教协进会

四川教会新的联合机构最后采用的正式名称是"四川基督教协进会"(Szechwan Christian Council)①。1922年《华西教会新闻》11—12月合刊的社论提到:"顾问会停止了,由四川基督教协进会取而代之。"② 四川基督教协进会的成立堪称华西基督教本色化路上的里程碑。

1922年11月6—7日,四川基督教协进会在成都浸礼会福音堂举行第一届年会。③ 会议通过了执行部建议的章程。年会由各教会选派代表6人组成。平时会务则由年会选派执行部部员10人担任办理。加入年会的还有英国圣书公会、美国圣经会、华西大学、华西教育会及男女青年会。成立时内地会尚未加入。该协进会章程要点有:"宗旨:联合全川基督教各公会,以谋全川基督教之进行。(甲)增进各公会亲密感情,扩张协和精神。(乙)讨论布道之方法,并扶助布道事功之进行。(丙)促进华西基督教教育的进步。""职权:(甲)凡关于各协进会及合作事件,本会有顾问之权。(乙)凡各教会有付托本会事件,均有承办主理之权。"章程还规定设立执行部处理平时会务,下设布道股、教育股、医务股、文字股、社务股、经济股、主日学股、家庭研究股。④ 办事处起初设在成都基督教青年会内,后设在成都暑袜北街57号。协进会第一任会长(主席)

---

① 需要说明的是,1929年,加拿大英美会与其培植的四川美道会中西同工组成协和年会,即中华基督教会四川协会。1931年1月,美道会协和年会表决参加中华基督教会全国总会。1934年1—2月,中华基督教会四川协会召开第一次年会。此"四川协会"为单一教派组织,不同于各个教派联合组成的"四川基督教协进会"。1942年,四川协会为免与四川基督教协进会名称混淆,更名中华基督教会四川大会(简称四川大会)。
② W. J. Mortimore, "Editorial", *The West China Missionary News*, No. 11 - 12, 1922, p. 3.
③ 关于四川基督教协进会成立的时间比较模糊。萧文若称是1921年10月(见《廿年来的华西教会》,《希望月刊》第9卷第5期,1932年5月);方叔轩称是1921年11月(《四川基督教协进会》,《中华基督教会年鉴》第8期,1925年);《华西教会新闻》称1922年11月召开第一次年会(*The West China Missionary News*, 1922年, 第11—12期合刊);刘吉西等编《四川基督教》称是1924年(该书第262页,巴蜀书社1992年版);方叔轩称1921年11月成立并召开第一次年会,与《华西教会新闻》的报道矛盾。
④ 《四川基督教协进会章程》,载方叔轩《四川基督教协进会》,《中华基督教会年鉴》第8期,中华全国基督教协进会1925年编印发行,第106页。

为方叔轩,义务总干事为田海源。浸礼会传教士夏时雨兼任布道干事(1924年夏时雨升任总干事)①。四川基督教协进会比以前的顾问会增加了权威和执行力。当时的协进会会长方叔轩认为:"改组后,这机关的范围和权力都扩张了。他对于教会的一切事业——布道、医务、学校等——负有指导与联络的责任。"他还认为:四川基督教协进会成立后,开展了许多工作,其中重要的一项就是"提倡本色的教会"。②

四川基督教协进会虽然冠以"四川"二字,但仍然负有指导西南数省教会事务的责任。教会人士指出:四川基督教协进会隶属于中华全国基督教协进会,是华西基督教团体的联络与合作组织。协进会所辖地区包括四川、西康、贵州、云南等省的教会团体。其宗旨是促进同道的友谊,并推行联合性质的事工。该会由华西各基督教会和教会团体代表大会选出执行委员会统筹全部事工的推行。③ 四川基督教协进会成立,至少在形式上中国人掌握了控制权,正副会长均为中国人。同时,协进会并不拒绝西方差会的帮助和参与。可以看到,协进会是差会顾问部提议和设计的结果;各个分委员会都有中外人士担任干事;传教士夏时雨为布道总干事,占据着一个很重要的位置。

1925年1月13—18日,四川基督教协进会与华西差会顾问部联合发起召开了华西基督教第一次代表大会。会议在华西协合大学举行。此次大会最大的特色是华人为主体,西人为客体,如会正、书记,以及一切重要的委办尽举华人担任。④ 本次大会名称为"华西基督教大会",取代了过去有西方色彩的"华西传教士大会"名称,偏向中国化的称呼。中西人数的构成,也证明了本色化的明显进展。1899年华西传教士大会有代表72人,访问者4人,没有中国人。1908年华西传教士大会有160名代表和21位参观者,除了5名中国参观者外,其他的都是外国人。1925年大会代表有287名中国基督徒,157名传教士,中国代表人数远远超过外国

---

① 吕要诚:《四川协进会报告》,《希望月刊》第7期,1924年7月1日,第3版。

② 方叔轩:《四川基督教协进会》,《中华基督教会年鉴》第8期,中华全国基督教协进会1925年编印发行,第105页。关于协进会第一次年会的报道详见 "First Annual Meeting of the Szechwan Christian council", *The West China Missionary News*, , No. 11 - 12, 1922, pp. 31 - 35.

③ 刘吉西等编:《四川基督教》,巴蜀书社1992年版,第262页。

④ 萧文若:《廿年来之华西教会》,《希望月刊》第9卷第5期,1932年5月,第4页。

代表。① 整个会议讨论几乎都围绕中国教会来进行，这证明华西本土教会力量大大增长。② 出席会议的中国代表钟可托发表感想道："此会西会员非常谦退，处处让华代表有充分机会发言。华代表亦觉责任所在，不容旁贷；犹能尊重西友意见，取调协态度，并无隔阂。……按教会事业在中国之演进约可分三时期：（一）宣教时期，（二）中西合作时期，（三）中国教会自立自养时期。自此次华西大会聚集，华西教会已脱离宣教时期而入中西合作时期矣。"③

在这次会议之后，向中国教会移交权力的问题成为各差会年会讨论的重要议题。1925年11月，华西差会顾问部举行第25届年会，与会代表又一次讨论了顾问部的存亡问题。美国浸礼会周忠信（Joseph Taylor）指出，顾问部章程中的三条宗旨已经在很大程度上实现，在华西的差会之间，和谐和合作的精神已经存在了许多年。而在当前的条件下，似乎不可能有任何更多的差会使徒在华西开展新工作，布道奋进运动通过中国教会更加可能完成。此时又有了中国人的组织——四川基督教协进会，关于体制（polity）和教会关系的问题可以在那里商讨。因此他认为是顾问部退出历史舞台的时候了。但是在接下来的讨论中，其他与会代表仍然认为有顾问部能做且应该做之事，因此，会议决定，任命由何忠义（Geo. E. Hartwell）、霍华德·莫尔（Howard Mowll）主教和鹿依士（Spencer Lewis）医生三人组成的委员会调查顾问部的工作范围和将来的作用④。但无论如何，"将权力和责任交付给中国同事"的问题已经成为会议讨论的中心议题之一。⑤

接下来中国发生的政治事件加速了西方差会向中国教会转移权力的进程。1925年非基运动由北平传到四川，1926—1927年达到高潮。1926年9月5日，在四川又发生了英国兵舰炮轰万县城的"九五"惨案。1927年2月，武汉革命政府正式办公，中国人民反帝爱国情绪高涨，四川各地

---

① "Editorial", *The West China Missionary News*, No. 2, 1925, pp. 3 - 4.
② George E. Hartwell, *Granary of Heaven*, Toronto: Ryerson Press, 1939, p. 110.
③ 钟可托：《华西基督教大会》，《中华基督教会年鉴》第8期，中华全国基督教协进会1925年编印发行，第103页。
④ "Minutes - 25th Annual Meeting of the West China Missions Advisory Board", *The West China Missionary News*, No. 12, 1925, p. 8.
⑤ "Editorial", *The West China Missionary News*, No. 4, 1926, p. 1.

兴起反"洋教"运动。在四川的西教士除四五人外，纷纷回国或到上海避险，这给了华人牧师和传道人锻炼独立工作能力的机会。四川基督教协进会机关刊物《协进周刊》于1927年2月19日刊登《告同志》一文安定人心。文中写道："教会者，会友之教会也。教会之元首，耶稣基督也。西人之去留，于本体确无大害，正上帝畀吾人以大好机缘，努力自立，使教会立于更稳固、更完美之地步，此其时也。……所望于同志者，第一须同德同心，不可持门户之见太甚，自取分裂。第二须具合作精神，彼此互助。第三须多与社会接触，使人人了解吾道之真义。如此则进步可期，昌明有望矣。"① 接着，该刊2月26日第71期至3月12日第73期连续刊载四川教会领袖安定信徒人心的公开信：

  径启者，吾川自万案发生以来，非教风潮日加扩大。教会西人率多返国，各会工作不免困难。同人等爰召集省垣各公会会友筹商。佥以际此时艰，正吾辈责无旁贷，努力工作之机会。乃分头并进。一方面向本省当道接洽，已蒙力予维持；一方面邮呈革命军蒋总司令请其分饬保护，亦经批准在案（此句之后因原件纸张裂缺，墨迹不清等因，内容不明——笔者）……期渡此难关。倘蒙时锡南针，以匡不逮，尤所希幸。此致
  先生钧鉴　并颂　道安
         四川基督教协进会　会长方叔轩、熊蜀岷
         干事黄次咸谨启②

风潮平息以后，1927年下半年到年底，传教士陆续回到四川。此时，西方差会更加强调本土华人领袖担负起教会自立的责任，而华人教会领袖也增强了自立的意识。共同目的是促进本色化教会，谋求传教事业的发展。

重庆基督教协进会主办的"以全川教会之喉舌为使命"的《弘道》期刊，于1927年12月6日发表《中国基督徒为西教士重来宣言》，旗帜鲜明地提出了本色化主张。该宣言写道："虽然近年来之教会日渐趋于中

---

① 友人：《告同志》，《协进周刊》第2年第70期，1927年2月19日，第1版。
② 《协进周刊》，第2年第71—73期，1927年2月26日至3月12日，第2—3版中缝。

国化,然吾蜀僻居西隅,本色教会萌发较迟,急宜兴革之事尤多。今者西教士行将重来,对于基督教之前途大有关系。本色教会能否实现,即在今日之基督徒能否有彻底之觉悟与认识,并能否有群策群力之精神,以图教会之革新,而明基督之真道。"接着,宣言对于四川教会今后的发展提出了十二条原则,内容涉及中西人事、经济、待遇平等和政教关系、社会工作等。其中第四条旗帜鲜明地提出了教会一切事宜应由华人办理:"当此高唱本色教会之时机,差会急宜培植中国教会自立之能力。故教会一切事宜,应交托华人办理,西教士祇立于襄助的地位。"①

对于华人教会谋求自立,希望交权的要求,西方差会表示了支持态度。差会顾问部在1927年7月7日举行的第26届年会上讨论了顾问部的将来,会议代表认为,顾问部多年没有为云南和贵州传教士作出贡献,而云南省已有了自己的组织,在此情况下,顾问部自然而然将自己的工作范围限制在四川,那就可以改变名称和性质为(1)顾问部更多地行使由更多人参加的讨论当前差会问题的信息交流的功能;(2)顾问部请各差会的年度大会进行讨论,建议将顾问部的名称改为"Szechuan Inter-missions Board"或"Szechuan Inter-missions Association"②。总之,要完全去掉过去顾问部承担的协调和决策功能。此后,顾问部的主要工作集中在对《华西教会新闻》的监管和编辑安排方面。

一些传教士也明确表示向中国教会交权的意愿。美国浸礼会葛维汉(D. C. Graham)在1927年11月回到叙府后,十分感慨地说,"我们作为传教士将来在四川的道路不会总是洒满玫瑰,但我们有许多真诚的中国朋友赞赏我们正在努力进行的事业。他们希望我们能对中国的民族主义渴求抱有同情之心,并在建立强大的本色教会这条缓慢艰辛的道路上给予尽可能的合作"。③ 在1928年四川浸礼会年会上,周忠信(Joseph Taylor)发表演讲,再次提出差会应将更多教会的工作交由中国人负责,得到差会承认。④ 1929年2月,加拿大传教士李芝田(R. O. Jolliffe)撰文称:"因非基运动发生,西人乃于忙迫中将所办一切,清清楚楚交代华领袖负责,而

---

① 《中国基督徒为西教士重来宣言》,《弘道》第9期,1928年1月6日,第2—3版。

② "Minutes 26th Annual Meeting of the West China Missions Advisory Board", *The West China Missionary News*, No. 2, 1927, pp. 7 – 9.

③ D. C. Graham, "Back at Suifu", *The West China Missionary News*, No. 1, 1928, pp. 36 – 37.

④ 朱家彩:《雅安教会历史》(1943年),四川省宗教志办公室(基)第124卷。

华领袖遂在最困难的环境中,继续服务,卒获一种极可贵的经验……总之无论如何,此职权的转移,确为一最重要的进步。"①

四川基督教协进会成立后,开展了大量工作,涉及布道、社会服务、教育、文字等方面。组织比较大的活动有五年奋进布道运动(先后两次)、基督化家庭运动,此外还先后成立青年工作委员会和农村工作委员会,以基督教的精神开展乡村改造活动,指导青年运动。这些都标志着中国教会逐渐成熟,可以担当重任。

四 抗日战争时期的四川基督教协进会

1937年9月24日,华西差会顾问部执行委员会会议决议,鉴于其他组织已经行使了以前由顾问部承担的除了《华西教会新闻》出版之外的其他所有功能,除非有强烈的反对意见,那么,华西差会顾问部停止存在。顾问部现有余额11.30元移交给《华西教会新闻》的业务经理。顾问部的所有记录由《华西教会新闻》主编找人编辑存档,存在华西协合大学图书馆。② 顾问部停止后,由各差会各任命一名代表组成新的《华西教会新闻》出版委员会负责《华西教会新闻》的出版工作。从此,华西各个教会的联合机构就只有四川基督教协进会了。此时中国抗日战争已经爆发,华西教会在谋求自立的同时迎来了新的发展机遇。

抗战爆发以后,全国各地教会受到冲击,有的甚至停止活动。在各地先后沦陷之前,都有一些全国性的教会和差会及附属机构、大中学校迁到华西地区,华西教会获得了发展机会。全国基督教协进会于1938年11月在成都设立办公处,成立了中华全国基督教协进会华西临时委员会,主席吴贻芳(1944年吴出国,由王俊贤代理主席)。1942年年初,全国基督教协进会迁重庆,成立总办事处,在成都华西坝设立办公处。③ 全国基督教协进会、基督教青年会及各教会均积极在华西从事布道工作。

---

① 李芝田:《两年来西教士对华教会的感想》,《希望月刊》增补号,第4卷2期到5卷8期合刊,1929年2月,第33页。

② "West China Missions Advisory Board Executive Committee", *The West China Missionary News*, No. 12, 1937, p. 16.

③ 《复刊词》,《协进》(中华全国基督教协进会)第1期,1943年3月,第2页,及刊头信息。

华西地区教会之间的合作得到全国性组织的重视。1938年9月，中华全国基督教协进会机关刊物《中华归主》中"事工述要"一栏报道西南合作事工时说："今日中国之西南不但为经济政治及一切建设之中心，且亦为我教会发展事工之要地。故教会各领袖对于西南此后之工作极为重视，并不时召集会议讨论合作事工之进行。"① 1939年11月和12月，全国基督教协进会为商讨华西方面教会事工协进问题，召集负责教会和差会政策的人员和几位近期在华西旅行过的人士先后开会5次。英国差会联合会远东委员会和北美国外差会会议对此问题极为关注，议决由中华基督教协进会干事部组织一个华西教务合作研究组，负责研究该问题。研究组成员有刘廷芳、白士德、高伯兰、力宣德、江文汉及协会总干事陈文渊、干事李劳士7人，刘廷芳任主席。研究组拟定了布道、教育、医药、文字、青年工作以及其他事工的协进办法，以及与华西各教会联系的方式。②

中国教会领袖刘廷芳即认为在这抗战危难之中，华西基督教各宗教派实有重大的合作机会，他在《华西教务合作》一文中指出："东南东北沿海之区，教会事工成立已久，宗派门户，各有历史，既往沿革，各有理由。合作计划，不无困难。华西各省，虽工作年代亦已不少，然而地区广阔，需要浩繁，已成事工仍属有限。国都西迁，外省移居之民众日增，新旧需要益形迫切。各宗派各差会都表示热心扩充事工，此正合作之良机。"③ 美国传教士毕范宇（Frank W. Price）则撰文解释为什么要在华西开展基督教协进运动：因为战争期间，在华西各机关团体、政府与社会，所有的思想与工作，都以改造与前进为号召，都期望基督教会有所帮忙。"若要应付这些新的要求和机会，华西教会必要增强力量，始能胜任。"④

抗战期间，虽然华西基督教得到了巨大的发展机会，但作为云贵川三省联合机构的四川基督教协进会却成了全国协进会的配角，难以独立开展各项活动。四川地区各项教会事工，几乎都可以见到全国各类教会机构的身影。但以中国信徒为主的中西联合处理教会事务的模式得以坚持和发扬。下面据现有资料对四川协进会的工作略加叙述。

---

① 《事工述要》，《中华归主》第188期，1938年9月，第7页。
② 《华西教务合作研究组报告》，《中华归主》第203期，1940年2月，第4页。
③ 刘廷芳：《华西教务合作》，《中华归主》第203期，1940年2月，第3页。
④ 毕范宇：《基督徒前进：对于华西基督教协进运动的建议》，《中华归主》第204期，1940年3月，第3页。

1937年秋，四川协进会多年谋划的华西协合神学院正式成立，为四川教会培养布道人员。校舍与华西协合大学毗连，由加拿大传教士宋道明任院长。1938年，金陵神学院迁成都，与华西协合神学院合作办学。1945年抗战胜利后，金陵神学院迁回南京，中国人王俊贤和邹秉彝先后任院长。1937年11月，布道家龚斯德来到成都市，由四川基督教协进会筹备和主持奋进布道大会，由驻成都市各教会省级机构选派代表共300余人参加，会议10天。1938年12月，四川协进会负责人方叔轩、王俊贤参加在印度马德拉斯举办的世界基督教第三次宣教大会，次年1月返回成都，与各差会干事一道传达演讲会议精神，会期5天。①

抗战结束以后的三年期间，国共合作破裂，社会局面动荡，教会工作困难重重。1947年，四川基督教协进会开展"三年奋进运动"。倡议三项目标：①教徒增加一倍；②筹募自养基金；③加强宣传工作。② 在当时的环境下，这个运动很难说有什么成效。1948年，四川基督教协进会主席为王俊贤、副主席为邹秉彝。杨汉声为文字委员会主席。该会成员包括四川、西康、贵州、云南等省的教会团体③。1950年四川协进会执行委员会由9人组成。主席为王俊贤（从1934年起曾数次担任协进会主席），副主席邹秉彝，书记刘伯常，会计胡敬伯，委员有宋诚之、钟国英、霍文、方叔轩、李连克④。随着新中国政治形势的发展，协进会逐渐退出了历史舞台。

五　结论

在清末民初，华西本土基督徒尚未成长起来，从信仰、教育水平到自养能力都难以担当重任，起初是外国传教士独揽大权，华西差会顾问部负责划分传教区域，协调差会间的工作，起到了发展华西地区传教事业的核心作用；辛亥革命以后，传教士开始考虑吸收华人信徒参与教会事务，成立了中华基督教四川顾问会，这是中国信徒和西方传教士联合开展工作的

---

① 刘吉西等编：《四川基督教》，巴蜀书社1992年版，第262—268、301—302页。
② 同上书，第266页。
③ 《四川基督教协进会概况》，1948年，第7页。上海档案馆藏档U123-0-48。
④ 刘吉西等编：《四川基督教》，巴蜀书社1992年版，第262—263页。

机构，中国信徒开始在省级以上教会机构中发挥作用。但这是四川差会让权给中国教会的一个行动，华西差会顾问部仍在华西教务中扮演主导角色。20 世纪 20 年代初期，随着中国民族主义情绪的高涨，中国信徒愿意承担更多的责任，传教士转移权力的意愿增强，成立了以华人为主的中西合作机构——四川基督教协进会。1927 年以后，华人在华西教会事务中占有了主体地位。但由于西方差会对中国信徒能力并不是十分信任，也由于本土教会自养能力薄弱，直到 1950 年，四川乃至华西基督教联合机构的本色化过程并没有完成。吴义雄教授指出："尽管 20 世纪前期中国基督教史的主题，已从传教事业的发展演变为本色教会事业的发展，传教机构和传教士依然在这一嬗变过程扮演着要角。"[①] 华西地区教会本色化的进程和模式与全国类似。

四川基督教协进会第一任主席为方叔轩曾经在 1925 年谈到四川教会协和机关的发展历史，他将其分为三个阶段："（一）纯全西教士的协和机关——教士顾问部。（二）范围狭小权力有限的教会协和机关——教会顾问会。（三）范围及权力扩张的教会协和机关——协进会。"[②] 他作为协会负责人，亲历四川教会许多重要事件，与西方传教士接触密切。因而他的论断是具有权威性的。本文的论述可以看作是对方叔轩"三段论"的一个补充和详细的展开，对华西—四川基督教联合机构的本色化演进过程做了初步分析，对于学术界继续探讨华西基督教本色化历史可以起到抛砖引玉的作用。

[①] 吴义雄：《自立与本色化：19 世纪末 20 世纪初基督教对华传教战略之转变》，《中山大学学报》2004 年第 6 期，第 132 页。

[②] 方叔轩：《四川基督教协进会》，《中华基督教会年鉴》第 8 期，中华全国基督教协进会 1925 年编印发行，第 103 页。

20世纪前期中国基督教风尚改良运动述略

徐炳三

(华中师范大学中国近代史研究所)

近年来,基督教会参与中国社会风尚改良的史实受到学界关注,然已有成果多集中于缠足、祭祖、婚俗、丧俗等方面,而对蓄婢、赌博、狎妓、吸烟、酗酒、淫祀等习尚关注较少;且研究时段多集中于19世纪,对20世纪的情形语焉不详。① 而20世纪前期正是风尚改良运动成效彰显的时期,具有不同于以往的、转型期的特点。故此,本文以1900年到20世纪30年代基督新教开展的风尚改良运动为研究对象,试就教会的改良主张与实践简述大略,以就教于方家。②

---

① 这些研究成果多散见于基督教史和社会史著作中,代表性的专题研究大致有李颖:《基督教与近代中国反缠足运动——以福建为中心》,《东方论坛》2004年第4期;王海鹏、刘金凤:《传教士与近代山东的不缠足运动》,《中华女子学院山东分院学报》2005年第2期;王海鹏:《近代来华传教士与中国婚姻风俗的嬗变》,《天府新论》2006年第4期;徐炳三:《基督教与近代福建女俗改良》,《民俗研究》2006年第4期;王海鹏:《明清耶稣会士的中国风俗观》,《唐都学刊》2008年第6期;吴巍巍:《近代来华西方传教士对中国溺婴现象的认识与批判》,《江南大学学报》2008年第6期;王海鹏:《近代来华传教士关注中国社会风俗原因初探》,《唐都学刊》2009年第5期;王海鹏:《论近代来华传教士的中国风俗观》,《唐都学刊》2012年第4期,等等。此外在杨兴梅教授多篇关于缠足问题的论文中也有所涉及基督教问题。近年来传教士反鸦片和祭祖问题的研究成果日渐增多,前者最有代表性如黄智奇:《亦有仁义——基督教传教士与鸦片贸易的斗争》,香港:宗教出版社2004年版;后者最有代表性的为邢福增、梁家麟:《中国祭祖问题》,香港:建道神学院1997年版。

② 1900—1930年是基督教对社会风尚改良的活跃期,此后由于日寇侵华,抗敌救国成为新的时代主题,风尚改良运动的特点再次发生变化。另外,本文采用的"风尚"一词而非"风俗","风尚"的涵盖面更广,除包括风俗外,还涉及民众的其他好尚。参见严昌洪《20世纪中国社会变迁史》(人民出版社2007年版)第12章"社会风尚改良运动"对风尚概念的界定。

一　承袭与发展：旧俗陋规改良之再推进

　　20世纪前期基督教会在华开展的风尚改良运动，是19世纪相关运动的继续和推展。西方传教士不遗余力地改良社会风尚，其原因不外有二：一是这些风尚与基督教教义相违背；二是这些风尚与西方的道德标准相背离。传教士认为，不符合道德的一定不符合上帝法则，不符合上帝法则的必然不符合道德，这一逻辑为教会的改良活动提供了依据和动力。

　　中国民间的淫祀首当其冲，因为它们直接触犯了基督教不拜偶像与邪神的教义。所谓淫祀，指的是不合官方礼制的祭祀。在教会看来，凡对基督以外的神灵进行祭祀，无论官方是否认可皆为淫祀。进一步扩展开来，求神问卜、迎神赛会、风水历算等都被划归此列。教会对淫祀的抵制由来已久，20世纪前期抵制的力度有所加强。

　　教会首先将矛头指向各种民间神灵。针对观音崇拜，1911年某基督徒称观音原型乃某淫奔女子，对其崇拜只能导致人心浇漓，只有基督才能救万民："夫观者视也，音者信也，福音喜信，风播全球，关乎万民得救，吾人所当信仰观望，赖恩主救世之慈航，津渡群生，由黑暗而达光明之彼岸也。"① 针对财神崇拜，1914年某基督徒痛批此为人造偶像，真正的财富只能从上帝来："上帝为万富足之神主，惟上帝之国与义是求，则世万物自加诸尔。是知富贵在天，非在于祀财神，彼世之求富贵者，须移祀财神之心，以祀真神。"② 两位基督徒首先证明民间神灵的虚妄，然后将话锋转到基督教，指出上帝才是无所不能的唯一真神。为了证明民间神灵的虚妄，基督徒极力批驳它们的无效和危害。如1911年芜湖民众普遍祭祀牛王，但瘟疫来临时耕牛依然大量死亡。教会乘机提供兽药救治，并痛批牛王偶像之虚。③ 再如1909年东莞某神医张大仙断送了五岁幼儿的性命，一位基督徒痛斥曰："此非惑世诬民者乎？噫惜哉，溺于迷信者，竟不死于病而死于大仙矣。"④

---

① 《习俗针砭》，《兴华报》1911年11月第38册，第14页。
② 陈超英：《祀财神辩》，《通问报》1914年1月第582回第1号，第11页。
③ 《习俗针砭》，《兴华报》1911年11月第37册，第21页。
④ 《时事新闻》，《德华朔望报》1909年第39期，第25页。

当然，很多基督徒批判民间神灵时过于情绪化，缺乏逻辑分析。如某基督徒看到庙中泥菩萨的苦态，就称菩萨尚不能自保，如何能够佑人？① 另一信徒在批判灵官崇拜时，坚称"致使人不善用，留此坏心，长做恶事，要亦灵官之作俑所致也哉"，② 却没有任何证据论证。还有一些基督徒不加分析地将一切祭祀都视为淫祀，一些优秀成分也被排斥。如 1911 年前后，福建法制局拟祭奠广东起义的先烈，一些基督徒认为这是倡导迷信行为，不利于宗教信仰自由，号召福建基督教联合会向政府力争，以达废止目的。③ 可见，基督徒反对偶像崇拜的论证完全来自基督教教义，对国人认知规律和文化惯性认知不足。

教会攻击的另一习俗是迎神赛会。1905 年基督徒贺绍章指出，迎神赛会"废事违时，劳民伤财，锢其谬见，成为恶习"。④ 1910 年另一基督徒批评迎神赛会奢靡浪费，民众负担沉重。而且赛会败坏国人道德："上下迷信，举国若狂，男女拥挤，恬不知羞。"⑤ 贺绍章声称，宁波赛会的组织者皆为游手好闲之徒，敲诈勒索，伤风败俗。赛会中匪类群集，赌博盛行，衙役中饱私囊，滋事械斗时有发生，民众备受困扰。偶尔还会发生意外，如老江桥因赛会死亡近千人，镇海赛会四百多人沉船遇难。⑥ 因此，许多基督徒要求严禁。教会表面上反对的是赛会的弊端，实质上针对的是赛会中敬奉的神灵，上述基督徒抨击赛会虚糜浪费的同时，顺便也批驳了菩萨信仰。⑦

风水也被纳入教会的抨击之列，儒家学说往往成为他们的论据。如某基督徒说，孔子"其不择风水，无风水，并不知风水明矣"。"读上世尝有不葬其亲之言，益知风水非孔道也。"⑧ 另一基督徒亦指出，尧舜和孟子皆求诸于天而非求诸于地，若风水的说法有道理，他们为什么不信从呢？"且风水有验，善恶无分，上帝无权，惟地及地师有权，将有力谋风

---

① 《习俗针砭》，《兴华报》1911 年 11 月第 37 册，第 21 页。
② 《习俗针砭》，《兴华报》1911 年 11 月第 38 册，第 14 页。
③ 杞夏子：《预防迷信（福建）》，《兴华报》1911 年 6 月 19 日第 16 册，第 9 页。
④ 贺绍章：《请立案禁止赛会禀》，《华美教报》1905 年 11 月第 21 卷，第 31 页。
⑤ 《除虚糜论》，《德华朔望报》1910 年第 72 期，第 1 页。
⑥ 贺绍章：《请立案禁止赛会禀》，《华美教报》1905 年 11 月第 21 卷，第 31—32 页。
⑦ 《除虚糜论》，《德华朔望报》1910 年第 72 期，第 2 页。
⑧ 马谟鼎命意、曾道生属词：《风水辩》，《德华朔望报》1910 年第 54 期，第 12 页。

水者永富，无钱养地师者永贫，有是理乎？"①某基督徒则指出风水具有害道德、害心术、害地方、害家财四害，具体体现在：靠风水求富贵，阻碍勤俭；挖掘先人坟墓，不敬其亲；家族成员争夺吉地，纷争不断；不同家族争执风水，械斗无穷；因风水而圈占土地，粮食匮乏；耗大量资财求坟造墓，虚靡浪费；风水师敲诈勒索，挥霍无度等。②其文气势凌厉，有理有据，说服力强。

其实，19世纪中国基督徒就不参加修庙、赛会等淫祀活动，也不为其纳捐，因此引发很多民教冲突。③ 20世纪前期的这些反对之声只是早期意见的进一步表达。不过此时部分基督徒也意识到，强制废除这些活动未必奏效。冯玉祥曾强制拆除信阳的城隍庙，但当地士绅很快另择地重建。冯玉祥认识到"即淫邪不应轻易干涉，况形式上的干涉，不能杜绝精神上的淫邪，若打算根本解决，尤必提倡高尚信仰，使人民精神思想，皈依于高尚纯洁之域，则淫祠祀，自必消灭于无形"④。这是基督教会成熟和理性的表现，当然若想完全达到目的任重道远。

另外一些习尚，与基督教教义本身并无直接关系，只因不合西方的人道主义和价值观而遭到反对。这些习尚相当一部分与女性有关，比如缠足、溺婴、婢女、纳妾、早婚等。

遭教会抨击最激烈的当属缠足。早在19世纪教会反对缠足的声音就十分强劲，1874年传教士麦嘉湖（John Macgowan）在厦门组织的"天足会"，开"不缠足运动"之滥觞。在其影响下1894年上海天足会建立，此后全国各地的天足会纷纷成立。"不缠足运动"在戊戌维新期间得到社会人士的响应，成为一种进步思潮，20世纪前期该运动更是如火如荼。一般来说，教会的办法是要求基督徒不缠足，劝诫其亲友不缠足。福州美以美会甚至规定缠足者不准入教；入教的缠足者必须放足，不愿放足者开除教籍；缠足女子不得入学；不与缠足女子结婚等。⑤一些基督徒希望通过政府立法、用激进的方式推行放足。如发现缠足幼女，将其父兄列入不

---

① 巴陵会官普传：《劝勿信风水》，《德华朔望报》1911年第78期，第22页。
② 从真氏述：《风水害人论》，《德华朔望报》第69—75期连载。
③ 陈银崑：《清季民教冲突的量化分析（1860—1899）》，台北：台湾商务印书馆1991年版，第80页。
④ 《淫祀邪祀急宜废除》，《兴华周刊》1933年6月第30卷第23期，第3页。
⑤ 《福州美以美会第三十四次年议会录》（1910年），第43页

及格之民,女子嫁夫后其夫也同样对待;缠足幼女应缴纳月捐,每月数元或十数元,嫁人后其夫家缴纳,并发给缴捐执照,悬挂在此女胸前,称为贻羞捐,此款用于天足贫女工厂;人力车轿不拉缴缠足捐的女子,违者拘禁,游街三日,贴公告进行羞辱等。① 这种方案虽然显得幼稚可笑,却反映出基督徒在反缠足问题上的坚决态度。该时期的不缠足运动已经颇有成效,如1906年烟台长老会的80名女信徒中放足者70余人;潍县数月间放足者逾千人;② 福建龙田教区1910年放足的女信徒达250人。③ 某信徒在1919年说:"证之前十年,基督徒鉴国中女子缠足之恶习,足以弱种,发起天足会。初时舌敝唇焦,毫不见效,今则不烦劝导,后生子女,无一裹足者。"④ 可见民国以后基督教放足运动已经形成潮流。

  溺婴和蓄婢同样被教会视为极不合人道,但是只能在有限的范围内解决。针对溺婴现象,早期教会除了宣传外,主要的手段是建立孤儿院和育婴堂,一些不忍溺死女婴的父母常会把婴儿放到育婴堂门口。⑤ 有些传教士还外出解救将被溺死的婴儿。这些婴儿就读教会学校,成为教会的后备力量。但是育婴堂和孤儿院数量有限,其作用杯水车薪,不改变国人重男轻女的观念溺婴现象难以禁绝。故而20世纪教会在倡导女权方面出力甚多,如提倡教会男女职员同工同酬,女性平等参与教会事务,平等享受教育权,向社会宣传女权等。虽然作用有限,但仍有些许影响。针对婢女制度,教会早期曾组织婢女会等宣传组织,但同样效果不明显。20世纪以后废婢运动的力度明显加大,如1935年福州美以美会开展较大规模的废婢运动,提出要严格取缔婢女制度,劝诫蓄婢人放弃蓄婢。对于蓄婢之教会人员予以革职,不释放婢女者不得受洗。⑥ 教会还组织废婢运动委员会,深入各地访问蓄婢人家、劝其释婢,并通过演讲、讨论、表演短剧等形式宣讲蓄婢之不合人道,取得了一定的效果。不过,这种宣传并未如不

---

  ① 杨幼之:《宜立禁缠足说》,《通问报》1915年1月第635回第4号,第1页。
  ② 《天足会第十次之报告》,《万国公报》1906年12月第215册。
  ③ 《福州美以美会第三十四次年议会录》(1910年),第43页。
  ④ 郁芝明:《基督徒改良家族首宜戒早婚为社会倡导》,《中华圣公会报》1919年10月第12册第19号,第5页。
  ⑤ M. F. J Bake, *The Story of Woman's Foreign Missionary Society of the Methodist Episcope Church*, Cincinnati: Cranston & Curts, 1896.
  ⑥ 《废婢运动消息》,美会福州年议会宗教教育部基督化家庭儿童事业委员会编印,1936年,第1—2页。

缠足一样成为全国性运动。

中国婚制中一些习俗受到教会的反对，纳妾制度首当其冲。在基督徒看来，纳妾妻等同于犯淫，影响极坏："多妻之俗，为害已久，言之可为痛心，既增家庭之痛苦，亦为社会之污点，百损于焉以生。"① "妻妾龃龉、夫妇反常、时肆恶骂、动挥老拳"，"妻妾争产、祸起萧墙、兄弟相竞、嫡娣相凌"。② 教会对此态度比较坚决，纳妾的基督徒往往被革除教籍。早婚之俗虽无违教义，但教会认为这会影响人体健康，导致"弱种之趋势"，进而危及社会。而且早婚者经济上只能依赖父母，沉溺家庭也会影响学业事业。③ 因此教会大都以中国古礼男子30岁而娶、女子20岁而嫁为楷模。当然这个年龄在近代中国难以实行，一些教会对信徒的婚龄有特殊规定，如圣公会的要求是男20岁、女18岁，美以美会的要求男20岁、女17岁，如违规则"讼他如犯法，予以严惩"④。教会学者王治心倡导推广男25岁、女20岁的婚龄。⑤ 与早婚相联系的童养媳制度也为基督徒所不齿："童养之风，蔓延颇广，审其结果，有弊无利，故欲谋求家庭之清洁，增进妇女之地位，基督教会主张除此陋俗。"⑥ 1935年福州美以美会的决议案，已明确规定基督教家庭不得蓄养童养媳，如已经蓄养则必须给予其教育机会和婚姻选择权。⑦ 当然，此类运动的影响同样是局部的。

二 鼎故与革新：新时代弃劣习之新重点

进入20世纪后，黄、赌、毒等新的不良风尚被列入基督教会的整治

---

① 《中国基督徒应注意之社会事业》，《中华圣公会报》1919年8月第12册第16号，第15页。
② 巴陵会黄新胜稿：《娶妾有害论》，《德华朔望报》1910年第68期，第4—5页。
③ 郁芝明：《基督徒改良家族首宜戒早婚为社会倡导》，《中华圣公会报》1919年10月第12册第19号，第3—4页。
④ 《美以美会兴化第四次年议会录》（1899年），第19页。
⑤ 治心：《本色教会的婚丧礼刍议》，《文社月刊》1926年5月第1卷第6册，第76页。
⑥ 《中国基督徒应注意之社会事业》，《中华圣公会报》1919年8月第12册第16号，第16页。
⑦ 《废婢运动消息》，美会福州年议会宗教教育部基督化家庭儿童事业委员会编印，1936年，第2页。

之列。这些劣习在近代中国长期存在,而在 20 世纪初社会转型期恶风尤炽,成为教会新的改良重点。

基督教会对娼妓业展开猛烈抨击。传教士山雅各(James Sadler)在谈到娼妓时指出:"夫天下罪恶多端,而淫邪一事,实为罪恶之尤。"① 某基督徒则说:"娼寮妓馆,为社会中之罪恶碑,丧节败名,男女同罹罪害。"② 有人还将娼妓比喻成蛇蝎:"岂有近蛇蝎而不被其害乎?"③ 基督教万国改良会会长丁义华(E. W. Thwing)也关注到娼妓问题:"近年来改良会迭收各处报告,淫风日炽,道德日偷,娼寮妓院,日新月盛。花柳毒症日见发达,若不急求取缔之法,不仅斫丧于一身,必致国家衰弱,种族替凌,均受无穷之影响。"④ 南京圣公会在 1920 年发布一份警告书,系统地论述了狎妓害青年、害家庭、害商业、害经济等弊窦,认为其社会影响极其恶劣。⑤

对于废止娼妓的办法,丁义华认为政府应该有所作为。他上书北京政府,要求废除娼捐、取缔娼妓,并要求各大报刊一同鼓吹。⑥ 某信徒认为,欲除娼妓要严加取缔淫秽书刊:"余欲救人不入迷途,须对于淫书淫画艳辞丽诗,与不规则之小说,急加严禁,以免触目动心。又对于自身,宜静心思,节嗜欲,淫念自消。"⑦ 传教士乐灵生(F. J. Rawlinson)则通过中华博医会,向全国各地发出娼妓调查问卷,利用调查资料撰文分析中国娼妓业的形势,以期为取缔娼妓提供理论依据。他号召说:"尚望诸君子各抒高见,或发为言论,见诸印刷,共起倡之可也。"⑧

在废娼运动中采取实际行动者也为数不少。山雅各于民初在厦门组织

---

① 山雅各:《戒淫会之嘤鸣》,《通问报》1914 年 6 月第 605 回第 24 号,第 56 页。
② 《中国基督徒应注意之社会事业》,《中华圣公会报》1919 年 8 月第 12 册第 16 号,第 17 页。
③ 《下关中华圣公会白十字会警告书》,《中华圣公会报》1920 年 11 月第 13 册第 11 号,第 15 页。
④ 丁义华:《中华青年守身之忠告》,《通问报》1914 年 7 月第 607 回第 26 号,第 4 页。
⑤ 《下关中华圣公会白十字会警告书》,《中华圣公会报》1920 年 11 月第 13 册第 11 号,第 25—16 页。
⑥ 丁义华:《中华青年守身之忠告》,《通问报》1914 年 7 月第 607 回第 26 号,第 4 页。
⑦ 桂天怜:《宗主青年今后之道德》,《中华圣公会报》1919 年 10 月第 12 册第 20 号,第 5 页。
⑧ 乐灵生:《中国妓业之流毒》,中华续行委办会:《中华基督教会年鉴》1921 年第 6 卷,台北:中国教会研究中心、橄榄文化基金会联合出版 1983 年版,第 118 页。

戒淫会，该会"每半月聚议一次，或运其心思，或骋其言辞，或助以笔墨，或献以赀财，著著进行，颇称就绪，风声所树。"① 南京下关圣公会则于1919年12月建立以废娼为宗旨的白十字会，数月间会员达百余人。入会者佩戴白十字徽章，每月聚会一次，讨论会务之发展，报告社会见闻。白十字会曾发起了两次运动：一是放映卫生影片，讲解生理常识；二是组织提灯会，即提大灯笼上街，灯上写明该会宗旨。为使基督徒远离娼妓，白十字会还创办公寓，内设有弹子室、书报室、浴室，每周定期举行查经会。② 基督教会的废娼运动虽然力量有限，但在社会上仍起到一定的宣传和示范效果。

赌博亦常为中国教会所诟病。圣公会撰文曰："赌之为害，生意闭歇者有之，倾家败产者有之，骨肉分离者亦有之。此种新闻，每日报纸，多有登载，凄惨情形，目不忍见，耳不忍闻，有心人徒然嗟叹而已。"③ 另一论者称："余闻某处教会，有不道德之宗主青年，亦染此习。吁！既宗耶稣基督之道当效力与恶世俗战，万无浮沈之理。吾可爱之青年，回头是岸，望勿沉溺不悟也。"④ 教会所指的赌博，除传统的赌博形式外，还包括扑克、彩票等。有基督徒认为，彩票比一般赌博形式危害尤甚，因为这是一种政府行为："今全国彰明较著，大开赌博之门，将来全国之大赌场，即为制造盗贼之所在。虽不比人人肱箧探囊之事。而不盗其身者，必盗其心，久则身为形役，而不能自主。且为博贪之所致，好赌者必存贪心，全国之人，各有贪心，全国之人，必交相争利，此孟子所谓上下交相争利，而国危矣。"⑤

20世纪前期一些教会创立禁赌组织，其中广东基督教联会创办的广东基督教拒赌会最为引人注目。1919年3月广东基督教联会提出三条提案：向政府请愿严禁赌博；向警察请愿要求禁止16岁以下未成年人吸烟

---

① 山雅各：《戒淫会之嘤鸣》，《通问报》1914年6月第605回第24号，第57页。
② 参见杨克勋《南京下关白十字会之设立》，《中华圣公会报》1920年2月第13册；沈子高：《白十字会经过之情形》，《中华圣公会报》1920年11月第13册第11号。
③ 《广州拒赌会集议出发纪略》，《中华圣公会报》1920年6月第13册第11—12号，第38页。
④ 桂天怜：《宗主青年今后之道德》，《中华圣公会报》1919年10月第12册第20号，第5页。
⑤ 《对彩票之痛言》，《中华圣公会报》1919年5月第12册第10号，第15—16页。

赌博；严禁基督徒各种形式的赌博；筹备向省官厅请愿禁赌之事。8月16日联会召集各教会代表，商议筹备拒赌会事宜。决议包括：通过广东基督教拒赌会总章草案；选举五人为筹备委办；根据章程邀请各教会、学校、机关加入拒赌会。1919年12月广东基督教拒赌会代表团召开第一次叙会，与会者27人，代表了18个团体，会议选举出15名委员。同月召开拒赌会第一、第二次会议，选举梁小初为部长。规定每月召开一次执行部例会，提出成立大会办法。1920年1月10日，广东基督教联会在博济医院花园集会，赴会者5000余人，广东基督教拒赌会正式成立。

广东基督教拒赌会的宗旨有五："一、搜集及广布赌博之祸之实据；二、劝导个人戒除赌博；三、造成反对赌博之舆论；四、联络各界团体共作拒赌之运动；五、请愿省议会及政府，禁绝广东赌博。"拒赌会向全社会开放，凡愿意遵守其章程者教内外人士都可加入。加入者必须签订文约，履行如下条件："（1）拒绝一切交财物之赌博。（2）戒除各种赌具之游戏。（3）不租借物业与人作赌博营业之用。（4）不与赌商通婚。（5）凡入团者除遵守愿约，有劝导他人加入本团之义务。（6）凡入团者不收团费，惟须购本团徽章一枚，以备佩戴。（7—12条从略）"该会得到了社会各界的积极响应，加盟团体达53个，其中教会20个，学校16个，男女青年会8个，其他团体9个。从1920年5月30日到6月12日，共征求同志团团员50290人，加上已签订条款但未报到者，总数超过6万人。该会还设立了调查部、广告部、征求部等办事机构，创办机关刊物《拒赌周刊》。① 5月31日，拒赌会冒雨召开以征求10万会员为目标的大规模集会，主席汪大彬、基督教联会会长邝柳春、青年会会长刘东生、省会代表赖逸民、全国报界联合会代表包世杰、拒赌会总干事梁小初等名人与会演讲，在社会各界引起强烈反响。②

与吸毒、狎妓、赌博等恶习相比，吸纸烟和饮酒的危害相对较小，故长期未受教会重视。进入20世纪，随着洋烟洋酒大量入华，西洋式的吸烟酗酒之风也被视为时尚，从而引来基督教会倡导的禁烟禁酒运动。

---

① 陈盘秋：《广东拒赌会之历史》，中华续行委办会：《中华基督教会年鉴》1921年第6卷，台北：中国教会研究中心、橄榄文化基金会联合出版1983年版。
② 《广州拒赌会集议出发纪略》，《中华圣公会报》1920年6月第13册第11—12号，第38—39页。

教会反对吸烟饮酒的理由，首先，烟酒危害人体健康："盖烟含有毒素，名曰聂可丁，吸者由口达肺，烟质停于肺之极细微之䐃膜，聂可丁之毒，亦随之穿肺膜尔入于血液，流入心部。则脉机奔走较速，烟力既去，脉力始平。心力较此逼迫，更较前疲乏。"① "按医家所云，酒毒能使神经麻醉，高等神经，停止作用，他如思虑损伤，知觉昏瞀，记忆不强，其毒不可枚举。"② 其次，烟酒耗费资财："全国每年之纸烟费，总在三千万元上下，恒人之视为区区者，实为莫大之漏卮。倘一旦戒除，而节省之，则新中国之战舰铁路不愁无建造费。"③ "近日外人因吾国社会之需求，输入啤酒白兰地种种名称，不计其数，金钱外溢，国益以贫。"④ 1914年传教士季理斐（D. MacGillivray）感叹："呜呼，中华一害未除，二害继起，庶民弗克戒，政府不知禁，图攘祸于己，为溢利于人，如之何国不穷且败也？"⑤

对于废除吸纸烟的办法，季理斐主张效仿西方，立法限制买卖。⑥ 丁义华也主张立法，不过目的是限制未成年人吸烟："凡二十岁以下之童年，不许吸烟。违者除照律罚办本人外，并罪及父兄，与夫卖烟之人。更须出示晓谕，劝告各省，限十个月内，凡二十岁以下之童年吸烟者，一律戒绝。待至十个月期满，责成各地巡警，查有违律吸烟者，按法究办。"⑦ 丁义华主张征重税限制售烟："凡摆摊提篮代卖烟卷的，于照常纳捐外，每月须纳特捐一元。平常铺户代卖烟卷的，每月纳特捐十元。烟卷批发处，每月特纳捐一百元。"⑧ 一些基督徒还到民众中奔走宣传，如1910年前后基督徒伍秩庸等人到各地倡议戒烟，⑨ 河南卫辉长老会的汤牧师在大

---

① 桂天怜：《宗主青年今后之道德》，《中华圣公会报》1919年10月第12册第20号，第5—6页。
② 同上书，第6页。
③ 丁义华：《丁义华发表意见书》，《左海公道报》1911年2月18日第1卷第23期。
④ 桂天怜：《宗主青年今后之道德》，《中华圣公会报》1919年10月第12册第20号，第6页。
⑤ 季理斐：《禁香烟论》，《中西教会报》1914年第143号，第13页。
⑥ 同上书，第14页。
⑦ 《大公报》1910年5月27日。
⑧ 《大公报》1910年4月9日。
⑨ 丁义华：《丁义华发表意见书》，《左海公道报》1911年2月18日第1卷第23期。

街小巷遍贴禁烟传单。① 不过纸烟商人多有抵制，汤牧师张贴的传单就被某公司用香烟广告遮住，甚至将广告贴到教堂大门上。

教会在戒酒宣传方面也作过一些努力，比如绍兴圣公会、禁礼会、内地会在 1919 年 1 月成立了绍兴戒酒会。戒酒会以"以劝戒中西各酒、防御圣徒陷罪与改良社会为宗旨"，凡有志于戒酒遵守规章者皆可入会，会员捐款自愿。戒酒会每年春秋各开会友大会一次，职员会每季度召开一次，若有重要事件经会员三分之二同意，可以要求会长召开临时会议，戒酒会章程如欲修改也需要三分之二会员同意。绍兴戒酒会成立之初会员有五十余人，入会者皆填写请愿书，发誓阻止洋酒来华。有传言说北美酒商拟在上海投资三百万设立啤酒厂，沪江大学等机构已经提出抗议，戒酒会也拟向中国政府和美国公使提出反对意见。② 虽然禁绝洋酒的目标遥不可及，但教会的努力仍应予以肯定。

三　顺势与应时：基督教铲恶习之社会化

20 世纪前期基督教会开展的风尚改良运动，与社会上相关潮流的结合度日益紧密，其中针对鸦片、吗啡的禁毒运动最为典型。早在鸦片战争前，林则徐等有识之士就开展过颇有成效的禁毒销烟运动。然而此后 60 余年的时间里，除了极少数官员提出些许禁烟主张、采取零星的抵制手段外，几乎看不到官方对毒品有任何的应对措施，民间组织的相关运动也很罕见。清末新政期间，清政府再度掀起大规模的禁烟运动，不仅得到社会各界的热烈响应，而且得到国际社会的赞誉与合作。清末民初的几年，中国的禁烟运动成效斐然。③ 教会开展的禁毒运动此阶段融入全国禁毒大潮中，成为社会运动的一部分。

早在 1830 年代，裨治文（Elijah C. Bridgman）、杜里时（Ira Tracy）、麦都斯（W. H. Medhurst）等传教士就开始谴责压迫贸易，后来又有理雅各（James Legge）、花之安（Ernst Faber）、杨格非（Griffith John）、戴德生（Hudson Taylor）等传教士积极投身反鸦片的行列，教会在各地开办的

---

① 《香烟公司真横（河南）》，《中西教会报》1910 年第 214 号，第 47 页。
② 《绍兴基督教戒酒会撷要》，《中华圣公会报》1919 年 3 月第 12 册第 5 号，第 10—12 页。
③ 王金香：《中国禁毒史》，上海人民出版社 2005 年版，第 87—99 页。

戒毒所达数百个之多，1877年和1890年宣教大会都曾谈及禁毒问题。进入20世纪，教会更是随着中国社会禁毒大潮积极推进这一运动。1907年的中国基督教百年大会上，《关于鸦片的备忘录》成为大会的主要文件，大会要求各地教会充分重视禁烟工作；要求中国立法禁毒；号召传教士及华人教会相互合作。① 这种合作精神在实践中得到贯彻，1906年8月在禁烟联合会会长的领导下，1300余名传教士联名上书慈禧太后要求禁烟，9月清廷发布的禁毒上谕与这次上书不无关系。②

许多传教士在禁毒方面出力甚多，1906年杜步西（H. C. DuBose）为提倡禁烟，亲赴北京报告禁烟情形，得到美国驻京公使的支持。杜步西到外务部与各官员会见，并撰有禁烟后税厘短收入和弥补之策，由美国公使代送外务部及各督抚。③ 再如丁义华，发表了大量以禁烟为主题的演讲和文章。1908年丁义华建立万国改良会，禁毒成为该会的重要议题。1910年他积极投身国民禁烟会。1912年他赴南京拜见孙中山，被聘为禁烟顾问。清室逊位后，丁义华即致书袁世凯，强调禁烟对巩固民国基础的重要性。他还向南京临时政府教育部提出建议，要求将戒烟戒酒列入教科书。同年3月，丁义华在上海主持有18个团体参加的会议，重点讨论禁烟问题。此后丁义华先后谒见了黎元洪、袁世凯等政要，又遍访各部部长、次长，商议加强禁烟的办法。④

1906年清政府颁布禁烟条例以后的几年里，上海租界因鸦片商的抵制和工部局的暗中保护，几乎成为内地鸦片销售的中心和集散地。对此上海基督教会做了很多努力，如1908年3月上海基督教会就曾分别致电英国下议院议长、美国外务大臣、纳捐人议事会会长，要求革除上海租界烟馆，吊销其营业执照。⑤ 由传教士组成的上海教士公会曾两度为租界禁烟事与工部局进行交涉，甚至一度出现对抗。

第一次是1908年，该年年初上海教士公会通过决议，恳请上海工部局次年取消租界内所有烟馆的营业执照，并规定在可行的期限内关闭一切

---

① 黄智奇：《亦有仁义：基督教传教士与鸦片贸易的斗争》，香港：宗教出版社2004年版，第151—157页。
② 王金香：《中国禁毒史》，第87页。
③ 《申报》1906年11月8日。
④ 参见侯杰《〈大公报〉与近代中国社会》第七章，南开大学出版社2006年版。
⑤ 《申报》1908年3月13日。

烟馆。工部局代表在其回复中说，如果立即关闭1500多个烟馆，工部局将会面临严重的管理和治安问题，因此工部局董事会建议将现有烟馆营业执照减少四分之一。① 教士公会坚持要求工部局明确说明，是否两年以内取缔全部烟馆营业执照，敦促工部局与英中两国政府合作，加速完成计划。工部局虽然颇不情愿，但还是勉强答应了教士公会的要求，不过仍强调取消租界内烟馆执照的速度，取决于中国政府能否坚持禁烟政策。② 教士公会对此颇不以为然，他们希望工部局从道义的角度出发，顾及自身名誉，迅速有效地实施改革。③ 传教士在租界禁烟问题上的坚决态度，对工部局的决策起到很大的推动作用，两年后上海租界基本取缔了烟馆执照。

第二次是1914年，该年12月上海教士公会致信工部局总董，要求说明禁烟规划，特别是关于减少烟土行执照的日期和比例。④ 工部局对教士公会的要求并不买账，上海教士公会遂任命了一个委员会，与工部局展开争论，焦点有三：第一，教士公会认为工部局没有任何的禁烟迹象，打算继续为零售烟土发放执照，直到所有毒品卖完为止。第二，虽然没有明确的法案规定租界内鸦片贸易非法，但1911年的协议也没有授权工部局支持鸦片贸易。第三，工部局认为停发零售鸦片营业执照，将有损鸦片贩子的利益。教士公会指出，工部局并无保护鸦片商的义务。而且，租界内悬挂大量的鸦片招牌，败坏了租界的名声，遭到中外报纸的嘲笑和谴责。鸦片走私还引发很多犯罪行为，下层民众因吸食鸦片生活窘迫。总之，租界纵容吸毒有百害而无一利，必须彻底清除。⑤ 传教士的批评鞭辟入里，非常具有战斗性，其精神难能可贵。

在1917年北京政府收买存土案中，传教士也是重要的抵制力量。所谓收买存土案，指的是1915年上海的鸦片洋商谋求与北京政府订立协议，将已输入中国尚未来得及销售的烟土转卖给中国政府。北京政府出于某种利益考虑，与上海商行达成购买1500余箱存土的协议，总费用约2000万

---

① 上海市禁毒工作领导小组办公室、上海市档案馆编：《清末民初的禁烟运动和万国改良会》，上海科学技术文献出版社1996年版，第218页。
② 同上书，第219页。
③ 同上书，第220页。
④ 同上书，第240页。
⑤ 同上书，第241—242页。

元,引起国会两院和各地民众的质问和批评。① 1918年丁义华曾致书总统徐世昌,就收买存土一事,"恳请大总统颁令申明前禁,凡吸运种卖一律严防,实行阁下爱国保民初衷,藉以安慰全国渴望,以释群疑"②。上海教士公会在1918年的年会上,也一致表示反对政府收购存土:"上海教士公会闻中国多处鸦片种吸今又昌炽,深为扼腕,而对于北京政府某某代表在沪收买存土希图零售一事,尤为叹息。是以本会于鸦片贸易为众周知,以后开第一会议时愿将其极端反对此种贸易之意登诸纪录,并力请中政府坚守高尚道德及肃清鸦毒之人道政策,庶使中国人民不致再受曩昔著闻之惨毒云云。"③ 总之,传教士在清末民初的禁烟运动中扮演了非常重要的角色。

基督教会对于禁烟活动的实际参与,一般通过基督教社团实现。早在1874年,英国国内的传教士就创办了英东反鸦片会,对中国禁毒运动产生影响。1896年中国基督教会创立的全国禁烟会,1899年各地纷纷建立分会。④ 进入20世纪后,教会创办了更多的禁烟组织,影响力愈加扩大。1908年上海各教会创立国民除烟会,办法有五:电禀英政府议院,要求饬令上海工部局禁烟;要求工部局议事会通知商法部,所有英美法租界禁烟;恳请有权力的洋商在工部局开董事会议时支持禁烟;要求上海通饬所派人认真调查,请禁止打吗啡针;准备请愿书一份,逢人即劝其签名入册。⑤ 同年,丁义华创立万国改良会建立,禁毒是其第一要义。具体举措为:"(1)联合中国政府暨各省都督民政长,认真严禁,藉资得力。(2)联合各报社,鼓吹鸦片流毒,使人人有所注意。(3)联合商学各界,在各处各学校演说鸦片毒史。(4)通函各国新闻报,请各国慈善家辅助中国进行。(5)组织全国禁烟联合会,一面请政府设立专管机关,已由内务部内设立督查禁烟处。(6)函请各省官厅,凡有缉获烟土,定期当众公烧。(7)联合英国国民禁烟会,鼓动英国政府,提前禁烟,以免流毒邻国。"为使措施贯彻执行,丁义华等人多方奔走、广泛宣传,引起社

---

① 上海市禁毒工作领导小组办公室、上海市档案馆编:《清末民初的禁烟运动和万国改良会》,上海科学技术文献出版社1996年版,第372页。
② 《申报》1918年11月23日。
③ 《申报》1918年10月3日。
④ 黄智奇:《亦有仁义:基督教传教士与鸦片贸易的斗争》,第142—145页。
⑤ 《申报》1908年3月4日。

会各界的关注和支持。该会也受到中国官方的优待,"凡致各省电报,交由交通部拍发,概不收费"。①

教会还与社会各界联合建立禁毒团体,主动融入全民禁烟洪流。1919年2月1日,天津拒毒会在基督教青年会会所成立。省长、驻天津各国领事和各界领袖任名誉会长及名誉董事,180多个县知事皆为名誉董事。拒毒会在天津西马路设立戒烟医院,外县设立12所医院。经省长批准,拒毒会派出侦探协助警方缉毒,一年内破获天津及附近毒品案件204起,抓捕人犯336人。教会人士在其中扮演了重要角色:"拒毒会董干,既多系青年会会员,及各教会会友,自甘任劳怨,不畏强御,协助政界警署税关,搜查禁品,不遗余力。"② 同年上海中外各团体发起万国禁烟会,与会者皆为各界名流,教会人士占相当大的比例。③ 全国多地建立分会,如1919年9月河南长老会成立拒土会分会,与会者包括政务厅长、省议会议长、各厅长、各局长、开封道尹和商学各界。④ 武汉拒土会也建立起来,并制定了详细的拒毒章程。⑤ 1924年全国性禁毒组织中华民国拒毒会成立,中华基督教协进会是重要的参与团体。⑥ 除了专门的拒毒组织外,各教会直接开展的相关运动也值得注意。如1909年12月28日,青年会召开禁烟纪念大会,包括政界、绅商在内的来宾七八百人。⑦ 再如1926年上海女青年会学生部开设拒毒教育课,并在年会上讨论妇女拒毒计划。⑧ 基督教女子节制会也多次参与禁烟运动中,在女性群体中颇有影响。另有诸多地方教会开展的运动,兹不详述。

---

① 丁义华:《万国改良会》,中华续行委办会:《中华基督教会年鉴》1914年第1卷,台北:中国教会研究中心、橄榄文化基金会联合出版1983年版,第128—129页。
② 仲伟仪:《天津拒毒会概略》,中华续行委办会:《中华基督教会年鉴》1921年第6卷,台北:中国教会研究中心、橄榄文化基金会联合出版1983年版,第111—112页。
③ 《申报》1919年1月15日。
④ 《万国拒土会河南分会成立记》,《中华圣公会报》1919年12月第12册第23—24号,第15页。
⑤ 《万国拒土会武汉分会简章》,《中华圣公会报》1919年10月第12册第19号,第24—25页。
⑥ 《申报》1924年8月5日。
⑦ 《申报》1910年1月11日。
⑧ 《申报》1926年10月7日。

四 调适与融汇:中国传统礼俗之本色化

　　基督教会开展的风尚改良运动,其对象大都是陋俗劣习,然而有些习俗虽然不乏落后成分,但其本质或出发点却是好的。对于此类习俗,教会在 19 世纪一般采取简单排斥的态度,进入 20 世纪后教会开明人士主张进行有限度的改造,既不违背基督教教义和道德,又兼顾了中国文化传统。这些改造方案具有明显的本色化特征,其中婚丧习俗较为典型。

　　基督教的婚姻观在前文有所提及,教会一般都反对纳妾、早婚、童养媳等陋习,要求尊重女方意见,反对随意离婚,反对婚礼奢华浪费。一些教会对婚礼仪式有很多具体规定,如福建圣公会,要求基督徒在教堂结婚,由牧师主婚证婚,不得由小叔接嫂,婚礼以茶代酒,以鞠躬礼取代跪拜礼,不得闹洞房。当然教会也不拘泥教条,各地往往择善而从之。如有些教会认为婚礼时对父母行跪拜礼无可厚非,只要不视其为偶像即可。①这些礼仪形式虽经改造,但并未全盘照搬西方仪式;虽然革除了陋规,但套用的仍是传统形式。当然,改造力度的大小在各地各教派有所差异,如1914 年伦敦会规定的结婚礼制基本是西式的教堂婚礼②,而同期长老会则最大限度地尊重了中国传统。长老会规定,基督徒结婚必须经过问亲、订盟、纳征、婚娶、会亲、贺仪六个步骤,这六个步骤显然是参照中国传统的婚姻六礼制定的。如求亲问亲、交换名帖、聘金彩礼等均与传统类似,迎亲与否、坐彩轿常轿、是否有音乐等具体礼仪也由家庭自主规定,并无过多干涉。所不同者,联姻过程中往往要有教会的参与,如定亲之前要通知教会中的长者,婚期由教会宣布,婚礼仪式由牧师或教长主持,礼仪方面多不用跪拜而用鞠躬。③

　　这种情形表明,越来越多的基督徒开始用本色化的视角审视中国礼俗。刘廷芳认为:"一切仪式礼节,当适应中国信徒的生活,因此创造中国教会的各种礼节,是本色教会,根本上的工作。"④ 毛吟槎则指出西方

---

① 《中华圣公会福建教区第二十次议会报告书》(1920 年),议案。
② 张祝龄:《伦敦会顾问会之报告》,《通问报》1914 年 10 月第 162 回第 37 号,第 10 页。
③ 《拟改良婚丧规则(福建)》,《通问报》1914 年 1 月第 582 回第 1 号,第 9 页。
④ 刘廷芳:《中国教会礼节仪式问题》,《生命》1925 年 1 月第 5 卷第 3 期,第 3 页。

传教士之所以排斥中国礼仪，是因为他们对中国礼仪的误解，"所以如今我们基督教应当编制合中国人民心理的仪式，通行出来，破除我教会废礼的误解。"① 毛吟槎认为差会在华推行母国礼制，扰乱了中国的固有风俗。如证婚人询问新人是否愿意与对方结婚，此种形式在国人看来大为不雅，有违中国敬重婚姻的原理。如果强制推行西方礼制，可能会让慕道友远离教会。他认为最佳方式是结合东西方礼仪，对传统婚俗进行改造，使其"适合中国人民心理，不违基督教道义的礼制，方可说是合用的"。同时他反对随便离婚，基督徒若随意离婚同样有损基督教的声誉。② 王治心也指出："中国旧礼，既嫌其繁琐失实，而教会携来的西洋方法，又失之于简陋忽略，欲保存中国旧礼的真精神，而删除其繁琐，使既不背乎民族精神，又不背乎基督教要道，这是本色教会不能不注意的问题。"③ "就基督教而言，当采用何种方法？如何能保存其国民性，不蹈迷信的旧俗，如何能合乎基督教的信条，不袭取西洋的风尚，比较其短长，絜取其精华，而规定一种基督教的通行婚礼。"④ 他详细分析了中西婚制婚礼的优劣，结合各自的优点创制了一整套婚礼规制，对如何选择配偶、结婚年龄的标准、文定的礼节、聘礼的限制、结婚的日期、送礼的手续、结婚仪式、谒尊长礼、合卺礼、回门会亲等作了精心的设计，其全过程基本以中国礼仪为范本，同时融入若干基督教因素和现代因素，颇具实用价值。⑤

比起婚制婚俗，教会对带有偶像崇拜之嫌的丧葬祭祖关注更多。19世纪，传教士要求基督徒的丧葬活动一律从简，祭祖则被禁止。进入20世纪，在本色化思潮的影响下，教会的立场逐渐松动。虽然基督徒都反对传统葬礼的奢靡和迷信，但很多人对葬礼全盘西化不以为然。毛吟槎就曾批评传教士对中国文化理解欠缺，若废除有偶像崇拜嫌疑的礼节，葬礼将无礼可行，这将伤及丧家非信徒亲属的感情，不许扫墓的规定也有违中国传统。⑥ 为了适应中国国情，王治心根据中国古礼制定了一套丧礼方案，包括讣报戚族、陈尸开吊、成服领帖、帛殡安葬等详细规定。其中不用僧

---

① 毛吟槎：《基督教中国化的我见》，《兴华》1922年11月第4册，第4页。
② 同上书，第5页。
③ 治心：《本色教会的婚丧礼刍议》，《文社月刊》1926年5月第1卷第6册，第69页。
④ 同上书，第74页。
⑤ 同上书，第69—79页。
⑥ 毛吟槎：《基督教中国化的我见》，《兴华》1922年11月第4册，第5—6页。

道、牧师主领、集体礼拜等要求照顾了基督教教义，为父母披麻戴孝、服丧三年等规定兼顾了中国传统，这种中西合璧的办法易于被民众接受。①一些教派在实践上已经开始改革，如1914年长老会允许随葬金银珠宝布帛，亲友可献金银吊唁。② 同年伦敦会准许基督徒按中国规制穿丧服，棚帐花圈等只要不违基督教教义即可使用，甚至立碑修谱也在准许之列。还规定复活节前后准许扫墓，死者家中可以悬挂死者照片和谱牒，以表追思。③ 这些仪式本土化的色彩已经非常浓厚，表明教会在处理该问题时思想更加灵活。某些教派或个人还提出新的丧礼思路，如1921年福州美以美会规定，丧葬依照民国通行礼仪，以树枝花圈置棺上，基督徒不用跪拜礼，而是对遗像三鞠躬。④ 基督徒宾广林建议基督徒实行火葬，这样既然可以避免丧葬中的迷信活动，又符合西方现代潮流。⑤

祭祖是中西礼仪之争的焦点问题，19世纪来华新教传教士除了极少数人，绝大多数都对祭祖持反对意见。进入20世纪，这种情形并未发生根本性改观，但对祭祖的攻击已不像以往那样强烈，很多人肯定其中潜在的善的行为，希望以建设性的方法取代之。⑥ 然而，提出大胆改革的并非传教士，而是持自由立场的中国基督徒，他们在20世纪20年代发表了很多相关言论。基督徒首先声明祭祖本身并非都是迷信，其中也包含了有价值的一面。朱敬一指出，承认祭祖背后的"老享""事死如生""不忘祖宗"是中国伦理道德的基础，用"祭祀"的礼仪达到上述目的并无坏处。⑦ 另一信徒也表达了类似看法："孝亲之道，为中国伦理之脊骨，成立国家之要素，纯正之孝道，正与基督训命相符合。基督教会自不能盲从世俗祭祀祖先，因其中含有种种涉于拜像迷信之点，绝不合于教旨。然养

---

① 治心：《本色教会的婚丧礼刍议》，《文社月刊》1926年5月第1卷第6册，第81—84页。
② 《拟改良婚丧规则（福建）》，《通问报》1914年1月第582回第1号，第10页。
③ 张祝龄：《伦敦会顾问会之报告》，《通问报》1914年10月第162回第37号，第10页。
④ 《婚丧部申覆书》，《福州美以美会第45次年议会录》1921年，第62页。
⑤ 宾广林：《中国基督徒宜提倡火葬》，《真理周刊》1925年第35期。
⑥ 邢福增、梁家麟：《中国祭祖问题》，香港：建道神学院1997年版，第39页。
⑦ 朱敬一：《中国农村教会之新建设》，上海：中华基督教文社1927年版，第19页；邢福增、梁家麟：《中国祭祖问题》，香港：建道神学院1997年版，第77页。

生送死，敬礼先人，本为基督教所主张，自应有所表示，惟当遵依圣经之训。"① 他们都认为祭祖是中国孝文化的代表，不能因为存在迷信就不加分析地取缔。

一些基督徒认为，传教士反对祭祖是因为他们不了解中国文化的内涵，中西文化差异是导致祭祖观念冲突的重要原因。诚静宜指出，中国教会的祭祖恰如西方教会的派系之分，是各自国家国情的产物，若简单照搬，其效果会适得其反。② 吴雷川的说明更为细致。他说传教士不许祭祖，首先是不明中国礼仪的本意。古人制礼的目的，是寓天道于人事，祭祖的目的是要人通过祭祖纪念祖先达到不忘本的目的，而非视祖宗为神。祭祖的原理，无非是要人报本返始。虽然古书中也曾谈过先人亡魂的现象，但这恰恰是灵魂不灭的证明。犹太教也有类似的说法，并非不敬独一真神。其次，传教士误读了中国文化和《圣经》。《圣经》中摩西反对偶像崇拜，指的是不可以以偶像为上帝，中国人供奉祖先牌位并不是偶像，更没有将其视为上帝。而且《圣经》中的"拜"指的是心灵的敬拜，而中国人特指身体上的拜，拜祖先和拜上帝是不同的。因此，祭祖与拜偶像毫不相干，若供奉泥塑木雕的偶像，当然有违一神信仰，但祭祀祖先的牌位是画像或照相，并非偶像。所行的礼节，无论是跪拜、作揖还是鞠躬，都不能说是拜偶像。禁止烧纸固然应该，不许祭祖则于情于理不合。③ 吴雷川尝试从中国文化和语义学的角度为祭祖活动平反，在中国教会界产生了一定的影响。

有鉴于此，基督徒提出祭祖改造方案。王治心主张设立几个与祭祖有关的节日，如 4 月 4 日扫墓节、7 月 15 日追远节、农历八月十五孝亲节等，在这些节日可以从事扫墓、纪念先人、孝敬父母等活动。④ 这些节日与中国传统节日时间一致，核心内容也大体相似，只是一种改造过的、加入了基督教元素的节日，从而赋予了祭祖新的内涵。朱敬一认为："对于信徒，应当为他们提倡纪念祖先的举动，只要不把观念看错，就是有物质

---

① 《中国基督徒应注意之社会事业》，《中华圣公会报》1919 年 8 月第 12 册第 16 号，第 15 页。

② 诚静宜：《本色教会之商榷》，《文社月刊》1925 年 10 月第 1 卷第 1 期，第 9 页。

③ 吴震春（吴雷川）：《中华基督徒祭祀祖先的问题》，《真理周刊》1924 年第 3 期。

④ 治心：《本色教会应创何种节期适合中国固有的风俗》，《文社月刊》1926 年 6 月第 1 卷第 7 册，第 31—32 页。

的表示祀祖,也不算违犯基督教教义。"对于非信徒,则不必反对他们祭祀祖先,"我们劝他们信道时,先只要请他们除去不道德的一切行为,慢慢地引导他们进入真理,使他们有辨别真假的智慧;他们对于祖宗的观念,自然而然地会从祭祀而改到纪念上去"①。总体而言,20世纪二三十年代中国教会的祭祖观念发生了很大的松动,教会曾几次在全国范围内征集对祭祖问题的看法,多数信徒对祭祖中的优秀部分持肯定态度。② 此时中国教会对祭祖活动多持默许态度,很多传教士也不再强硬地反对。③ 这反映出中国礼俗改革已经具备了本色化的特点。

五 结语

20世纪前期是中国社会重要的转型时期:政治变革剧烈,思想杂陈多端,文化中西融会,世风百态千姿。此时的社会风尚也糅杂了传统与现代、精华与糟粕等多种元素,呈现复杂的态势。总体而言,社会风尚由传统向现代的转变是主流,科学、合理、健康、符合新道德、适应新时代的生活方式是有识之士不懈追求的目标,也是历史发展的必然趋势。曾开中国风尚改良之先的基督教会再接再厉,根据新时期风尚变化的特点,有针对有侧重地采取新的举措,为中国社会的移风易俗做出了贡献。新时期的基督教风尚改良运动,也被时代赋予了一些新的特征。

晚清时期社会风气保守,诸多风尚改良运动并未形成社会潮流,传教士的很多改良理念是超前的。这使得基督教开展的种种运动格外醒目,也特别孤独。很多时候其行为并不为社会所理解,常常遭到民众的冷遇乃至反对。如早期教会宣传女子不缠足,并未得到社会的广泛响应;教会的反鸦片呼声,常常被中国社会所忽略;教会提倡丧葬习俗改良,遭到民众的

---

① 朱敬一:《中国农村教会之新建设》,上海:中华基督教文社1927年版,第20页,转引自邢福增、梁家麟:《中国祭祖问题》,香港:建道神学院1997年版,第77页。

② 如1916年和1931年中国基督教的领导机构都曾做过这样的调查。参见"Report of the Special Committee on the Chinese Church", in *Proceedings of the 6th Annual Meeting of the China Continuation Committee, 1918*, pp. 32 – 33。转引自邢福增、梁家麟:《中国祭祖问题》,香港:建道神学院1997年版,第68页;《为敬祖问题征求全国信徒之意见》,《真光》1931年2月第30卷第2号。

③ 吴雷川指出1915年以后教会对祭祖的干涉就很少了。参见吴震春(吴雷川)《中华基督徒祭祀祖先的问题》,《真理周刊》1924年第3期。

强烈抵制；教会反对奢靡和迷信，往往成为教案的诱发因素之一。进入20世纪的中国，欧风美雨渐入人心，社会观念为之一新，原来基督教的风尚改良观念为社会主流所接受，各界积极投身改良大潮，教会有了无数志同道合的伙伴，他们彼此促进，相互推动，加速了中国社会风尚改良的步伐。基督教会从风尚运动改良的领军者变为社会潮流中的一支，发挥的作用似乎相对降低。但换种角度看，这恰恰是教会风尚改良成就的一种彰显。如果没有早期包括教会人士在内的、一批中外有识之士的鼓吹，后期风尚改良何以形成潮流？虽然基督教会并非唯一的推动力量，但其先行一步的独特作用却不可替代。

基督教会在风尚改良方面的积极表现，此阶段已经得到整个社会的肯定，这无疑会消减民众对基督教的负面情绪，对于基督教在华正面形象的建构具有积极意义。晚清时期，教会诸多风尚改良常被赋予文化侵略色彩，因此导致的民教冲突不占少数。20世纪后，教会此类改良的力度不断加大，却极少再有因此引发的教案。传教士以往的超前理念，已渐渐成为社会共识。早期传教士的思想中不乏文化专制主义元素，他们对中国风尚习俗过于贬低；传教士对基督教教义的认识也略显僵化，很少认真思考基督教与地域文化的适应性问题。20世纪后，社会变迁促使教会人士不断反省自我，重新评估教会以往社会改良中出现的问题，修正曾引起中西文化冲突或带有西方文化专制意味的方针，制定行之有效的措施，努力适应中国社会的需要。这种观念的转变是新时期中国政治、经济、文化变迁的结果，是基督教本色化运动的重要组成部分，有利于基督教的持续发展，在中国基督教思想史上颇具价值。

在肯定积极意义的同时，改良中两个潜在问题需要注意。其一，改良运动言论多，行动少；开花多，结果少。教会对各种陋俗的批判淋漓尽致，提出的改良方案千头万端，但多数改良组织时兴时灭、难以持久，真正有系统的推进力量仍很有限。改良运动本身也不平衡，有些地区轰轰烈烈，有些地域悄无声息；有些风俗整改有力，有些习尚顽固难撼。这些使得风尚改良运动的成效大打折扣。且教会能够约束者仅为中国信徒，对非信徒只能倡导和宣传，无法施行强制手段，影响了改良者力量的发挥。其二，教会内部对改良存在意见分歧。民元前后教会风尚改良的主要倡导者多为自由派基督徒，自由派比基要派更关注社会改造和社会服务，思想更激进。而基要派相对保守的特点，使我们很难在教会刊物上见到其看法，实际上他们对自由派的主张大都不以为然，不满和抵制时有发生。① 而中国下层教会受基要派的影响更大，故改良运动最终推展到何种程度，其真实影响有多大，还有待于进一步评估。

综合基督教在华传播特点及政教关系等背景因素，20世纪前期的基督教风尚改良运动亦可折射出教会面临的某些困境。如前所述，教会人士反对许多不良风尚的一个重要原因，是他们认为这些风尚是迷信，有违基督教教义。中国社会对这类风尚的反对基于同样的理由，但不含宗教冲突因素。悖论的是，20世纪20年代中国反迷信运动成为潮流时，国人将基督教也作为一种迷信，掀起反基督教浪潮，对传教运动造成颇为严重的冲击。反迷信的主体同样被视为迷信，实在是莫大的反讽。基督教遭反对的另一理由，是因为它是伴随着列强炮舰强行入华的外来宗教，难逃帝国主义帮凶的恶名。平心而论，虽然近代中国的基督教传教运动不乏文化霸权因素，也的确有些传教士带有侵略目的，但多数人士的传教目标是单纯且真诚的，他们的一些行为在客观上对中国社会进步有积极意义。以风尚改良为例，传教士主流对鸦片、洋烟、洋酒的抵制力度很大，尤其是反鸦片运动，几乎贯穿了近代基督教传华的整个过程。这种抵制无疑触犯了传教士母国的商业利益。传教士的行为同样遭到中国无良商人的敌视，更兼在华帝国主义急先锋的不佳形象，传教士的处境非常尴尬。

中国基督徒的处境同样艰难，他们常被视为二毛子、帝国主义的走狗，正如时人所云："多一个基督徒，就少一个中国人。"基督徒面临着要么做一个中国人，要么做一个基督徒的艰难抉择。许多教会人士认为，只有排除基督教中的西方元素，教会才能转变为"中国"的。正是在这样的语境下，20世纪前期的基督教本色化运动才得以兴起。风尚改良中中西合璧礼仪形式的创制，就是本色化一种体现，基督徒似乎在中西文化冲突中找到了一个平衡点。然而，基督教界的礼仪之争时至今日也很难说真正停止，跪拜、叩首、供奉、追思等历来是基督徒争论不休的话题。当时基督教内部自由派与基要派发生严重的观念冲突，礼仪的宽与严又成为基督教内部派系论战的一个方面，给基督教界带来不必要的内耗。这也促使基督徒不断思考：在西方土壤中成长的基督教能够抛却固有西方观念，

---

① 参见姚西伊《为真道争辩：在华基督新教传教士基要主义运动（1920—1937）》，香港：宣道出版社2008年版，第46—51页。

真正在中国实现本土化吗？完全本土化的基督教，究竟还是不是原教旨的基督教？宗教的本土化究竟是必然的，还是人造的理论？既然本土化是在反教的场域中形成的，那么当反教力量已经式微，本土化是否还有必要？其意义何在？总之，基督教与风尚改良运动的关系，远比我们想象得复杂，研究空间仍须不断展拓。

女青年会百多年来服务社会造福人群的轨迹探寻及思考①

——以广州基督教女青年会为例

贺璋瑢

(华南师范大学历史文化学院)

基督教女青年会简称女青年会(Young Women's Christian Association, 简称 YWCA)是一个具有基督教性质的社会服务团体, 作为国际性组织分支遍布全世界。回顾历史,基督教女青年会于 1855 年由英国的金纳德夫人(Lady Kinnaird)的倡导与组织在伦敦成立,本着基督"爱人如己""非以役人乃役于人"的精神,为社会大众服务。最初,女青年会是在女青年中进行宗教和社会服务工作。不久,女青年会就相继传入欧美其他国家。1894 年世界女青年会在英国成立。至 1919 年世界上已有 35 个国家建立了女青年会,是当时妇女运动中最大的组织。

基督教女青年会由美国传入中国。1890 年在杭州弘道女中成立了中国第一个学校女青年会。1908 年在上海成立了中国第一个城市女青年会。1911 年,在清政府即将被推翻的前夕,在革命思想、社会改良思潮甚为流行的广州,由几位热心社会事业的基督徒女性发起,于 1912 年正式成立了广州基督教女青年会,这是继上海之后在全国第二个成立的城市女青年会。本文就广州基督教女青年会百多年来如何服务社会造福人群的轨迹

---

① 注:这篇论文的写作得到了广州市基督教女青年会刘红副总干事的大力支持,她不仅向笔者提供了文字资料,还接受了笔者的访谈,并对论文的修改提出了宝贵的意见,笔者在此谨向刘红副总干事致以最诚挚的感谢!

做一个大致的梳理,并就在中国经济快速发展的今天,基督教女青年会作为一个宗教社会服务团体如何利用自身优势、更好地践行其服务社会、造福人群的目标谈谈自己的思考或浅见。

一 1949 年前基督教女青年会服务社会造福人群的轨迹

1949 年中华人民共和国成立以前女青年会服务社会造福人群的轨迹可以大致分为两个时段。

1. 筚路蓝缕创业和引领时代风气的时期(1912—1936)

最初中国的女青年会是以"中国中等阶级妇女"为服务对象,着力培养中国女界未来的领袖,因而常被人称为"小姐会""太太会",早期的活动区域为各地的大中城市。20 世纪 20 年代初,非基督教运动爆发,国民革命兴起,中国社会的产业经济出现了较快的发展势头,这种情形促使中国的基督教会重新思考在新形势下教会如何发展及其社会形象的问题,女青年会也不例外。在 1923 年召开的女青年会的第一次全国代表大会上,明确宣布"女青年会的宗旨是促进女子德、智、体、群之兴趣,俾得协助教会,引导女子,使之能得救主耶稣完满之生活,而建设天国于世上"。在 1928 年召开的女青年会的第二次全国代表大会上,其确定的宗旨为"本基督教之精神,补助发展各地女青年会,服务社会,造福人群。""服务社会,造福人群"的八字方针第一次明确地被提了出来,这次会议还强调了将农村女性和劳工女性确定为女青年会的两大主体而非仅仅是服务对象,并为此制定了具体的事工计划。1926 年,丁淑静女士成为女青年会的第一任中国总干事,此时女青年会的工作重点和方向已渐渐转向服务劳工女性和社会改造。可见女青年会的工作在 20 世纪 20 年代呈现一条清晰的轨迹,即从创办初期的集中于基督徒女性、有钱有闲的太太小姐、受过教育的女性和学生,转而面向社会各阶层的女性和儿童,工作目标从过去的以注重个人修养为主(如办查经班、布道会、祈祷会等)向德育、智育、体育、群育的全面转变。女青年会的会徽就形象地表达了其注重德、智、体、群的精神与内涵:

如图所示，基督教女青年会的会徽为蓝色的等边三角形加一横条。三边代表德、智、体，中间一横代表群。

德——表示爱人如己的精神；

智——表示要不断增长知识；

体——表示要有健康的身体；

群——表示团结合作、群策群力的精神。

正是在上述背景下，包括广州女青年会在内的各地女青年会在当时的主要工作均围绕以下几方面展开：一是发展四育（即德、智、体、群），引领时代的社会改良之风气。为此，通过向社会各界募捐，1924年女青年会建成了有游泳池、儿童游乐场、球场等初具规模的会所。至1932年，女青年会在丰宁路104号（近人民中路322号）的会所，有职工学校、图书馆、礼堂、幼稚园、儿童游乐场、游泳池、球场、义务医疗室等，为广州各阶层的女性开展"德、智、体、群"四育活动提供了良好场所。1930年3月，女青年会在其机关刊物《广州女青年》上刊登了欢迎女青年加入本会的启事《请到女青年会去》，也体现了"德、智、体、群"四育的精神。全文如下：

请到女青年会去

哪里去？哪里去？爱国青年，

请到女青年会去前去前去！

服务慈善精神在这里。

> 哪里去？哪里去？强健青年，
> 请到女青年会去前去前去！
> 游玩场游泳池在这里。
>
> 哪里去？哪里去？慕道青年，
> 请到女青年会去前去前去！
> 实行人格救国在这里。
>
> 哪里去？哪里去？活泼青年，
> 请到女青年会去前去前去！
> 合群广交切磋在这里。

就发展德育而言，女青年会所提倡的德育，即追求真理，培养高尚的道德，发扬"爱人如己"，"非以役人，乃役于人"的基督精神，女青年会经常组织各种宗教活动，如开设查经班、布道班、主日会、灵修会、举办宗教演讲等，宣传基督教的思想，以提升女青年的道德。女青年会还长期举办各种演讲会，如名人演讲、培德演讲、公共卫生演讲、儿童幸福演讲等，召开各种讨论会，开展社会问题讨论，家庭问题讨论等。以提升公民道德和公民的社会责任。

就发展智育而言，女青年会先后开办了职工学校。免费的平民学校、女工夜校、职工学校（设家事即家政、商业、工艺、美术等数科）、选课补习学校、幼稚园（广州的第一所幼稚园）等，举办"儿童智力健康比赛"和"儿童世界展览大会"等。

就发展体育而言，基督教男女青年会自成立起就是我国体育运动的推动者，女青年会把当时西方国家流行的女子排球、垒球、网球等引进广州，在其主办的《广州女青年》期刊中进行推介，并发专文介绍了"体育与人生的关系"，打破"柔"为女德的传统观念。女青年每学期均组织中学生开展游泳（女青年会的游泳池是当时广州唯一面向女性开放的游泳池）、球类（篮球、排球、垒球）、国语、戏剧、歌诗、演说的六项比赛。

就发展群育而言，女青年会通过举办丰富多彩、形式多样的高层次的联谊、聚会、文娱、交际等群育活动，增强会员之间的凝聚力，增进公众对青年会的了解和参与度，扩大其社会影响力和群众联系面。另外，还开设有少女游戏领袖训练班、少女事业领袖训练班等，很多人在其举办的活动和培训中，其领导能力、口头表达、交际能力都得到很好的锻炼和提升。

还需要指出的是，当20世纪20年代初广州妇女解放运动兴起，出现"废娼"运动时，女青年会积极投身其中，提出"贞洁""自重"口号，号召妇女冲破封建束缚，参与社会生产活动，并为从良及受侮辱被遗弃的妇女提供单身宿舍。

可以说，从20世纪20年代初至1936年，这十几年是1949年以前广州女青年会发展最为顺遂和稳定的时段，女青年会在引领时代风气、改良社会、移风易俗等方面做出了卓越的成就与贡献。

2. 抗日救亡到共和国成立的时期（1937—1949）

1937年，日本发动全面侵华战争，抗日救亡成了当时时代的主题，广州女青年会竭尽全力投入抗日救亡中，成了广州市最活跃、最持久的抗日妇女团体。当时已经有一些中共党员和一些进步女性参与到女青年会的活动中来，推动女青年会组织了广州妇女歌咏团。并成立了女青年会地下党支部，支部成员带头义务去女工识字班当老师，以合法身份到工厂女工群众中去工作并宣传抗日。1937年12月，广州各妇女团体在女青年会组织成立"广东妇女团体联席会议"，联合妇女力量一致抗日，女青年会加入其中。联席会议的每一次会议都是在女青年会的礼堂召开。从1938年4月起，联席会议在女青年会举办妇女战时讲习班，每三个月为一期。

抗日战争中，女青年会的工作主要在以下几方面展开：一是宣传抗日，调动妇女抗日热情。为此女青年会积极开展战时民众教育，如每周至少一次集会，邀请剧团来女青年会礼堂唱歌演戏，宣传抗日。开办民众夜校，宣讲抗战尝试、抗战读本等。邀请名人作抗战演讲，如郭沫若、廖承志等都在女青年会做过演讲。二是战区服务，为了支持中国军队的抗战，多次组织和参加募捐活动，为前线战士征募棉衣、救护药品、慰劳物品和慰劳金等，随着抗战的深入，女青年会还于1937年12月成立了战时服务团，服务团内又分为救济股、训练股、慰劳股、宣传股，其工作重点主要放在后方宣传、救济服务上。战时服务团经常到各地医院、荣军大队或居民点开展多种形式的抗日宣传活动。在日军轰炸广州时，战时服务团参加抢救区受伤市民，并组织妇女救护队与中华救护总队联合组成一队，准备了许多救伤药物及床架，到遭受轰炸的灾区进行救护。三是开展难民救济，1938年8月广州沦陷后，女青年会迁往香港，积极参与了救助难民的工作，在澳门开办救济粥场。1938年后韶关成为广东省的政治、经济、军事与文化中心，女青年会在此有办事处，配合抗战需要，协助救济难民、输散物质、办营养食堂、开设女子宿舍、慰劳荣军和学生救济等。

1945年8月，抗日战争结束，全国暂时有了一个较和平的时期，女青年会随之迁回广州，并满怀希望地投入了抗战后的修建重复工作。当时的广州百废待兴，急需大量女工，而当时的女工多为文盲和半文盲，女青年会为此开办了培训妇女劳工骨干的6所女工夜校，课程设有常识、语文和算术，基本上按照上海女青年会女工夜校的模式来办学。当时的中共地下党组织也很懂得利用这个阵地，因此，劳工夜校的学生不仅学习了文化科学知识，而且还懂得了许多革命道理和形式，夜校的许多老师和学生在1949年后就成了广州妇女干部队伍中的骨干力量。1949年10月14日解放军入城时，女青年会的同工及夜校的女工学员和老师在全市首先动员起来，煮了一锅又一锅的开水和黄豆粥慰问解放军，派发妇联印制的《告全市姐妹书》，迎接解放。不难看出，女青年会中的进步人士利用了女青年会的特殊身份，为当时的许多中共地下党的革命活动提供了掩护，为解放战争的最后胜利作出了一定的贡献。

由上可见，1912—1949年，不管时局如何动荡，广州基督教女青年会本着基督之爱的精神，以服务社会造福人群为宗旨，面向社会，为妇女界和社会各界举办各种有益活动，参加者有基督徒也有非基督徒，后者居多。可以说，在广州的近代史上，女青年会为推动女性的解放、提倡两性平等、维护女性权益和社会公益事业，作出了诸多贡献。

二 1949年后基督教女青年会服务社会造福人群的轨迹

1949年中华人民共和国成立后女青年会服务社会造福人群的轨迹也可以大致分为两个时段。

1. 共和国成立后受到"左"的思潮和各种运动冲击、活动渐趋停止的阶段（1950—1978）

1949年3月24日，全国妇女民主联合会成立，女青年会全国协会是三大初创会员单位之一。5月4日,全国民主青年联合会成立,女青年会全国协会与青年会全国协会一道,是四个初创单位会员之一。从1950年开始,女青年会恢复了会员各种兴趣学习班。

并组织定期的新知学习讲座。从1952年开始,女青年会在附近社区和教区招募缴费会员,开展如烹饪、舞蹈、俄语、英语、钢琴、编织、车衣、戏剧等活动,丰富了广州市民的业余文化生活。

抗美援朝战争爆发后,女青年会积极参加捐献飞机大炮支援朝鲜的活动,并把女青年会的"车缝班"改为"支前被服"加工厂,日夜为志愿军缝制军被和军服。1953年10月,女青年会的总干事还代表广州妇女界参加了第三届赴朝慰问团。

1951年,三自革新反帝爱国运动兴起后,女青年会的工作和人事无疑受到较大影响,在此艰难处境下,女青年会还是勉力开展自己的工作。广州的反右运动开始后,女青年会的会长被错划为右派。20世纪50年代后期,举国上下都投入了"大跃进""人民公社化运动",女青年会和教会一样实行大收缩。不久,全国开始大炼钢铁,女青年会的会所成了炼钢之所,女青年会的全部活动停止,工作人员被安排到工厂、农场,会务被迫停止。从20世纪50年代后期到1978年,由于受到各种政治运动的冲击,女青年会的会址被改作他用,会务实际上是处于停滞状态。"文化大革命"期间,女青年会的人员受到冲击,女青年会的招牌也被红卫兵拆除了。

2. 复会新生、重绽光彩的阶段(1979年至今)

1979年年底,全国十大城市允许恢复基督教女青年会活动,经过一段时间的筹备,在停止了近20年的活动后,广州女青年会的牌子再次挂起。接着,女青年会的各项事工也开始了逐渐恢复和发展。在近三十多年的时间里,前十年(1979—1989)可以说是一个重新打基础的阶段,在这一阶段,女青年会积极促成落实宗教房产政策,建设新会所(该会新建的穗花新村会所是广州海珠区辖区最早的多功能社区服务中心之一),重建董事会和同工队伍等,并积极使传统的各项事工(如各种教育培训中心、健身院和欣光合唱团等的成立、青少年服务、长者服务的开展等)得以逐渐恢复和重新走上发展的轨道,并与时俱进地开展各类文化教育培训、文娱康体方面的活动。此外,女青年会还积极参加各项社会公益活动,关注弱势群体。该会自复会以来先后向"广州市宗教界支持民族教育基金会"、"广州市宗教界广东扶贫日"、希望工程、残疾人福利、华东水灾、东南亚海啸救灾、西部开发、汶川地震、青海玉树地震、南方冰雪灾害等各类慈善赈灾事业捐款，截至 2009 年上半年，累计捐款 43 万多元。近年来，女青年会还整合社会资源，组织高校社工系、心理系师生到劳教所、戒毒所、少教所开展戒毒帮教活动，不断拓宽服务社会造福人群的道路与途径。

需要指出的是，从 1990 年开始到现在，女青年会开始了其渐渐转型、探索更好地服务社会、造福人群、再创辉煌的新阶段，这当中她们做成了几件值得一提的大事。

其一，开展涉外家政保姆服务培训。早在 1996 年，女青年会就开广州地区之先河，成功开办了涉外家政培训班，涉外家政班每期两个月，48 个课时，开设的课程有英语、插画、西餐、烫衣、家居卫生、婴幼儿护理课程、西方礼仪和习俗、涉外家政服务员工作要求、宠物饲养等，并聘请外籍义工上部分课程，带学员进入外籍雇主家实习，课程结束后进行笔试和英语口语考核，通过考核后获得女青年会颁发的中英文结业证书。女青年会还随机对学员进行家访以及对学员的人品进行了解，确保招收品行良好的学员，对外籍雇主负责。学员上岗后还对其工作情况进行跟进。

至 2012 年 6 月，女青年会共举办了 52 期涉外家政培训班，有 1217 名学员获得结业证书，超过 9000 名学员上岗，2007 年 5 月，在十多家涉外家政保姆中介中，女青年会涉外家政培训班名列第一。涉外家政培训自开办以来一直都是女青年会传统优势培训项目，多年来受到广大雇主（雇主来自美国、英国、日本、澳大利亚、意大利、德国、荷兰、新西兰、印度等国）和学员的欢迎。经女青年会培训的家政助理诚实敬业，工作勤恳，普遍受到外籍雇主的好评。有的优秀学员还被市妇联评为"星级保姆""标兵保姆"，在广州电视台专栏节目中获"心水保姆"的称号。

其二，开展连南国际小母牛项目。"国际小母牛项目组织"是一个非官方、非营利的国际乡村发展机构，通过向小型农户提供禽畜，技术培训及相关服务来消除饥饿和贫困，并改善环境。这个组织自 1944 年创立以来，已在世界 128 个国家和美国 35 个州扶持过 700 多万个家庭致富。这个扶贫项目要求"受助农民必须将头胎产下的小母牛无偿赠给其他农户并帮助他们把牛养好"（称为"礼品传递"）。广东连南地处粤北石灰岩山区，土壤贫瘠，是广东著名的穷乡僻壤。2004年9月，在女青年会的引荐下，小母牛项目正式落户连南，几年来，这个项目给当地的农村社区带来明显的变化，如家庭收入增加，大部分农户添置了家用电器，有的还新建了房屋。当地政府还为配套项目修路、引水，加强了基础设施建设。女青年会在项目的牵线和执行过程中，对小母牛项目点开展对口扶贫，如赠医送药，对当地妇女进行卫生保健培训，向当地敬老院、小学捐款，为村民赠送书籍、棉被及其他生活用品。

其三，开展艾滋病预防宣传培训。广州地处改革开放的前沿，经济发达，早期吸毒感染艾滋病的人较多，另外由于外来人口多，流动性大的原因，艾滋病感染者由吸毒转为性传播的人数逐年增加，艾滋病防控的工作在广州更显迫切与突出。女青年会是广东地区最早开展艾滋病预防干预的社会组织之一。2006年，该会得到爱德基金会的资助，女青年会利用教会网络资源，先进行骨干培训，然后向大众培训来扩大宣传。2007年，女青年会与广东省基督教两会合作，将广东省分成粤中、粤东与粤西三个大区进行宣传培训工作，两年共开展6次骨干培训，12次集中式大众培训，并发放了3000多份宣传手册。2007年年底，女青年会开拓新的宣传方式，组建了7支演出队，通过演剧的形式深入社区、广场、中学、大学城、农村、工厂、港口向大众宣传艾滋病预防常识，由于这种形式的宣传很受欢迎，该会一直坚持至今。2008年，女青年会获得全球基金第六轮艾滋病防治项目的资助，于是又开展了"发廊性工作者艾滋病预防干预项目"，组建一支义工骨干队伍走街串巷深入城乡接合部的发廊、沐足、按摩、小型旅馆等处，干预服务对象149人，232人次，从2009年5月起，还组织义工小组逢周日前往广州市第八人民医院探访慰问住院的艾滋病人。

2009年7月，女青年会正式实施"中盖"项目（即卫生部和国家防治艾滋病办公室与美国比尔及梅琳达·盖茨基金会艾滋病防治合作项目），以专业社会工作方法——小组工作方式，组织开支"关爱生命你我同行"感染者小组系列活动，本会专门辟出一间房设立"健康大使咨询室"，开展电话咨询、心理疏导、个案探访、故事收集、生产自救、社区自愿服务、劳动技能培训、养生讲座等，后来又在此基础上正式成立广州市首家"艾滋病感染者活动中心"，从专业社工角度接入艾滋病感染者关怀，为感染者提供一个社交平台，培养同伴教育员，构建同伴支持网络，干预心理危机,并帮助感染者开展手工制作,尝试生产自救,还帮助感染者与相关部门沟通,办理低收入保险,申请廉租房等民政救助手续等。不难看出,通过上述活动,广州市女青年会走在了"民间抗艾"的前列。2009年和2010年,女青年会连续两年获得广东省中盖艾滋病项目综合排名一等奖的荣誉。

其四,设立广州益人社会工作服务中心,承接政府购买服务项目。2010年10月8日女青年会成立广州益人社会工作服务中心,"益人"之名蕴含着"荣神益人"之意。2011年,广州市委市政府提出对社会建设升级转型,创新社会管理,作为有悠久历史和优良传统的社会服务机构,女青年会迎来了再上新台阶的大好机遇。2012年7月,"益人中心"通过投标成功承接从化市的"城郊街家庭综合服务中心"项目,8月正式与城郊街道签订服务协议,这是该会承接的首项政府购买服务项目,10月12日,"从化市城郊街家庭综合服务中心"正式揭牌对外服务。目前该服务中心拥有20名全职社工,其中包括14名持证社工以及拥有二十多年实务经验的资深社工。该中心占地1300平方米,设置20个功能区,涵括六大类专业服务,中心着力于通过提供专业的社会服务,以满足社区内个人(长者服务、儿童、青少年服务与残障服务等)及家庭的多元化需求。

其五,积极开展推广义工运动,女青年会积极倡导志愿精神,持续吸收义工,开展义工培训,充分利用、整合义工资源开展各样社会服务。目前女青年会已拥有13支义工队伍,在册义工近1000余人,长期风雨无阻地开展长者服务、戒毒帮教、艾滋病、结核病、麻疹的防治宣传和患者关怀、社区义务按摩服务、"欢乐学堂"周日义工服务、居家助残养老服务、青年领袖培训等,取得了良好的社会反响。女青年会同时也是中山大学、华南农业大学、广东商学院社工系学生的实习基地,该会还与广东的多所大学合作,吸引高校学生源源不断地参与到该会的义工队伍中来。该会还组织开设了义工管理、项目管理、导师培训、程序策划、游戏带领等系列培训课程,外树形象、内强素质,提高义工的素质,近年来该会的义工队伍有2—3倍的增长,并连年都有义工被评为广州市志愿服务先进个人和优秀义工。

女青年会又与白云区恒福社会工作服务社签订合作协议,为该社属下的新市街家庭综合服务中心提供专业督导顾问服务。按照协议要求,该会将于 2013 年 9 月 1 日至 2014 年 6 月 30 日，派出具备督导资质的工作人员为新市街家庭综合服务中心的社工提供实务教育，传授有关社工管理理念、模式、工作程序、标准等知识，并为社工提供相应培训，以促进其服务工作的专业化、本土化发展，提升具有社工业务知识的工作水平，推动其提高服务质量。同时该会督导还将向新市街家庭综合服务中心提供业务管理、服务模式、工作程序和标准等具体实务指导意见，协助中心提升业务水平，并完成家庭综合服务中心购买合同的相关内容。要说明的是，广州的家庭综合服务中心督导服务大多是由机构聘请香港或者内地的资深社工，以个人名义提供服务。而广州基督教女青年会采用机构名义输出督导服务，可以有效地发挥不同督导的特长，确保督导服务时间。提供更优质的本土督导服务，是在社会管理创新大背景下的一个有益尝试。

由此可见，在近二十几年的时间里，女青年会不断创新服务理念，关注社会需要，大胆把握机遇，不断开拓创新，与时俱进地拓宽服务种类，拓展社团发展的新路径，为构建和谐广州作出了应有的贡献。

三 思考或感想

回顾历史，一个女性的民间团体何以能在中国社会的百年沉浮中顽强生存下来并始终恪守其创立之初"服务社会，造福人群"的宗旨，履行着自己的使命，答案只有一个，那就是基于一代又一代的"女青年会人"承载着团体的使命，以促进女性的发展和社会的进步为己任，以在不同的历史时期服务社会造福人群的创新见证了团体存在的价值。女青年会百多年来服务社会造福人群的轨迹清晰可循，在百多年的时间里，上帝赐予广州基督教女青年会事工的各样恩惠，而女青年会通过服务社会造福人群的途径在广州的历史上、当今的社会中树立起了自己的良好形象，真正以实际行动"荣神爱人"，为上帝作了美好的见证。

需要指出的是，基督教女青年会（也包括青年会）和基督教会既有共性又有所区别。"其共性在于：基督教女青年会同样是以见证上帝是爱的福音为己任，遵循耶稣基督服侍的教训，服务社会，造福人群。同时，和教会相比，基督教女青年会又有自己的独特性：她不仅向教内，同时也注重向教外、向社会开展服务事工和见证基督教对人群的关爱。"①

可以说,女青年会的社会服务工作早已践行了其成立之初时的三种思路:一是不受宗教的限制,其所服务的人群不是仅限于基督徒;二是不受性别的限制,其所服务的人群也不是仅限于女性;三是不受年龄的限制,其所服务的人群更不是仅限于青年,而是覆盖从青少年到老年的比较广泛的年龄段。

不过,女青年会作为一个社会服务团体,在当下依然面临着许多困难和挑战,最大的困难和挑战恰恰来自自己的名称——"基督教女青年会",这个名称本身表明了其团体的宗教背景,表明了其是属于宗教、带有宗教背景的社会服务团体(女青年会是在民政部门登记的具有法人地位的名正言顺的社会团体)。正是因为其带有宗教色彩,当女青年会去寻找社会资源的时候,往往不被理解,社会上的许多人和组织、甚至包括政府机关,往往对她们抱有警惕、怀疑,甚至几分不信任的态度。如广州市最早打算试点购买政府服务时,包括女青年会在内的三个带有基督教宗教背景的社会服务团体都没有购买到政府的项目。后来,女青年会想了一个办法即不直接用女青年会的名称而是成立了益人(取基督教的荣神益人之意)社会服务中心(2010年成立),作为专业的社工机构,去承接参与购买政府服务的项目。换了个身份,结果成功投标。为了此次的投标成功,女青年会事先还做了很多准备工作,如在招标之前半年女青年会就招进专业社工,招来以后又将之专门送到香港去学习、取经和进一步的培训。

再比如,女青年会全国协会一直都是全国妇联的团体会员,广州市女青年会过去也一直是广州市妇联的团体会员,但2002—2012年,即约有10年时间,由于各种原因,广州市女青年会失去了团体会员的身份与资格。直到2012年上半年才在女青年会的不断努力下,市妇联又将女青年会正式纳入团体会员。广州市妇联本应给女青年会从事社会服务工作很多支持,但事实上妇联长久以来甚少与女青年会主动联系,只是近几年来才有所联系,但这种联系还是非常稀疏的,彼此之间的合作就更谈不上了。

另外一个较大的困难和挑战即是来自竞争。在当今社会管理创新的进

---

① 高英:《百年见证彰显主爱:纪念广州基督教女青年会成立一百周年感恩礼拜证道》,《天风》2013年第3期,第16页。

程中，社会组织的作用越来越受到重视，而且社会组织的发展可以说是非常迅猛。据说，目前中国有各类社会组织47万个。近几年广州市各类的社会公益和服务组织也在大量涌现，显然在如此众多的社会组织中，女青年会的"服务人群造福社会"也在面临竞争与考验。

当然，困难和挑战有时又蕴含了发展的契机。2014年女青年会又顺利通过广州市民政局的各项综合考核评级，被评定为广州市第一批具备承接政府职能转移和购买服务资质的社会组织，是目前全市首次具有宗教背景的社会组织获得该资质，实现了历史性的突破，为女青年会更广泛地参与社会服务工作提供了有力支撑。

在当今的中国，在社会公益和社会服务方面的缺口仍然很大，要解决这些点多面广的社会问题，单纯依靠政府的力量远远不够，政府各级民政部门也很难照顾到方方面面。而在动员社会力量兴办社会公益和社会服务事业方面，宗教界无疑有其自身的特殊优势，这种特殊优势具体而言表现在：①宗教的公益和服务事业是信仰实践的组成部分，是宗教信仰的外化与物化。所有的宗教，都有着济世助人的主张。可以说，宗教界出于其信仰和教义理解来参加扶贫济困、赈灾救难、养老托幼、帮残助弱等社会公益慈善活动，少有功利色彩而更多超越之境，以其"社会关怀"来表达或传递出"终极关怀"。而社会公益和社会服务事业又使宗教的社会关怀找到了由以落实的途径，从而彰显自身的社会价值。②有较高道德感召力与社会公信度。一般而言，健康发展的正信宗教一般都具有良好的道德形象，为开展社会公益和社会服务事业提供了较高的道德感召力。这有利于避免寻租，克服腐败，实现低成本运作，更容易得到社会大众的信任与认同。

宗教界在社会公益与社会服务上本来就有着悠久历史和丰富经验，但在过去较长的一段时间内被我们所忽视。目前我国宗教的社会公益和社会服务工作和国际上以及港、澳、台地区的宗教参与公益事业和社会服务的广度和深度相比，差距颇大。宗教界在社会公益和社会服务方面所发挥的作用还不够突出。宗教界在中国各地的社会公益和社会服务还应该也还可以发挥出更大的作用。有时这种作用发挥不出来，非其不愿也，而是由于各种因素的限制使其不能也。

我国目前涉及公益和慈善事业的法律法规主要有《公益事业捐赠法》《社会团体登记管理条例》和《基金会管理条例》等，随着形势的发展，上述法律法规已不能满足我国社会公益和社会服务事业发展的需求。针对上述情况，2012年2月26日国家宗教事务局联合中共中央统战部、国家发展和改革委员会、民政部、财政部和国家税务总局联合印发《关于鼓励和规范宗教界从事公益慈善活动的意见》（国宗发〔2012〕6号），这正说明了随着当代社会的多元发展及在社会转型过程中出现的复杂局面，宗教界参与社会服务和公益事业应该说是水到渠成、恰逢其时。该《意见》审时度势，明确提出宗教界从事公益慈善活动"是促进我国公益慈善事业健康发展的有益补充""宗教界依法开展的公益慈善活动和设立的公益慈善组织受法律保护，享受与社会其他方面同等的优惠待遇"等。这就给予了宗教界从事公益慈善活动以准确的定性与定位，一方面有利于宗教界以更好的姿态融入社会、服务社会；另一方面也有利于社会各方统一思想，正确认识宗教界社会公益和社会服务活动的"身份问题"，从而将其纳入现行法律、法规、制度体系，实现法制化、规范化管理。

如果说随着经济的快速发展，社会组织作为社会自我管理的重要载体，已越来越成为现代社会中市场配置资源方式的一个重要补充，成为政府凝聚社会资源，提供社会服务的有力帮手，成为经济社会协调发展的助推器的话，那么各级政府和我们的社会，就理应给予宗教组织与宗教团体，尤其是像女青年会这样的宗教服务团体更大的发展空间，使其能利用自身优势，将其服务社会、造福人群的优良传统经常化、持续化、规范化、系统化，为宗教进入社会公共生活提供了一个新的平台。

可喜的是，中华基督教青年会中华基督教女青年会于2013年5月17—19日在广州召开了社会服务工作经验交流观摩会，来自各地基督教青年会、女青年会的负责人和工作人员以视频、PPT的形式生动地介绍了他们的社会服务事工，交流了心得，分享了经验。中华基督教青年会全国协会涂汉桥总干事说，此次会议的目标是："通过交流和实地观摩使青年会、女青年会的同工对社会服务工作中社会资源整合，专业能力建设及社会效益评估等方面进一步提高认识，对各地青年会、女青年会增强社会服务的责任意识和创新意识，突出团体社会服务工作的主线，积极参与社会服务和公益事业起到积极的推动作用。"① 回顾历史，立足现在，放眼未

---

① 中华基督教青年会全国协会涂汉桥总干事在中华基督教青年会中华基督教女青年会社会服务工作经验交流观摩会上的讲话。

来,"广州基督教女青年会无论是在过去近代历史发展中,还是在现代社会的实践中,都经历上帝的恩膏和圣灵的带领。女青年会的存在和发展,本身就是上帝慈爱和公义的见证"①。我们相信,同时也期待广州的女青年会在昌明安定的社会环境里,更好地贯彻其服务社会、造福人群的理念,再谱新章,再创辉煌……

---

① 高英:《百年见证彰显主爱:纪念广州基督教女青年会成立一百周年感恩礼拜证道》,《天风》2013 年第 3 期,第 18 页。

论晚清官员分析教案问题的三个基点
——兼评蒋廷黻、朱维铮、吕实强等人的观点

李卫民

(山西省社会科学院历史研究所)

晚清教案是中外学术界久已关注的重大课题,历来成果很多①,但是,仍有深入研讨之必要。关于"晚清政府官员怎样应对教案问题",即是尚有很大拓展空间的选题。目前,已有一些学者在这一研究领域收获果实,②但是,其中的关键问题,即哪些因素在分析、研判教案情势的过程中起了重要作用,则尚未得到深入细致的研究,故此,目前的研究成果对晚清官员怎样应对教案,只能做出表面化的叙述。为此,笔者不揣浅陋,对这一问题开展一些深入研讨。

应当说明,本文视角新颖,并挖掘了一些罕见史料,故本文的论证与研究,与一些研究先进的高论相比,有很大不同,是故,在文章当中,于必要处皆略加辩驳、申说,以期增进对相关问题的研讨。

---

① 主要成果有张力、刘鉴唐的《中国教案史》(四川省社会科学院出版社1987年版),苏萍的《谣言与近代教案》(上海远东出版社2001年版),吕实强的《中国官绅反教的原因》("中央研究院"近代史研究专刊,1973年版),陈银崑的《清季民教冲突的量化分析(1860—1899)》(台湾:商务印书馆1991年版)等,代表性论文有朱东安的《再论天津教案的起因与性质:兼评长篇历史小说〈曾国藩〉津门篇》(《近代史研究》1997年第6期),王立新的《晚清政府对基督教和传教士的政策》(《近代史研究》1996年第3期),董丛林的《"迷拐""折割"传闻与天津教案》(《近代史研究》2003年第2期)等。

② 成果有邓常春的《督促与应对:晚清教务教案中中央政府与地方官的互动》[《西南民族大学学报》(人文社会科学版)2005年第12期]、杨大春的《晚清政府的教会育婴政策述论》[《贵州师范大学学报》(哲学社会科学版)2001年第1期]等。

一　个人经历、视野的局限

晚清政府官员分析、研判传教活动，受他们个人的经历、视野的影响很大，易言之，经历不同，阅历有差异，对传教士及传教活动的看法即有很大差异。此一情形，从围绕"教堂育婴"问题的研讨即可见出端倪。

晚清教案的起因非止一端，其中，有关教堂育婴的谣言的作用，不容忽视。震惊中外的1871年"天津教案"即由教堂育婴传言引发，20年之后的"长江教案"也是如此。"教堂育婴"问题，是晚清政府官员无法回避的重大问题，很多官员也在认真思考此一问题，特别是长江教案平息之后，很多官员纷纷建言献策。研究者往往根据这些资料分析当时官员的思想特点，譬如，台湾著名教案史研究专家吕实强曾经指出，"这类的传闻，一直流行于晚清之世，除曾国藩外，从未见他人做过正面的驳辩"[①]，大陆学者李华川的《"西人烹食小儿"传说在中国的起源及流播》一文，则特别提出，晚清时期，关于传教士"食小儿肉""拐骗儿童，刳心挖眼以配药方"等传言，流传很广，只有徐继畬所著《瀛环志略》中对这种谣言予以否定，李华川强调，"惜乎，这样的论调在当时和者寥寥，更多的士人和底层民众还是愿意相信且散布这一传说"[②]。吕实强的看法，李华川的论断，两者互相矛盾，足证此二人的观点，皆不足凭信，今日，有必要对此问题重加检讨，博采更多资料，剖析晚清官员对教堂育婴的真实态度及其成因。

事实上，晚清官员对教堂育婴，分歧较大，须分门别类，逐项讨论。

应该承认，确有一部分官员情绪激动、态度激烈，对教会在华育婴事业颇多指责。这些官员多是从地方社会管理出发，感到教堂育婴问题，已令他们头痛不已。譬如，陕西监察御史恩溥指出，关于教堂育婴的谣言，令地方管制出现危机，此类谣言连绵不绝，"地方官各有职守，又岂能经年累月，一意防闲"，更令恩溥担心的是，虽有官员急急澄清，大量百姓却宁可相信谣言，而不愿相信官方解释，局面常常难以控制，"此次刳心剜目诸谣，海澨山陬，纷传已遍，纵百端解说，愚民终未释然，直以为官

[①] 吕实强：《近代中国知识分子反基督教问题论文集》，广西师范大学出版社2011年版。
[②] 李华川：《"西人烹食小儿"传说在中国的起源及流播》，《历史研究》2010年第3期。

府之畏彼袒彼，而有爱于彼耳"①，此外，掌印给事中洪良品也有类似言论。在洪良品看来，"教堂育婴"已在国内激起"民气"，他非常担心，清政府时常采用的强力镇压措施，亦难遏制教案多发势头，"前此丰大业一案（即天津教案——引者注）办理非不从严"，但是，并未因此就震慑住了各处的造谣煽动者。②另外，河南道监察御史高燮的措辞更为激烈，他提出"百姓积怨"论，高燮指出，有关"教堂育婴"的谣言，煽动力极大，折射出百姓对教堂、教士"积怨愈深"，很多人"自谓激于义愤而不知蹈于刑章"，高燮还概括，教堂育婴使传教士陷入"附者一而仇者千百"的险境。③至于怎样应对"教堂育婴"问题，恩溥的建议是，清政府应大规模办好育婴堂，"庶广全生命，即以豫杜乱源，下顺舆情"，恩溥认为，解决好育婴问题，"是关系到隐培国脉"④的重大问题，洪良品也向清政府最高层呼吁，"朝廷宜筹一久安之策"，而高燮更主张，应劝止教堂育婴。总的来看，恩溥、洪良品、高燮等人，在教堂育婴问题上，显得焦躁、紧张，也充满了困惑。

就此问题，一些身居高位者则另有解析。此中最引人注目者，是李鸿章曾向总署推荐毕德格（Pethic W. 时任美国驻天津副领事）致美国公使西华（Seward G. F.）的信，李鸿章称赞毕德格的看法为"持平之论"，⑤则此信亦可代表李鸿章的观点。毕德格认为，某些中国人将拐来的儿童送到教堂，传教士不知底细，将婴孩收留，另外，育婴堂收养的孩童，体质虚弱者居多，受疫病影响，时有死亡，凡此种种，令一些人"动即妄布邪言，归咎于育婴堂"，"而乱民遂得以藉口。于是一呼百应，激怒成变。迨至事起时，失孩与死孩之家，不啻如心腹之疾，其愤恨欲泄于临时者，斯即百般辩论，终不能信之于一旦"。毕德格指出，自"天津教案"以来，"各处酿成巨祸"的教案，原因皆是如此。毕德格主张对教堂育婴定立章程，"以释群疑"，其具体建议是，"为今之计，所有中国各处童孩不满十二龄者，一概不准送入育婴堂养赡，其十二龄以上者，听其来送。堂中有无别故，各家人皆可赴堂向各孩盘诘"。不难发现，毕德格是美国

---

① 中国第一历史档案馆：《清末教案》（第 2 册），中华书局 1998 年版，第 501 页。
② 同上书，第 485—486 页。
③ 同上书，第 483 页。
④ 同上书，第 501 页。
⑤ 台湾"中央研究院"近代史所：《教务教案档》（第 5 辑），第 73—74 页。

人，对传教士有更深入的了解，而且他对中国社会的实际情形也有一定了解，所以，他就"教堂育婴"传言怎样引发大规模教案的分析，比较全面、深入，说服力也更强。李鸿章能够在此问题上推崇毕德格的意见，显示出他的视野与气度。

晚清高官中，与李鸿章同调者，还有刘坤一。刘坤一坚持认为，"各国教士在中国设堂传教，为条约准行，教堂兼办育婴，设立义学，亦无非好行其善"，他要求属下官员"将境内所有教堂务须实力保护"，并"严拿造谣滋事匪犯，按律重办"，他还"筹拨款项"，赔偿"各教堂毁失屋物"。①

不难看出，与恩溥、洪良品等人相比，李鸿章、刘坤一的态度较为和缓，亦未将传教事业视作一团漆黑，所以，他们都不可能认可取缔教堂育婴事业的说法。

值得注意的是，有些晚清官员奉派出洋，在欧美实地考察，对国内沸反盈天的教堂育婴问题，又有新的结论。

志刚随蒲安臣（Burlingame）外访，观念变化很大，"初入耶稣教国，意其必多与中国之人有碍。及相处渐久，亦未见其有所抵牾，而反觉其有和美之意，是其性不必与人殊也"。② 志刚亲赴当地"男女童约二百余"的某育婴堂参观，发现那里的幼童都很快活，"男女皆读书，女兼针黹，幼男操演枪队，以为嬉戏"。③

光绪二年（1876，即"天津教案"发生五年之后），李圭在美国考察，也曾亲到育婴堂，见那里的孩童多是"从出生到七八岁者"，他去时有六百名，最多时曾有三千名儿童，育婴堂内"帷帐、被褥、衣裤俱洁净。厨房、浴室亦然"，这里的"总管、司事为教门妇女，若中土道婆，据说皆极守清规者"，育婴堂在孩子成年之后，还要"各量材荐事去"，该育婴堂"年经费计用二十六万一千元，半出公家，半出善士"。④ 不难看出，美国的教会育婴堂给李圭留下很好印象。

薛福成对西洋国家的社会事业做了全面考察，论述更为系统，"出洋

---

① 中国第一历史档案馆：《清末教案》（第2册），第488—489页。
② 志刚：《初使泰西记》，岳麓书社1981年版，第33页。
③ 同上书，第29页。
④ 李圭：《环游地球新录》，岳麓书社1985年版，第274页。

以后留心访查，大抵天主教徒所崇奉者惟耶稣。耶稣之说，亦以仁慈为宗旨。近者禁黑奴有会，禁鸦片有会，彼于虐人之事、害人之物尚欲禁之，岂有残酷至挖眼剖心而欧洲各国习不为怪者？即彼之精于化学医学者，亦谓无心眼入药之理"①。薛福成此论，实可被视作出洋清使在教堂育婴问题上的代表性意见。

不难发现，晚清官员走出国门，睁眼看世界，也能承认、认可欧美文明的发展水平，原先心存误解的人士，在事实面前，改变了原先的负面评价。由此亦可见出，个人经历的不同，对传教的评价会有很大差异。恩溥、高燮等人，与李鸿章、刘坤一及驻外官员相比，眼界尚较狭窄，缺乏关于西洋的知识，对基督教的历史与特点不甚了然，于西医则尤为隔膜，故此，他们对传教士的批判，其中多有简单化、片面化、情绪化的言辞，甚至可以说，恩溥等人对教堂育婴的判断，多存误解，随着时间推移，中西交流的扩大，此种误解应会逐步消除。②

不过，也应看到，恩溥、高燮等人，亦未有意散布谎言，他们所列举的地方百姓反映，也是实情，而且，恩溥在上奏中，也承认地方育婴堂早已不敷使用，带来不少社会问题，这也体现出他并不缺少正视现实、反省自己的勇气。对于恩溥、洪良品等人的观点，不宜贬抑过甚。

晚清官员看待"教堂育婴"问题，看法、见解多种多样，分析其中的关键情由，个人的阅历、眼界对于思想的形成的重要作用，不容轻视，特别是身处于晚清大变局之中，不同官员之间，在阅历方面，会有很大差异，这直接造成了他们在思想、情绪、情感等方面，会有明显不同。

二 对基层民众情绪的回应

晚清政府官员处理涉教问题，受基层民众情绪的感染极深。

传教士在各处发展信徒，这些本土教徒被称作"教民"，随着时间推移，传教士、教民与地方士绅、百姓之间，逐渐产生矛盾，士绅、百姓对

---

① 中国第一历史档案馆：《清末教案》，第491页。
② 当然，中国社会从总体上消除对西医、传教士的误解，经历了漫长的过程，直到20世纪20年代末，南京国民政府成立之后，杭州的报纸还有发表对西医有严重误解的文章。参见江绍原《民俗与迷信》，北京出版社2003年版。

教士、教民气恨交加，悲愤情绪在地方社会蔓延。很多晚清官员皆留意到此种悲愤情绪，甚至不少思想较为通达的洋务派官员也很注意此一问题，譬如，郭嵩焘就指出，传教士只关注增加教民数量，以致"盗贼奸民"也被"招致"，"所收奸民愈多，则良民愈以为耻。稍有知识，皆远避之。是以传教二十年，所立神甫，徒为士民所贱恶"，① 此外，薛福成也认为，百姓对教士"积愤日深"。②

情感是支配人类行为的重要力量，尤当意绪难平、悲愤难抑之时，过激举动便自然出现。很多晚清官员对此极为关注，有深入评析，很多人呼吁，应重视民众情感问题，其中，以四川川东道张华奎所论最为详明。

眼见民众广泛参与打教、闹教，张华奎追问，"夫人情莫不畏危而图安，谁愿无端而构衅？况兴戈动众，恣意焚掠，尤为国法所不容，官长所必办？至一旦舍身忘命，挺刀寻仇，若非有万分不能容忍之苦衷，纵属下愚，计亦不肯出此"。

张华奎认为，很多教务问题的处理，在地方百姓看来，教民受到偏袒，自己则遭遇不公正对待，悲愤情绪因此而生，这其中，一方面，"盖习教之民，大抵读书明理者少，游手无赖者多，或因贫穷不能治生，希图教堂给予资本营贸，或因讼事恐难必胜，投入教堂，借其声势抗争，甚有在他处犯案，而以教堂为逋逃薮者，有被田主追租，而以教堂为报复计者，种种情弊，不一而足。一经从教，凡民间例有公会、杂徭及一切相友相助之事，百不一应，又复时行横恶，伤犯平民"。另一方面，"稍不如意，动辄兴讼，平民遵式递呈，辗转不易，而教民撮拾片纸，立可唆使司铎以名片送有司衙门，有司为其所胁，每存逊让之心，不免袒教抑民，原冀争端早息，讵司铎以此为立威，教民以此为得意，几至教民讼，不胜不息，平民讼，不负不了"，因此，百姓"痛心疾首，茕茕难释"，"逐案如此，愤者益众，于是民教之怨从此结，民教之仇从此深，日积月累，众怒勃发，则愤教之义从此起，构衅之事从此滋矣"，还有，传教士、教民，往往大量索赔，且在获得大量赔偿之后，复又显示于平民面前，这更成为"平民伤心饮恨之事"，令民教矛盾趋于激化。有鉴于此，张华奎在大足县对民教双方都予以限制，将教民"恃符妄作"等情事通报主教，令其

---

① 薛福成：《出使四国日记》，岳麓书社1981年版，第99—100页。
② 中国第一历史档案馆：《清末教案》，第491页。

"恪守约章",另外,还约束百姓不得再"滋生事端"。张华奎特别说明,其所作为,得到民教两方好评,尤其当地百姓甚至"塞衢盈路","俯首陨泣",为张华奎送万民伞。凡此种种,皆令张华奎感慨万千,张华奎经历了思想、情感方面的重大冲击,沉痛地表示,参与反教、打教的民众,实则"具有天良",打教行为固属"可恶",然全面考量他们的心态变化过程,理应认定"其情可悯"。①

张华奎对地方民众反教心态的研讨,重在对百姓情感变化过程的分析,揭示出因传教士的某些行动刺激了地方百姓,民众痛感遭遇不公,且无处申诉,悲情压抑,群体性打教、闹教事件随之不断出现。张华奎的论证确有其说服力,故这篇致总署的行文,成都将军岐元等人联署,并由岐元送往总署,说明诸多四川官员对张华奎的意见高度认同。

很快,总署专门行文岐元,表态支持,肯定张华奎所言"甚是",并重申,"教士除传教以外,本不准干预地方词讼,教民亦系华人,如有讼事,亦应自行到案禀诉,听候传讯,何得由主教以名片代送","地方官听断案件,只论是非,不分民教,方为公允。稍有偏袒,必至酿成事端"。可见,总署也认为社会基层民众的悲情心态不容忽视,要求地方官员重视解决此类问题,以维护地方社会稳定(当然,总署也提醒,不应有意慢待传教士,"如欲求见地方官,自当以客礼相待,不宜轻慢远人"②)。

值得注意的是,李鸿章亦公开肯定张华奎"所论甚是",他也强调,"教案缘由"是百姓"激怒成衅",故此,李鸿章指出,地方官员应"秉公剖断,不论民教,只论是非,凡教民有不法之事,分别惩办,司铎有包庇之情,拟理直争",使"教民无所售其技",百姓"自不至逞一朝之忿,忘身及家"。③ 可见,李鸿章也认可,欲妥善解决教案问题,正视民众情感问题,是其中一大关键。

此外,曾任山东巡抚的张曜也很重视分析民众反教情感,他从文化冲击的角度,分析了民众对传教士产生惊惧与疑虑的缘由。张曜认为,因"政教风俗不可强通",虽然"天主、耶稣二教久为外国所宗,其意主于

---

① 台湾"中央研究院"近代史所:《教务教案档》第5辑,第1471页。
② 同上。
③ 同上书,第1513页。

劝善，自与邪说不同"，且"条约准其流传"，但是，中国百姓于基督宗教"未悉其详，每生顾虑"，且人性当中，确有"习其所同，而骇其所异，从其所信，而拒其所疑"的内容，"中土人士惟知读孔孟之书，其于佛老所学，尚且目为异端。即下至乡愚无知，与论圣贤，则云孔孟人人之所同，人人之所信，心服之极，遂若性生。况齐鲁之民，生近孔孟之乡耶"，故此，"一遇西人传教，未免出而阻挠"，"遇有卖地于彼盖造教堂，则一哄而聚，拆毁有之。近倡而远亦随，此惩而彼不戒"。张曜还认为，民众对基督宗教的疑虑，很难轻易消失，原因在于，"教化之事，未可强求，苟存疑虑之见，绝无顺从之心"。不难看出，较之张华奎，张曜的分析，另有胜义，他肯定基督宗教的价值、地位，但是，他同时也认为，中国百姓对基督宗教产生疑虑，也是正常现象。①

另外，山东学政张百熙曾有上奏，呼吁清廷最高层重视民众感受，避免因袒护传教士而丧失民心。张百熙言论，导源自1882年济南民众抗议美国传教士修建教堂之事。当其时，美国传教士在济南择地建堂，选定"书院贡院交界"处的民房，本地人士则认定此"为冲要之地，风水之区"，疑心传教士"意在诱惑士心，敌吾儒教"。他们与美国传教士辩论，要求传教士更换地址，或由他们用钱赎回土地，但被传教士拒绝。对此，张百熙反对将这些济南百姓斥为"不法之民"，他认为，这些"愚贱之夫"，因"义愤"而起，若清政府一味责罚反教百姓，"将使天下之民，胥弃其礼教信义，与其服色器械，以从于洋人"。张百熙认为，多年来"洋人通商传教，几遍天下，一有不遂其欲，辄复哓哓以逞。地方官处之不得其法，惟知罪中国之民以谢洋人"，如此一来，颇有可能激起民变，他还认为，此事实关系"国体""人心"。他呼吁，国家应"培养元气以固人心而维国本"，而单纯打压民众的反教情绪，会让政府面临丢失民心、人心离散的危险。清廷最高层见到张百熙如此言论，也不得不表态支持，"良民激于义愤，转以不法罪之，是非安在？所奏洋人置产，必须官为勘定，实为正本清源之论。至稽查教民，仅令教士开报，恐不足评凭。着该地方官妥议具奏。洋人不能禁其盖教堂，而能禁中国民人擅卖房产；不能禁其传教，而能禁中国教民之犯法也。此即通融办法矣。是在良吏勉

---

① 中国第一历史档案馆：《清末教案》（第2册），第472页。

之耳?"① 可见,晚清政府最高层对普通民众的"义愤"情绪,也不能不重视,并表示相当程度的认可,且严正表态,不允许官员简单地将反教民众归为"不法"。

综上所述,对因传教而起的地方百姓的积怨、悲愤,以及这些怨愤情绪带来的社会影响,从地方官员到清政府最高层,都不能不高度重视,并成为影响各级政府官员具体作为的重要因素。在此,有必要对朱维铮先生的观点做一些评述。朱先生认为,"所谓教案便多由这类人(指地方士绅——引者注)策动,并常有黑社会势力插手乃至打头",朱先生还进一步指出,"在反教声浪持久高亢的某些地区,如湖南长沙等地,策动核心乃地方士绅与黑社会人物相结合的性质非常明显"。②朱先生的论述有一定道理(张华奎的行文中,也曾提到地方上确有好事之徒,曾经策划打教、闹教事件),但是,他的观点也存在片面性。很明显,地方好事之徒的策动,仅仅是外在动因,大量百姓心存悲情,才使这些好事之徒能够得逞其意。忽视地方百姓的心态变化,无助于把握晚清教案发展历程的真实脉络。

三 对理学信仰的坚守

清政府官员、士大夫的人生信仰比较坚定。"中国士大夫皆受孔子戒,至中人以下,则并无宗教信仰之观念"③。近代以来,基督宗教广泛传播,但官员、士大夫改宗基督者甚为罕见。不仅如此,很多官员对基督宗教的传播,极感忧心。

晚清时期,对传教士排击最力者,首推倭仁。倭仁的忧虑很深,"议和以来,耶稣之教盛行,无识愚民半为煽惑","闻夷人传教,常以读书人不肯习教为恨,今令正途学习,恐所习未必能精,而读书人已为所获,适堕其术中尔"。④

当时,与倭仁一样,对传教颇感担忧者,大有人在。李慈铭在其日记

---

① 中国第一历史档案馆:《清末教案》(第2册),第360—362页。
② 朱维铮:《走出中世纪》(二集),复旦大学出版社2008年版,第209—210页。
③ 《山西旧志两种》,中华书局2006年版,第134页。
④ 转引自《清朝柔远记》,中华书局1989年版,第315页。

中指出,"彼狡焉思逞者,日以财物饵吾民,引而致之觳中,有欲出而不得者,其祸并非洪水猛兽所能喻也"①,此外,陈其元亦对传教非常关注,他自香港报纸得知,英国牧师理雅各要游览北京,还要赴曲阜孔林拜谒,陈其元极感高兴,他又得知理雅各将"四书"、《尚书》译成英文,对西方知识界产生较大影响,他感叹这是"圣人之教又被于西海",他把理雅各的译著事业,视为"用夏变夷"。②

倭仁、陈其元与李慈铭等人的恐惧、期盼,实是察觉不少百姓放弃原有信仰,改宗基督,他们担心,中国国家安全会因此受到威胁,中国社会亦可能因之而解体。关于儒教可卫护国家安全,曾高声呼吁变法的陈炽做过专门论述。陈炽认为,"比年法国借护教为名,乘隙以阴谋人国,如越南、马达加斯加者,举国皆教民,法人振臂一呼,乱者四起","惟中国圣教昌明,稍知诗书者,即不会入教,因而中国尚能自持,不至亡国"。③陈炽还对各国宗教做了比较,颂扬"中国圣教"无与伦比,"奄有众长而不稍沦于空寂,得之则治,失之则乱,并包万善而不稍假乎威权","苟天道好生,人心思治,则舍我中国之圣教无由也"。④ 此即是说,儒教不仅能使中国免于亡国,还将推动中国走向大治。

倭仁等人的忧虑,还有一点,即基督宗教的传教会带来中国社会的解体。此一问题,亦须详论。有清一代,在意识形态方面,君主崇尚孔子、推崇理学,康熙帝对此尤为关注,他反复强调,要讲"真理学"⑤康熙帝将推崇理学作为稳定统治的一大举措。理学与施政治国之间的关系,学贯中西的现代翻译家傅雷就此有深刻论述,"一个人(尤其在西方)一旦没有宗教信仰,道德规范就自动成为生活中唯一的圭臬。大多数欧洲人看到中国没有宗教(以基督教的眼光看),而世世代代以来均能维系一个有条有理、太平文明的社会,就大感惊异,秘密在于这世上除了中国人,再没有其他民族是这样自小受健全的道德教训长大的。……我们的道德主张并不像西方的那么'拘谨'……我们深信,人应该为了善、为了荣誉、为了公理而善,而不是为了惧怕永恒的惩罚,也不是为了求取永恒的福

---

① 李慈铭:《越缦堂读书记》,辽宁教育出版社2001年版,第511页。
② 陈其元:《庸闲斋笔记》,中华书局1997年版,第89—90页。
③ 陈炽:《陈炽集》,中华书局1997年版,第140页。
④ 同上书,第142页。
⑤ 赵慎畛:《榆巢杂识》,中华书局2001年版,第15页。

祉……在中国，一个真正受过良好教养和我们最佳传统与文化熏陶的人，在不知不觉中自然会不逐名利，不慕虚荣，满足于一种庄严崇高，但物质上相当清贫的生活"①。根据傅雷的思路，清代大力提倡理学，在陶铸士人的道德规范之外，更能凝聚人心，使社会团结、祥和。由此还可推论，倭仁等人眼见基督宗教快速传播，教民数量增加，非常忧心维系中国社会稳定的纽带——理学受到威胁，对中国社会的前途不能不产生忧虑。

众所周知，倭仁早已被蒋廷黻先生贴上"保守派"标签，此论出于蒋先生所著《中国近代史》。在这部书中，蒋先生引用倭仁反对设立同文馆的上疏，欲证成倭仁为阻碍中国近代化的保守派。②蒋廷黻先生观点影响很大，但是，他对倭仁上疏的引用、解读，非常片面，且存在很大问题。近些年来，一些学者虽仍坚持蒋廷黻的基本观点，但是，对倭仁的这篇上疏也有新的解读，例如，史革新先生一方面指斥倭仁，"他的'爱国思想'深深受到'夷夏之辨'的束缚，带有很大的狭隘性、片面性"③，但又认为，倭仁的思想中"包含了一定的爱国思想因素"④，李细珠先生也指出，倭仁的上疏，主要是因应基督宗教的传教而作，这是对蒋廷黻观点的重要补充。⑤当然，蒋廷黻的观点，仍有很大影响，需要对之进行更深层次的辩证。

事实上，倭仁并非一概反对学习西方文明。倭仁指出，康熙帝对天主教士是"虽用其法，实恶其人"。这是一种区分论。清代初期，这种"区分论"颇为流行，著名学者张尔岐肯定天主教"所言较佛氏差为平实"，还主张士人应学习西洋的"历象器算"，但论及个人信仰、修养，张氏则坚持，"吾自守吾家法耳"⑥。张尔岐终身未仕，但论及天主教，却与康熙帝不谋而合。倭仁再度提出"虽用其法，实恶其人"的区分论，说明他并非一味反对学习西方文明，他像张尔岐一样，坚守自己原有的人生信仰。可以说，倭仁面对近代中国的大变局，旗帜鲜明地提出了怎样坚守中国人传统信仰的问题。诚然，近代中国应当学习西方先进的科学技术，但

---

① 傅雷：《傅雷家书》，生活·读书·新知三联书店1991年版，第278页。
② 蒋廷黻：《中国近代史》，海南出版社1994年版。
③ 史革新：《倭仁与晚清理学》，《中州学刊》1997年第4期。
④ 同上。
⑤ 李细珠：《晚晴保守主义的原型：倭仁》，社会科学文献出版社2000年版。
⑥ 方濬师：《蕉窗随录续录》，中华书局1995年版，第29页。

是，与此同时，中国人的精神世界、个人信仰问题，应当怎样处理？就此而言，倭仁提出了一个重大问题，实有其积极意义。以蒋廷黻先生为代表的现当代史家，只因倭仁在学习西方科技问题上，发表了一些批评意见，竟连倭仁关于坚持中国人传统信仰的论述，也一概予以否定，无论从事理上研判，还是从逻辑上分析，如此做法，都是不正确的。

晚清政府最高层一直坚持崇奉孔子，提倡理学，即使是在义和团运动之后，仍是如此。《纽约时报》1903 年 1 月 17 日刊载报道，题为"慈禧太后以孔子伦理观反击西方"（Empress's Confucian Ethics）。该篇报道提到慈禧"晚年也受到传教士精神的一些影响"，但是，慈禧拒绝接受这种影响，"但她仍决意用孔夫子的学说去反驳他们，并下令为授课做准备。如果这门课内容适合她，无论是纯理论的抑或是伦理化的，都将印刷出来以反驳西方主义，并保持遵守清规戒律的清国女性们的信心"[①]。这篇报道还指出，基督宗教在中国还没有成为主流思想，"尽管基督教在大清国已布道多年，但他们好像没能在该国的思想潮流中发挥领导作用，因为基督教义的道德标准在中央大国并不显得十分吸引人。信奉儒教的人还指责传教士们有时过于计较他们的得失"[②]。

结　论

义和团运动之前，很多晚清政府官员参与了教案问题的研讨。教案问题，异常复杂，既是内政问题，又是外交课题；既是意识形态内的争执，又是现实中严酷的利益纷争。清政府官员受限于各自的政治地位和知识水准以及个人偏好，诸所谈论，大多确有所见，然一偏之见，亦所在多有。通观这些意见，可以得出以下几点结论。

首先，晚清官员看待教案问题，观点并不一致，产生分歧的原因，在于不同的官员，其阅历不同，对传教士、传教、教案产生不同的理解。有些官员的看法，其中存有偏见与误解，这些，日后有望消除。但是，很多晚清官员出于个人信仰，对传教士有较多负面评价，中外之间的这种分

[①] 郑曦原：《帝国的回忆：〈纽约时报〉晚清观察记》，当代中国出版社 2007 年版，第 115 页。

[②] 同上书，第 115 页。

歧，欲想顺利消除，诚为难事。

其次，晚清政府虽为一专制政府，但是，从最高层至基层官员，皆无法忽视民众呼声。尤其，传教士广行各地，与基层民众直接接触，多有龃龉，矛盾此起彼伏，为稳定自身统治，各级官员亦须安抚民众，维护大局稳定。故此，在教案处理方面，晚清政府内部多有同情民众的倾向。

这两点，无论是在义和团运期间，还是义和团被镇压之后，在晚清政府对教案的管控当中，一直都有体现。

中国自由派基督徒的苏俄想象与认同政治
——以国际形象为中心（1918—1949）

杨卫华

（上海大学历史系）

在20世纪上半叶，苏俄即为全球共产主义的象征，正如1934年美国传教士、金陵大学教授史迈士（L. Smythe）所言："我们考虑共产主义作为一个世界运动，一般主要指的就是苏俄。"① 但苏俄一直以一种歧义的矛盾形象呈现在世界面前，似乎有两个苏俄。曾到俄考察的纽约基督教联合会干事毕来思（O. J. Price）谈道："一方面是极端的理想主义，一方面却是极端的唯物主义，一方面主张自由，一方面却实行恐怖主义，一方面鼓吹人道，一方面却施展暴力的无神论，这些，从我们的经验和理智方面看来都很难了解。"② 正是这种两面性使基督徒的苏俄观扑朔迷离，变为一个矛盾的集合体。苏俄在信徒心中的形象演变，成为他们想象中国未来的关键性参考资源，也是其靠近或疏离共产主义的一个特殊变量，以致最终影响对中共的迎拒，中国关怀成为他们苏俄关怀的归宿点。鉴于政教分离原则，民国基督教各宗派公会、教会、基督教组织作为社会团体，统一底线是反对以组织名义就政治议题发表公开评论，但不反对信徒以个人身份履行公民义务，就政治发言。所以本文讨论的是基督徒，而非组织，但

---

① Lewis. S. C. Smythe, Communism Challenges Christianity, *The Chinese Recorder*, June 1934, p. 354.

② ［美］毕来思：《苏俄之宗教压迫》，《兴华报》第27卷第9册，1930年3月19日，第9页。

各组织的神学取向对组织内部信徒的政治观有较大影响。比如偏向保守特别是基要派的教会及其影响下的个人政治评论不多,但态度明确单一,对共产主义倾向全面否定。① 但自由派教会或组织下的信徒多涉足社会政治等公共议题,言论自由多元。因此对自由派而言,不论传教士还是中国基督徒,或是同一宗派与教会组织的信徒,在政治倾向上都非一个统一的整体。传教士有可能与中国信徒的倾向一致,不同宗派的信徒也可能观点相似,而即使是同一教会或组织的信徒则可能分属不同的阵营。差异的诞生源于出生、教育、个人际遇、母国母会背景、时势转移等多重因素的制约与交互影响,但这种分裂却实实在在地影响着他们的现实政治抉择与对共产主义的态度。限于资料和篇幅,本文仅以自由派中国信徒为讨论中心,② 个别传教士的观点仅作参考,以苏俄国际形象为窗口,来探讨基督徒对苏俄的歧义表述及其中隐藏的政治认同与影响,资料支撑主要是自由派的报刊。就笔者视野所及,几乎未见相关研究成果面世。

一 在反帝斗士和红色帝国主义之间(1919—1931)

苏俄革命后三次发表对华宣言,声言废除不平等条约并放弃在华特权,这与其在国际上的高调反帝一起,在国人心中逐渐树立起它反帝及同情弱小民族的正义形象;但其输出革命及某些国际行径,又被贴上赤色帝国主义的标签。基督徒就在这两种形象的参照下长期分化,1925年美国传教士李佳白(G. Reid)观察到:中国对苏态度分两派,仇之者目为帝

---

① 可参见姚西伊《为真道争辩:在华基督新教传教士基要主义运动(1920—1937)》,香港:宣道出版社2008年版,第257—258页。
② 中国自由派基督徒是西方自由主义神学和社会福音影响下的中国产物,主要理论倾向是调和社会福音与个人福音,认为福音不应局限在个人得救,更应介入社会改造,完成现实社会的拯救。它是一个没有明确边界但确实存在的松散派别,大体而言他们主要是自由派基督教机构及教会的集合,前者以基督教男女青年会及教会大学、基督教教育会等为代表,后者则以中华基督教协进会、中国基督教会及各宗派内自由派为主力。宗派本身较难为其安上自由、保守或基要的单一色彩,各宗派内部也有分化,大体而言参加协进会这个全国性组织的一些宗派或教会往往倾向于自由派。据《中华基督教会年鉴》(1936年,第150页)统计,协进会公会会员有:基督会、监理会、自立会、浸礼会、崇真会、中华基督教会、中华圣公会、华北公理会、礼贤会、美以美会、浸信会、中华行道会、行道会、循道会、遵道会、友爱会;机关会员有:中华基督教教育会、中华国内布道会、广学会、中华圣经会、中华基督教青年会全国协会、中华基督教女青年会全国协会、基督教医药慈善机关等。

国主义，友之者视为反帝中心。① 只不过在不同时期两种形象的浓淡升降不一，而国内外形势、苏俄本身的变化及不同基督徒个体的政治态度始终是其中的影响因子。

苏对华的慷慨表示自然受到欢迎，1922 年并不赞成布尔什维主义的李佳白甚至在欧美反苏的情势下认为中国可积极与俄交涉，在协商合宜条件下，承认苏并订约，不必追随英美，强调承认苏并非重大问题。② 在中苏建交后，美以美会和监理会机关刊物《兴华报》1923 年社论曾对俄大使加拉罕到京，各界表示欢迎，而唯独没有基督教团体参加，表示不解。③ 这暗示着信徒的分化，表明在基督徒普遍淡漠的同时也有信徒支持与苏代表接触。但教界并非没有表示，北京基督教青年会曾请加拉罕演讲，燕大教授、著名教会领袖刘廷芳曾致函苏代表问蒙古政策，并表同情于苏，被外人视为基督教赤化的证据，但遭到中国信徒的反驳。④ 1926 年《兴华报》也介绍了俄驻华使馆员工的赤色生活：事事自由、个个平等，赞誉加拉罕令人佩服。⑤ 在革命后几年，苏俄始终以一种恐怖的形象笼罩着在华信徒，但自由派始终保持着一种开放态度，对苏恐惧没被无限放大，并未因此在外交上拒绝它。

而在苏试图以反帝来扩大其在非西方世界影响时，它作为反帝斗士、弱小民族代言人的形象开始走进部分信徒心灵，特别是它派员来华宣传、国共合作联俄后。有信徒在 1926 年强调俄对次第进化迟缓的民族和阶级，受帝国主义和资本主义不仁之侵略，颇能仗义执言，为之奋斗，为一可喜之事。⑥ 甚至连对苏有不少批评的著名美国布道家艾迪（S. Eddy）也肯定苏在国际关系中扮演的积极意义，他认为："于此资本主义横行无忌，帝国主义掠夺弱小国家与有色人种之时代，有此反抗全世界，摘击不公道之

---

① ［美］李佳白：《论中国与苏俄之仇友问题》，《国际公报》第 4 卷第 1—2 期，1925 年 11 月 28 日，"社著"，第 6 页。

② ［美］李佳白：《论中俄交涉》，《国际公报》第 1 卷第 2 期，1922 年 12 月，"国际纪要"，第 1 页。

③ 社论：《欢迎俄使》，《兴华报》第 20 卷第 35 册，1923 年 9 月 12 日，第 3 页。该刊除在宗派内部，对其他宗派的基督徒影响也很大，并注意与教外互动。

④ 郑震寰：《读柯氏之中国基督教和鲍尔希维克主义以后》，《尽言周刊》第 2 卷第 25 期，1925 年 8 月 29 日，第 1 页。

⑤ 《俄大使馆的赤色生活》，《兴华报》第 23 卷第 15 期，1926 年 4 月 21 日，第 10 页。

⑥ 行者：《旧大陆各国之最近观察》，《青年进步》第 89 册，1926 年 1 月，第 46 页。

苏俄存在，未始非一善事。"① 可见，苏对华外交努力及国际上的宣传确曾赢得部分信徒好感，苏为反帝斗士、辅助弱小民族的名声在外，也获承认。

但苏俄在满蒙及革命输出的行径在部分信徒看来有渗透和赤化中国的嫌疑，应当警惕。其革命输出的热情易给人煽惑的印象，正如1925年传教士机关刊物《教务杂志》社论所言："同样明显的是苏代表到任何国家都意味着试图将苏联的观念灌输给这些国家的人民。"② 这种外来的目的性强迫易于引发怀疑。1923年哈退思就对苏在西方失败后东转、在满蒙渗透的行为表示忧虑，认为它将满蒙疆作为活动重点，进而进驻西藏朝鲜，借以赤化中国，"扰乱中国之秩序，变更华人之心理"，防不胜防。③哈担心苏扰乱中国秩序，伤害民族关系，威胁主权完整。历史证明其担心并非无的放矢，现实似乎沿着他的忧虑发展。在1925年苏逮捕中国驻俄使馆仆从和旅俄商民事件发生后，《兴华报》则直斥苏为帝国主义，"就现在的事实的看来，俄国方且与帝国主义资本主义，一鼻孔出气"，作者声称不能以宣传而应以事实来裁断苏俄的性质。④ 苏部分带有帝国主义气息的行径确在冲击着其反帝的正义面目。

李佳白也对苏俄革命输出及进入满蒙表示怀疑，同意视其为帝国主义具备相当理由，他指出："帝俄是怀抱侵略野心的老牌帝国，因共产由强暴变为温和，利他而毫不自利，实不可能，且主义好，他国自来取法，何必日事宣传使他国惊惶，苏经济并非宽裕，而花巨资宣传，很难让人相信非别有用心。且北煽蒙古独立，南助广东内乱，'与帝国之侵略，宁独有异'。"李辩称只不过苏是怀柔的帝国主义，以反帝自诩博取世界同情伸张势力，与刚性侵略相比，危害虽有缓急，但可能隐藏着危险，故"为仇为友，殊难下决断语"⑤。总之，在他看来，苏不乏国际善举，但背后

---

① [美]艾迪：《苏俄之观察与感想》，哲衡译，《青年进步》第99册，1927年1月，第58—59页。

② Edtorial, "What are the Causes", *The Chinese Recorder*, February 1925, p.73.

③ 哈退思：《防共产党之刍言》，《国际公报》第1卷第7期，1923年1月13日，"社著"，第8页。哈为湖北汉阳人，曾任职广学会，编辑大同报，时为国际公报主笔。

④ 社言：《亲俄与赤化》，《兴华报》第22卷第32期，1925年8月19日，第2页。

⑤ [美]李佳白：《论中国与苏俄之仇友问题》，《国际公报》第4卷第1—2期，1925年11月28日，"社著"，第6—7页。

难保无阴谋,且事实也在提供各种证据。1926 年前后因郭松龄之变,日本出兵南满,闻苏也蠢蠢欲动,李发文称苏倡社会主义声言辅助弱小民族,能舍吞并政策,实为和平曙光,承认苏对列强的震慑。他劝诫苏珍惜声誉,勿因小事而推翻口号,使过去建构的声誉塌陷,由辅助弱小变为变相侵略,招致反对。① 在他看来,苏高贵的宣称往往得不到现实支撑,反而遭遇各种反例的侵蚀,但李仍希望苏能坚守承诺,李因其影响力对其他传教士及中国信徒苏俄观有较大影响。

但部分信徒特别是在孙中山联俄氛围下的南方信徒并不认同苏赤帝论。认同联俄路线的广州基督教青年会总干事李应林在 1926 年就为苏并非帝国主义辩护道:苏俄革命前后对华由侵略到平等待我,仅因其未归还前侵土地且虎视满蒙,就"目之为赤色的帝国主义,这个结论未免下之过早",苏俄"在世界上是和列强对抗的。其打倒帝国主义是到共产主义这条路去,我们的打倒帝国主义是到民族自由这条路去",双方的头一步是一致的。② 其言论深深打上了孙联俄政策的烙印,为联俄的需要,目其为帝国主义不可取。广州罗永康更视苏为弱小民族朋友,他在回溯苏历史后认为它援助弱小民族,是"想把俄国公开,给全世界使用","联合世界的弱小民族共同世界革命","基督教的主义,与苏俄的政策,没有什么冲突","无怪素有基督教经验,和深识国际问题的孙中山先生,甘冒天下之大不韪,主张联俄政策"。③ 作者不惜比附基督教义为苏辩护,视其革命输出为正义之举,是弱小民族的盟友。

但随着 1927 年国民党清党、与苏断交及 1929 年"中东路事件"的爆发,苏反帝形象为单一赤帝论取代。清党对信徒苏俄观有很大影响,国共分裂不久陈德祥就把苏来华视为一场阴谋,他声称:"共产党之跋涉中国,亦莫不为私之一字以毒中。彼等熟知经济或政治侵略,多归失败,未能收效。乃创作扶助弱小民族,共谋世界和平之假面具,而实行其侵略之

---

① [美]李佳白:《论苏俄与北满》,《国际公报》第 4 卷第 11—12 期,1926 年 2 月 6 日,"社著",第 4—5 页。
② 李应林:《广东基督教会所处之环境及其应采之态度》,《尽言周刊》第 3 卷第 5 期,1926 年 6 月 28 日,第 1 页。
③ 罗永康:《苏俄问题与基督教》,《尽言周刊》第 3 卷第 4 期,1926 年 6 月 21 日,第 1—2 页;罗永康:《苏俄问题与基督教(续)》,《尽言周刊》第 3 卷第 5 期,1926 年 6 月 28 日,第 2—3 页。

野心。"① 指斥苏援华别有用心。中华基督教协进会会长同时也是基督教青年会全国协会总干事的余日章也在干事会上将与俄绝交归为"苏俄阴谋的暴露"：北伐开始，陈炯明叛乱，国民军得苏不少助力，但北伐到长江，"苏俄共党的阴谋野心，日益显露，国府决然与之割席绝交，苏俄的真相就此认识"。② 余日章支持国民党的反苏举措，将苏阴谋视为其终结的原因，作为领袖，余日章的言论对当时的基督徒有很大的影响。

这很大程度上受制于国民党的舆论导向，南京政府初期，基督徒对国民党的政治认同很强烈，倾向于国民党的《兴华报》最为突出。1927年5月发表蒋介石对反共的解释，指斥苏阴谋，特意打出醒目标题：《苏俄是红色帝国主义》。中东路事件后，又刊刘荫远将军文，强调俄以武力威胁中国，一反扶助弱小民族反对国际战争的政策，暴露出赤帝真面目。后又发表要员凌冰文，指斥苏是一奇特帝国主义，因不承认一切对外条约，放弃在华部分权利，但始终不肯归还沙俄所夺土地和中东路权，且变为扰乱中国宣传赤化的总机关。中国不得已反共，俄却专取土匪式报复。③ 时在政教两界均影响很大的基督将军张之江也向教界宣扬苏对华帝国主义阴谋，他指出苏阴谋为笼络中国，以为共产试验地，并使中国引起外交公愤，作世界反对的重心，以减轻自身的敌力。所以它提携弱小民族乃骗人的戏法，实则以中国为工具，如本三民主义革命，它就不帮你了，这简直就是"新帝国主义"④。为反共需要谴责苏为赤帝成为南京政府初期主要的宣传标签，这种舆论导向笼罩并影响着信徒。

而为赤帝论所包围的《兴华报》本身也在制造这种舆论。早在1928年其社论就提请当局注意苏在满蒙的侵略与赤色宣传："若是东蒙与满洲的民众，一入彀中，不但东方同堕泥犁，就是北几省的祸患，也是迫在眉睫"，呼吁国民党防范。⑤ 同月，主笔罗运炎也视苏俄为赤帝，并注意到尽管它到处碰壁后已转向国内建设，但仍为国际一大势力。他谈道：资本

---

① 陈德祥：《天下为公》，《上海青年》第26卷第20号，1927年6月10日，第1页。
② 《协会秋季干事会议纪要》，《同工》第76期，1928年11月，第14页。
③ 《苏俄是红色帝国主义》，《兴华报》第24卷第18期，1927年5月18日，第45—46页；刘荫远：《中国目下应持的政策》，《兴华报》第26卷第31期，1929年8月14日，第7页；凌冰：《太平洋的悲哀》，《兴华报》第26卷第45期，1929年11月20日，第16页。
④ 张之江：《基督教与国民革命》，《文社月刊》第3卷第3期，1928年1月，第6页。
⑤ 社言：《赤俄侵入的势力》，《兴华报》第25卷第34期，1928年9月5日，第2页。

主义国家内部的不团结给苏以可乘之机,"只是苏俄的赤色帝国主义,也是到处不利,既不逞于西,又不得志于东,遂不得不偃旗息鼓,以谋内部势力之充足"①。与1927年前相比,《兴华报》的苏俄观已为单一否定性的赤帝论覆盖,这种反苏言论和南京政府初期的反共宣传逐步合流,本时期也是基督徒对共产主义恶感最强烈的一个阶段。

中苏军事冲突的中东路事件后,《兴华报》社论指责"苏俄在东北边境,悠忽往来,抢掠烧杀,不是国际行为,分明是强盗寇边",强调苏内部派系倾轧,白党扰乱,不足为患,但不能坐忍苏联骚扰,呼吁政府应急谋办法,最好是外蒙出而图俄,解决东北之急。② 不惜鼓励政府对苏强硬,武力抗俄。上海基督教青年会干事陈立廷则强调"中东路事件"是俄为赤帝的最好证据,俄并在国际上虚假宣传,完全推翻其不侵略政策,赤帝阴谋暴露无遗,其手段和行为远胜过帝俄野心。③ "中东路事件"使信徒对苏印象降落到最低点,他们找到了苏赤帝论的新证据。

二 苏俄国际形象的跃升及其限度(1931—1945)

红色帝国主义,这种否定性裁判进入20世纪30年代后为一系列事件所改变:苏本身的转变,九一八事变,中苏、美苏建交。在斯大林主政下,苏逐渐抛弃世界革命转向国内建设,释放和平信号,因其五年计划的成功,1930年代前半期在中国掀起一股苏联热,④ 基督徒在与教外知识分子的互动中受其影响。前面曾提及罗运炎在1928年就发现苏革命输出碰壁后转向国内实力的充实。1930年有译文也敏锐地捕捉到:尽管苏根本目标未变,不会放弃共产主义,但已放弃国际性的破坏宣传、世界革命,苏政策可能有变化。⑤ 1935年《兴华报》也看到共产国际在苏转变后的

---

① 罗运炎:《环游中国际政治的观察》,《兴华报》第25卷第34期,1928年9月5日,第5页。

② 社言:《苏俄为患不足为盗有余》,《兴华报》第26卷第40期,1929年10月16日,第2页。

③ 陈立廷:《中东路问题》,《上海青年》第30卷第3号,1930年1月16日,第1页。

④ 郑大华、张英:《苏联"一五计划"对20世纪30年代中国知识界的影响》,《世界历史》2009年第2期。

⑤ 沈自强译:《布尔什维主义与国际的关系》,《真光杂志》第29卷第2号,1930年2月,第1—8页。

演化，因苏外交走和平路线，对国际革命淡漠，致使共产国际的影响急转直下，政策由攻到守，由积极到消极，其存在都变得可疑了。① 基督徒确实感受到苏政策的变化，过去那种输出革命的破坏性名声不再，淡化了世界对它的恐惧，而在资本主义经济危机反衬下的社会主义建设成就也在改变苏俄的国际形象。②

日本对中国的侵略是又一个冲击。有意思的是部分信徒将日本对中国野心诠释为帝国主义围剿苏联的前奏，是资本主义剿杀社会主义的一部分。1931年10月上海基督教青年会机关刊物《上海青年》刊发文章，将日本侵略解释为资本主义崩溃中与殖民地弱小民族及社会主义矛盾扩大化的映现，满洲是他们进攻苏联的根据地。在苏联社会主义成就的威胁下，新兴的帝国主义日本在寻找出路。作者呼吁全世界信徒是走帝国主义还是反帝的路，这是每个人应考虑的问题。③ 类似的言论充斥着该刊，均将日本侵略视为帝国主义反苏瓜分中国的先锋，而变帝国主义进攻苏联瓜分中国无意义的战争为联苏争取中华民族解放推翻帝国主义的革命战争成为时代的责任。④ 这些文字产生于资本主义声誉跌落而苏联"一五计划"成功的特殊语境，其中充斥着浓烈的"左"派气息。这表明20世纪30年代左翼宣传的成功，及九一八事变对进步基督徒知识分子思想转变的冲击，这似乎点燃了他们对帝国主义愤怒的火焰。在其中，苏赤帝论消失了，它重新和弱小民族站到一起，成为反帝中心。

但许多信徒并不赞同这种转变，谢景升就对抗日风潮中的联俄论表示怀疑，他不赞成舆论所说的苏俄是社会主义国家弱小民族的良友而主张联

---

① [美]布施胜治：《最近共产国际的动向》，《兴华报》第32卷第21册，1935年6月5日，第8—9页。

② 苏联"一五计划"成功后，中国自由派基督徒的苏俄观发生了颠覆性的转变，详细可参见杨卫华《另一种"以俄为师"：民国基督徒苏俄观的转变（1918—1937）》，《中共党史研究》2013年第5期。

③ 佳夫：《不要把十字架藏在保险箱里》，《上海青年》第32卷第3号，1932年1月21日，第2页。该刊为基督教联合上海基督徒青年、学生和知识分子的阵地，出版长达半个世纪，在教内外青年中影响很大。

④ 苦恼子：《从整个国际形势来观察满洲事变》，《上海青年》第31卷第40—41号，1931年10月10日，第10—12页；九十老翁：《怎样打倒日本帝国主义》，《上海青年》第31卷第45号，1931年11月12日，第5页；杜月方：《第二次世界大战与青年》，《上海青年》第32卷第9号，1932年4月7日，第4页。这几位作者背景无从考证，不能确认其是否即为基督徒，但出现在基督教机构刊物上，表明该刊一定程度上接受这种声音。

俄，苏侵占中东路，五年计划备重国防，"苏俄的友谊，我们也领教过了"，"除非有特别明显而强有力的反证，谁敢说苏俄的政治家没有抱着和日本田中那样夜郎自大，意图吞并中华的野心"。① 过去的记忆还在，苏赤帝的形象还未打破，不能排除它也怀有日本般的野心。余日章也提醒信徒防日不忘防苏："苏俄现在的力量，也不过如此，已很能使世界各国恐怖，倘使中国的物产为它所利用，人民为它所驱使，试问那时候世界的赤化恐怖，又将怎样？"② 苏对中国阴谋论还占据着他的心灵，这种警惕性提醒表明部分信徒对苏恐惧的同时也从反面透视出当时不少信徒对苏好感激增。中华日本基督教青年会的杂志刊文解释苏对满洲事件沉默的原因，认为苏与欧美帝国主义不同："苏同盟没有一点资本输出于国外，是故在严密的意义上丝毫不是帝国主义。但是苏同盟仍把持着旧帝政俄罗斯的遗产——中东铁道，这个遗产正是帝国主义诸国所渴望不止的，若将它完全抛弃，在政治上是把帝国主义的前线引进自己的身旁，在经济上是自己抛弃多大的收入。"③ 苏联的现实主义似乎永远不能消解它帝国主义的嫌疑，既然它选择利益，就难以树立起正义的完整形象。

在和平外交下，苏同许多国家恢复外交关系并加入国联，更为关键的是世界需要它，这些都成为改变信徒苏俄观的关键因素。那些过去的敌人纷纷向它招手，上海基督教青年会干事陆干臣在1933年观察到："苏俄革命初各国视为洪水猛兽，目为20世纪之怪物，断交不承认，为世界共弃。而五年计划成功后，一跃为世界瞩目，各国纷纷与其复交，虽惧共产主义，但为目前利害不得不和它牵手。"④ 他认为俄美复交对华有利，言语中流露出对苏的钦佩之感。艾迪也赞同美承认苏，他认为苏已进入建设期，在此世界陷入经济痛苦之际，承认苏，世界和平、丰足、贸易都有可能性了。⑤《教务杂志》主编美传教士乐灵生（F. Rawlinson）也为美俄复交而欣喜，他谈道："美俄复交，承认它去建立与美相去甚远的制度，而

---

① 谢景升：《日本占领东三省后宣教师应有的态度》，《紫晶》第3卷第1期，1932年1月，第12—13页。
② 《余日章博士的时局谈》，《消息》1932年5月，第6页。
③ [日] 富士辰马：《苏维埃同盟为什么沉默》，东海光达译，《海外公论》第1卷第1期，1931年12月，第77页。
④ 陆干臣：《俄美复交》，《上海青年》第33卷第19号，1933年10月5日，第1—2页。
⑤ [美] 艾迪：《世界之危境》，姚克译，上海良友图书印刷公司1933年版，第11页。

苏也对世界革命的到来失去希望,一个共产主义领导国和一个资本主义领导国走到一起。这种扶助表明苏俄实践在经济上并非完全失败,且表示它愿意与他国经济合作解除经济危机。作者高度肯定美苏复交对世界和平及中国的意义,或许成为远东国际政治之一线新曙光。"① 俄美复交对信徒的冲击是明显的,过去的敌人走到一起,两种对立制度的领导国重新携手,基督徒的苏俄观也该到了改变的时候了。艾迪和乐灵生作为自由派传教士领袖,对中国信徒影响甚大。

1932 年年底中苏复交,对信徒的冲击更大。几年前见证了国府以断交否定了苏俄,而现在却重新承认了过去的敌人。基督教青年会领袖江文汉观察到,中苏复交在学生中引起巨大反响,他们似乎将它视为社会主义值得肯定的一种佐证。② 对于复交引发的震撼,《兴华报》社论提醒道:对中俄复交要以平常心对待,不用期其助我,也不用惧共,贵在自立。③ 社论针对信徒的乐观或疑惧,企图导引他们正确对待,但对复交还是肯定的,对苏较多否定的《兴华报》也在发生微弱转变。1934 年又遭遇新冲击:苏加入国联——这个它曾视为帝国主义工具的组织,李应林的认识是"苏联实在不是行共产主义和社会主义,实系行国家资本主义"。从前它推行世界革命,视国联为帝国主义俱乐部,现投身其间,表示二者并无大区别。④ 九一八事变后国联对中日问题的处理让国人寒心,国联形象趋于负面化,苏此举反而影响声誉。

九一八事变后,苏形象改观,赤帝论渐消失,和平砥柱的声誉趋于抬头,而随着国际法西斯肆虐,它的这一形象似乎得到正式确认,但并非一帆风顺。江文汉在 1936 年指出,苏外交政策以和平反战反侵略为主,与帝国主义侵略阵线对立,世界形成两个明显的阵营:以苏为中心的和平阵营和以意德为中心的侵略阵线。⑤ 光焕在 1937 年也认为"苏联的建设空

---

① [美] 乐灵生:《世界大事述评》,无愁译,《明灯》第 203 期,1934 年 3 月,第 1359—1360 页。
② Kiang Wen Han, What Students in China are Thinking, *The Student World*, Vol. 26, No. 3, Jul 1933, p. 200.
③ 社言:《中俄复交以后国人应有的态度》,《兴华报》第 29 卷第 50 册,1932 年 12 月 21 日,第 2 页。
④ 李应林:《游俄回忆及其最近的将来》,《广州青年》第 21 卷第 43 号,1934 年 10 月 21 日,第 363 页。
⑤ 江文汉:《中国与国际现状》,《竹音》第 3 卷第 5—6 期,1936 年 7 月,第 22 页。

前的成功，使它成为国际间一种伟大的不可侵凌的力量。而它的和平政策一天天更加得到爱护正义和和平的人们同殖民地弱小民族的热情的爱戴，使苏联成了保障世界和平的中心"①。之前对西方帝国主义失望的信徒将苏视为保障世界和平的中心。而到1939年这两大阵线有了新扩展，苏仍是和平阵营的中心。基督教男女青年会为青年编写的战时指南认定，随着国联破产，在各民族团结及强大的海陆空军建立后，和平阵营有了新发展，苏及各国爱好和平、殖民地半殖民地人民、要维持现状的资本主义国家构成其主要力量，而法西斯及反动的金融资本家集团和军火商则站队侵略阵线。指南将苏建设成就视为和平阵线成立的前提，而其和平外交——签订多边不侵犯条约；参加国联提倡集体安全；援助弱小民族独立解放——则是直接促成及发展和平阵线的保障②。苏和平柱石的地位确立，它俨然成为和平阵线的领袖，声誉达到一个新高峰，以一种正面的形象重新出现在信徒的话语中。

但部分对苏怀有成见的信徒仍视其存在为世界动荡的原因。中华基督教协进会主席陈文渊就在1937年认为引起世界纠纷的为近代三主义：俄共产主义，德国家社会主义，日帝国主义。③ 视苏为和平的威胁而非保障。而它和平柱石的形象也很快为其自身损害，它的两个现实主义举动在啃噬其面目：1939年8月的苏德互不侵犯条约及11月开始的苏芬战争。这两个意外冲击着信徒对苏联的想象，孟麟写道：德苏互不侵犯协议使两个极左极右国家亲热起来，"苏俄也是个变相的帝国主义，大彼得的侵略遗策，与马克思的理论有同样的价值"。④ 但苏和平的形象并未因此倒塌，部分信徒并不同意这种批评而为他们的英雄辩护，贤慧就辩称苏德条约并非违反苏一贯的和平政策，而是德放弃了反共政策，这是苏联的胜利。⑤ 此时已心向社会主义的基督教青年会领袖吴耀宗也为苏辩护道：苏并非与资本主义国家一丘之貉，对德对日和约都是有原因的，它是社会主义国家，没有如资本主义国家的内部矛盾，没侵略必要。其利益与弱小民族是

---

① 光焕：《远东局势与中国和平》，《女青年》第16卷第2期，1937年，第2页。
② 中华基督教青年会、女青年会全国协会校会组、学生部编：《烈火洗礼中的基督徒》，1939年，第2—3页，上海档案馆藏，档号：U121-0-17-52。
③ 陈文渊：《基督教运动与世界和平》，《中华归主》第175期，1937年4月1日，第2页。
④ 孟麟：《欧局纵横谈》，《金大青年》创刊号，1939年11月10日，第6页。
⑤ 贤慧：《第二次世界大战》，《消息》第12卷第4期，1939年12月，第23页。

站在一起的。① 两人的辩护似乎有诡辩嫌疑，但这正是当时不少信徒真实的想法，他们对苏联的期待不允许对它有诋毁。

随后苏芬战争爆发给信徒带来了新冲击，张仕章，这位一生致力于基督教和社会主义调和的青年会干事，再也抑制不住愤怒："以前我们总想社会主义的国家确是反对武力侵略的，援助弱小民族的，主张集体安全的，领导和平阵线的；不料它如今也会变成同谋分赃，损人利己，恃强称霸，不宣而战的侵略国家。可见反宗教的社会主义，无神论的人生哲学与独裁化的政治制度都是靠不住的，它们迟早要回复到帝国主义的原形。"在他看来，这是苏联的堕落。因此，他将国际战争划分为强暴国家侵略弱小民族、被压迫民族反抗侵略、民主国家维护国际信义的战争。他推测1940年还不是社资搏斗期，而是民主与独裁决战的年代。② 在张仕章看来，苏正是民主所要克服的独裁势力，它使它过去建构的美丽化为泡影，沦为帝国主义。但基督教青年会全国协会校会组机关刊物《消息》杂志随后为苏辩护，其辩称："苏芬冲突的爆发，应该看作是资本主义世界进攻苏联的矛盾的集结，是英法帝国主义国家企图把现有战争转化为反苏斗争的一个具体表现。"这并非帝国主义侵略，而是粉碎英法阴谋，不得已进攻这个甘心为后者前锋的蠢蛋，目的在保卫苏联和世界和平。③ 有意思的是以上在1936—1940年关于苏形象的辩论大都出自男女青年会系统，这表明他们在对苏态度上的分化。随着苏德战争爆发、共产国际解散及世界反法西斯同盟的建立，苏成为反法西斯中坚，它以它的行动否定了对它帝国主义的所有指控。

三 红色帝国主义论的抬头和基督徒的分裂（1945—1949）

第二次世界大战结束，在国共分裂的忧虑中，1945年《中苏友好同盟条约》使苏在基督徒方面获得高度赞扬。战后自由派基督徒在教内外

---

① 吴耀宗：《对欧洲战争的认识》，《消息》第12卷第4期，1939年12月，第18页。
② 张仕章：《从一九三九年的圣诞节说到一九四零年的新启示》，《上海青年》第39卷23—24号，1939年12月20日，第3页。
③ 《苏芬冲突的面面观》，《消息》第13卷第1期，1940年2月，第37—38页。

影响都非常大的喉舌《天风》刊文如此肯定其意义:"中苏友好条约正是一方面把法西斯送进坟墓,一方面又为未来的和平开辟坦途的最好的文献。"它促进中国内部团结,有利经济发展,"苏联企业组织和性质的不同,他还可能给于我们的经济的民主主义以很好的模范"。它也消除了那种认为苏将赤化中国、帮助中共内战及威胁亚洲的疑虑。① 在肯定条约的同时肯定苏是和平的保障也是经济民主的代表。另一篇文章也强调条约有利于中国和平、民主与繁荣,"国际间的团结和各国内部的民主有着不可分割的互为因果的关联",民主苏联需要民主中国,共同保证远东的安全。② 着重肯定民主的苏联将为中国带来民主、和平和国共团结。

但这种美好的预言为战后美苏对立、国共纷争及苏在东北的表演粉碎。第二次世界大战后,第三次世界大战的爆发是基督徒主要的忧虑,而苏是其中关键。对中国信徒影响很大的美国传教士毕范宇(F. W. Price)在1946年呼吁信徒要多研究苏联:"苏联在今后国际合作中乃不可缺少的一个国家……我们必须觅获与苏联合作的办法,否则,第三次世界大战恐无法避免。"③ 许多信徒尽管担心,却认为战争不会到来。胡簪云认为美苏对立出于猜忌,苏的处境决定它不可能有战争企图,美除少数军火商,民众不会赞成侵略性战争。④ 从而否认苏走向战争的可能。1947年吴耀宗也认为美苏对立不会酿成战争。苏不会想要战争,只有和平它才能建设。其主义无须用战争宣传,它的和平善邻政策,至少对己是有好处的。⑤ 为苏的和平面目辩护。陆干臣也声称美苏虽对立,但没中国国共内斗严重,争执仅停留在口头上,不少问题可以协商解决。苏已参加联合国,积极推进世界和平,"较之既往的事实,不能说没有进步"。美以150年时间成就富强是人间伟绩,苏以30年时间抵抗全世界的歧视,成为既强且大的社会主义共和国也是人间伟绩,都值得钦佩。⑥ 在美苏对立的格局中仍肯定苏的成就及其和平形象。

---

① 达史:《中苏友好条约与世界和平》,《天风》第18期,1945年9月28日,第4—6页。
② 光:《中苏友好条约的重要性》,《天风》第16期,1945年9月8日,第3页。
③ 《首次举行国父纪念周毕范宇博士演讲》,《之江校刊》胜利后第1期,1946年6月15日,第3页。
④ 簪云:《论猜忌》,《尽言》复刊第16期,1946年12月1日,第212页。
⑤ 吴耀宗:《世界和平的展望》,《黑暗与光明》,上海青年协会书局1949年版,第130页。
⑥ 陆干臣:《我们起来建造罢》,《天风》第55期,1947年1月11日,第2页。

但事实使部分信徒的怀疑难以消解,当苏重组共产国家的联合时,卫理公会华西教区刊物《青年问题》刊文将它视为一个分裂世界的因素。文章指出,1943年莫斯科宣布解散共产国际,让世界感到它有放弃世界革命与英美合作的善意,但"苏联现在又纠合欧洲九国的共产党组成新共产国际,无论这种动态的动机为何,它在使这分裂的世界局面更形分裂,是无疑的了"①,视苏此举为世界和平的危险。香港圣约翰座堂主任牧师罗斯(Ross)1948年在扶轮社演讲中也谈道:"苏联必要与美国战争,此为历史演进不可避免之阶段。目前乃是美国资本主义与苏联社会主义相对垒之时期,此种对垒遂形成战争阴影。"② 其中充斥着传教士的偏见。不管怎样,基督徒对第二次世界大战后苏在国际关系中的态度是分裂的,有人目为和平守护者,有人则视其为战争祸端,似乎其面目始终是个不确定的未知数。

当然基督徒更大的关切为苏在东北及国共纷争中扮演的角色。当时信徒并不明了中苏友好条约具体内容,但友好似乎并未带来美好,当苏在东北的行径严重偏离他们的期待,帝国主义论又重新登台。1946年《天风》杂志刊登燕大学生发布的对东北问题十大主张,主要包括:苏立即撤兵;公布中美、中苏谈判真相;苏退还自东北移走物质及占据的资源等。③ 这些主张尽管不能说全部为基督徒的声音,但《天风》刊发此文也表明了部分信徒的质疑,他们怀疑条约内容的真实性,忧虑苏在东北会成为国共分裂因素。而当条约内容渐为公众所知,更激起了对苏的帝国主义指控。《青年问题》主编李连克就对苏强占大连、旅顺权利的行径表示不满,认为其这种新的蛮霸主义,尽管忌讳帝国主义的名词且以打倒帝国主义相号召,实与帝国主义无异。④

据此,在信徒中引发了一场关于苏是否赤帝的争论。早在1945年10月加拿大传教士文幼章(J. G. Endicott)就曾指斥将苏视为赤帝的荒谬,他辩称苏给弱小民族带来人民的民主政治,与资本主义民主国家战后殖民统治的恢复恰成对比。⑤ 这位共产主义的同路人不能容忍这种指控。而到

---

① 《新共产国际成立》,《青年问题》第4卷第11期,1947年11月,第1页。
② [美]罗斯:《和平之代价》,《港粤教声》复刊第2卷第12期,1948年10月,第1页。
③ 《关于燕大被打事件》,《天风》第32期,1946年3月25日,第15页。
④ 李连克:《不合时代的殖民地战争》,《青年问题》第4卷第9期,1947年9月,第4页。
⑤ [加]文幼章:《惨痛的现实》,《天风》第21期,1945年10月22日,第8页。

1946年张仕章却仍断言第三次世界大战将为红白帝国主义之争。1947年张仕章又在《天风》发文称当前国际形势是赤白帝国主义互相斗法。① 将苏视为帝国主义的红色一翼，仍没有改变它在苏芬战争期的态度。此论一出，引发连锁反应。首先起来反驳的是郭天闻，他发文强调："以武力为先锋，以政治文化为辅助，而达到经济侵略的，就是帝国主义"，英法美等各拥广大殖民地，为白色帝国主义；而从历史看苏奉行和平发展政策，更重要的是它的计划经济，"在计划经济之下，苏联不致感到生产及资本的过剩，因此，也就不致像资本主义发展到独占阶段的帝国主义国家，那样迫不及待地寻找商品市场与投资市场了"。② 否定苏是赤帝，他接受了列宁的帝国主义论，以苏俄的理论来为其辩护。

但郭天闻的辩护并未说服张，张仕章认为从历史来看恰说明苏确已变成赤帝：苏在第二次世界大战前后对波芬的吞并，显然已成为帝国主义；其以安全为理由站不住脚，其他帝国主义也可以安全为由；以它对华态度看也是如此，从放弃在华利权堕落到抢夺东北权益。他声称："站在耶稣主义的立场与中国人民的观点而论，除非苏联重申革命时代的'对华宣言'，遵守'中苏协议'的诺言，放弃'雅尔塔密约'的条件，取消中苏间的新不平等条约——就是'中苏友好同盟条约'及其所附的各种'换文'，'协定'，与'议定书'等——废止苏蒙间一切现存的条约或协议，赔偿东三省所受的物质损失，归还旅顺，大连以及中东铁路等的领土主权；我们实在看不出现在苏联对于中国究竟比英美等'帝国主义国家'要'友好'到什么程度。事实胜于雄辩！我想郭先生也无法否认苏联现在已经变成'赤色帝国主义国家'了吧！"③ 以苏一系列不良的历史行径来确认它帝国主义面目。

看到张文的邱陵，又以新理由为苏辩护。其借孙中山理论认为苏是社会主义国家，目的在打破帝国主义和资本主义，不但无侵略野心且扶持弱小主持公道，这导致资本主义国家的反弹而酿成冲突。而当前局势非常复

---

① 张仕章：《抗战胜利与教会前途》，《基督教丛刊》第13期，1946年3月1日，第2页；张仕章：《中国学运的路线问题》，《天风》第60期，1947年2月22日，第4页。

② 郭天闻：《关于"中国学运的路线问题"》，《天风》第61期，1947年3月1日，第8—9页。

③ 张仕章：《再谈"中国学运的路线问题"》，《天风》第65期，1947年3月29日，第5—6页。

杂,致使"资本主义国家可能借社会主义姿态以达到其'侵略'的目的,社会主义国家也往往采取某种近似资本主义的形式以完成它的'政策'"。他辩称苏对华所为责任主要在我,对内没积极实行三民主义,对外没争取主动,一天天接近资本主义,没能力保住四强和争取独立,有被利用作为英美反苏基地的危险。邱陵并认为张仕章所谓事实缺乏理论根据,所谓土地侵略,苏除出于收复失地及征得盟国同意作为战利品外,没无理侵占别国领土;承认外蒙独立,不仅苏且我政府也加以追认,与总理民族政策并不矛盾;苏迟延撤出东北,是因我政府之请;至于归还旅顺等只是时间问题。只要中国民主政府成立,国际上争取到独立自主,这些问题都会得以解决。最后,他给予一个诡辩式总结:"苏联确是一个'扩张主义者',而是一个'主张以公理扑灭强权'的'扩张主义者'!因为他应负起'打破全世界帝国主义'的使命!"① 邱陵指出了国际纷争中的复杂性,辩护虽不乏合理性,但也有强词夺理之嫌。

张仕章随后指出,邱陵以总理言论为苏辩护不合适,因为苏已经过了这一转变过程,革命的社会主义已退化为反动的赤色社会主义,形成了白赤帝国主义互相争斗的国际形势,时代依然停留在个人资本主义与国家资本主义、民主与独裁斗争的旧阶段。他质问:邱君不想中国落入美控制,难道想陷入苏控制,从反苏先锋转为反美基地?张仕章认为邱陵所说的苏是以公理扑灭强权的扩张主义者简直不值一驳。②《天风》的这场争论到此结束,苏形象并无标准答案,它政策实践的反复本身为分歧留下缺口,从中可见信徒的分裂。反苏的信徒充斥着浓烈的民族主义情感,苏对华的某些不良行径成为其反驳的借口,而为苏辩护者则多从理论上辩难苏帝国主义论的荒谬,淡化其事实性丑恶。

更全面为苏辩护的是吴耀宗,这位自由派基督徒左派领袖的形象已公开化,有意思的是他是张仕章的同事。1947 年他在浙大演讲,明确强调社会主义是世界未来,由此他引申出苏并不可怕,他也承认"说到苏联,这是一个谜,不易了解"。但他认为苏俄之谜是因沙皇遗产及世界的险恶

---

① 邱陵:《我所见的"中国学运的路线问题"》,《天风》第 69 期,1947 年 4 月 26 日,第 5 页。
② 张仕章:《三谈"中国学运的路线问题"》,《天风》第 70 期,1947 年 5 月 3 日,第 6—7 页。

环境所致，而它本身并不可怕。他认为托洛茨基主张彻底的世界革命，致力于输出革命。而斯大林则放弃革命输出政策，让各国革命自己起来，不再多加煽动，又解散第三国际，表明其政策是和平善邻。要和平所以要建设，要善邻所以不侵略人家。斯大林对英美讲话指出让英美放心，强调苏美对立不是永远的，并非不可调和。除了以苏政策制造它的和平形象外，吴耀宗也同郭天闻一样以列宁理论来支撑苏非帝国主义，他声言根本无所谓赤帝，如大家接受我帝国主义的定义：资本主义内在矛盾发展的结果，而社会主义没有内在矛盾，所以没有赤帝，苏并非帝国主义。因此，苏政策是要和平不要战争，第三次世界大战不可能发生。① 吴耀宗无疑走在时代前面，他关于苏和平形象的构建也有理有据，从理论上来讲社会主义不可能走向帝国主义，但不可讳言，他忽略了反向的证据，理论上的合理性并不能掩盖事实上的丑恶，他对社会主义的憧憬延伸至对苏乐观，作为社会主义象征，苏形象不容诋毁。其言论在教内影响甚大。

四　结语

作为共产主义的全球象征，苏俄的存在是一把双刃剑，它的美丽成为共产主义提升权威、获取承认的原因，但它的负面影响却在消解后者的声誉，变为世界拒绝共产主义的理由。它始终以一种矛盾的形象呈现，这种复杂性使基督徒的话语表述在歧义中分化，当然，在不同的时代因世界局势演化其正负形象在交叉中交替升降。赤帝、战争祸首、反帝斗士、弱小民族代言人、和平砥柱论交替登场，不同的信徒有不同的答案。部分人沿着赤帝论谴责它，部分人则和着赞美诗拥抱它，更多的人则在两分法中各有取舍。当然基督徒所描画的苏俄国际形象除受苏俄本身的真实与复杂性影响外，还受到多重因素的制约与牵扯。国内外大势的演变是其中的重点，国共权势的升降、国际和平与战争的强弱事态等始终是缠绕基督徒态度的砝码。其次，中国基督徒很少亲自前往苏俄考察，其苏俄话语往往来源于各种信息的综合（比如传教士的信息、翻译的作品、教外的文字等），再根据自身的需要裁减发挥，而这些信息往往是矛盾的叠加。正如马芳若所说："在这个时间和空间内，要想得到些关于苏俄的真实消息，

---

① 吴耀宗：《世界往哪里去》，《光明与黑暗》，第65—67页。

作为研究的资料，真是难极了。看在我们眼里的，听在我们耳里的，总是两方面绝对相反的事实，一方面说苏俄像人间天堂，另一方面说苏俄是现世地狱。实在我们都受骗了，相信苏俄是人间天堂的人们，无疑地是受苏维埃宣传部的欺骗；而相信苏俄像现世地狱的人们，那就受资本帝国主义反苏俄的宣传的欺骗。"① 因此中国基督徒有自身的主观参与，这种描画与教外知识分子分享许多共同的旅程（他们与主流知识界保持着密切联系），但不可能完全相同。其中有信仰的参与，不少基督徒因苏联的无神论而对其一概否定，但仅就自由派信徒而言，不可过分夸大信仰的作用，事实是许多在神学取向上相似的信徒在政治上也会拥抱不同的主义。另外，这种描画也并非苏俄形象的简单再现，而是不同倾向与目的下的主观性书写，尽管也有客观因素的参与，他们会根据自身的需要描画出不同的苏俄形象，夸大或淡化某个优点或弱点是常用的话语策略，当然，他们也必须在事实的框架下思考，以所谓的事实作为解释的支撑，但同样的事实却可能得出不同的结论。总之，苏俄的实际面貌影响基督徒的对苏态度，进而影响他们的政治选择，但反过来，他们的政治倾向也会制约他们对苏俄国际形象的描摹，二者是交互性缠绕。但不管怎样，苏俄的存在都不是可有可无的，它作为一个外在的他者，成为基督徒想象"中国向何处去"的关键性制约，为他们建构新的国家认同提供参照，同时也影响到他们在国共纷争中的政治认同，一些人顺着苏俄走向了中共，而更多人则在对苏的恐惧中保留着对国民党的期望。

---

① 马芳若：《书报介绍：〈今日之苏俄〉》，《消息》第7卷第7期，1934年10月，第50页。

Activity Space and the Mapping of Minnan Protestantism in the Late Qing

Chris White（白克瑞）

Introduction

William Skinner has argued that the mobility of rural Chinese increased during the "heyday" of each dynasty. ①What he describes as the cycle of opening and closing, corresponding to dynastic ascendancy and decline, determined the amount of geographic movement of most rural residents. However, even in eras of "openness" or the height of the dynastic cycle, Skinner suggests that most rural peasants simply moved within their standard marketing area. ②This was a region centered around a standard market town (that is the lowest level market which "met all the normal trade needs of the peasant household")③ which attracted goods from the surrounding areas and funneled them to larger economic centers. Skinner's research has become the dominant framework for understanding geographic mobility for rural Chinese in the late imperial times.

This chapter suggests that Skinner's theories can be helpful in understanding the growth and evangelistic strategies of Minnan（闽南）Protestantism, but do not fully explain the spatial movements or the establishment of church buildings and networks brought about by adherence to this new faith. It is argued here

---

① Skinner (1971), 275.
② Skinner (1964).
③ Skinner (1964), 6.

that conversion to (or even serious interest in) Protestantism encouraged various opportunities for mobility that at times did not necessarily correspond to a market area delineation.

Geographers call the normal spatial area a person moves in as one's "activity space". Thomas DuBois refers to a similar concept as the "sphere of local culture". By this he means the geographic area that influenced rural villagers' lives. ① This at times extended beyond the marketing structure. ② This paper looks at the activity space or the sphere of movement first of Protestant preachers and pastors and then lay believers.

1. Mobility of Church Leaders

Protestant mission activities in the earliest years were limited by the treaties following the First Opium War, which ended in 1842 and opened 5 port cities. These treaties stipulated that Westerners not venture more than 1/2 day journey from the treaty ports. While this regulation was not always followed in Minnan, overall, missionaries did not go far beyond the confines of Xiamen (厦门) for any extended period of time. When Protestant evangelistic efforts did surpass the treaty boundaries, it is significant to note that they were usually spearheaded by Chinese converts. For example, in 1853, one of the earliest baptized Protestants in Xiamen, Huang Qingquan (黄清全), bearing his own expenses, returned to his hometown of Zhangzhou (漳州) as an evangelist. ③

Two changes caused the missionaries in Minnan to formulate a plan for the geographic expansion of Protestant evangelistic efforts. First was the entry of new

---

① DuBois (2005), 27.

② Similar to DuBois idea, Prasenjit Duara refers to a "cultural nexus of power" that outlined how organizations and relations overlapped. See Duara (1988), 5.

③ A result of Qingquan's visit was that in May of 1853, two evangelists were sent to Zhangzhou for more extensive evangelistic efforts. However, while there, the evangelists ran into complications arising from Taiping Rebels in the area. One of the evangelists, Yu Dingan (余定安), was killed because he was wrongly thought to be in cohorts with the rebels. This effectively put the expansion of evangelism into Zhangzhou on hold.

mission agencies. The Reformed Church of America (RCA) was the first mission to establish a base in Xiamen (1842). It was followed by the London Missionary Society (1844) and the Presbyterian Church of England (PCE) (1850). ①The second change was the fact that the geographic field was greatly enlarged with the new treaties following the end of the Second Opium War. Instead of being constrained to the port cities, missionaries saw the interior and more rural coastal areas as ripe for evangelism. The question was, with more missions at work and more area to work, how should the "field" be divided?

Comity and expansion

Although there was a great sense of unity among the mission agencies at work in Minnan, there was also clear division in terms of geographic scope. The system of divvying out the land, known as "comity," was instituted in order to avoid duplication of evangelistic efforts. Each agency had its center in Xiamen or Gulangyu (鼓浪屿) and branched out in different directions.

The specific area assigned to each mission was not necessarily a grandiose plan, but rather pragmatic. Missionaries, in most cases, were not pioneers in taking the gospel to rural areas, but instead followers of Chinese converts. There were two common scenarios that led to mission interest in a new geographic area. One would be similar to the example of Huang Qingquan mentioned above. A Chinese convert in Xiamen would return to his ancestral home and evangelize family or friends. A second plausible reason for opening mission work in a new area would stem from a traveler who was influenced from visiting a church or mission institute (like hospital) and then would ask a missionary to visit their hometown. In either instance, we can see why R. G. Tiedemann concludes, "It can be argued that China was not evangelised [sic] by missionaries but by the Chinese themselves"②.

After following a convert or inquirer to their native place, the mission may

---

① Other missions had personnel in Xiamen for a short time in the early years, but it was these three missions that proved to have sustained efforts throughout Minnan.

② Tiedemann (2008), p. 240.

mark thatterritory as "theirs". The result was that in some ways, the map of mission division was a patchwork quilt, with the boundaries at times seeming fairly random. Below is a small chart listing some of the main districts each Minnan mission eventually "occupied".

Chart 1　　　　　　　Mission regions in Minnan

RCA	LMS	PCE
Xiamen 厦门	Xiamen 厦门	Xiamen 厦门
Zhangzhou 漳州	Zhangzhou 漳州	Baishui 白水
Shima 石码	Haicang 海沧	Quanzhou 泉州
Tongan 同安	Guankou 灌口	Zhangpu 漳浦
Anxi 安溪	Zhangping 漳平	Yunxiao 云霄
Xiaoxi (Pinghe) 小溪 平和	Huian 惠安	Jinjiang 晋江
Longyan 龙眼	Tingzhou 汀州	Shishi 石狮

While Protestant evangelists, both foreign and domestic, began in the earliest decades to spread their faith in the interior regions, the eventual strategy adopted was to create "centrifugal" centers, rather than random spots. Market towns were the natural choices for preaching to begin as these saw the greatest number of people and were also locations where people were more apt to be involved in leisure activity and willing to entertain visitors or even listen to a new doctrine. What Skinner would eventually construct into his market place theory[1] is foreshadowed in this explanation from James Johnston, a PCE missionary in Minnan:

> What we may call the planetary method is to choose a centre [sic, throughout] or centres from which the Word may radiate, but not beyond the reach of the influence of the central power. The radius may be long and reach far, provided that there be immediate stations to support one another,

---

[1] For Skinner's research, see Skinner (1964) and his subsequent articles in the *Journal of Asian Studies*.

and all should gravitate to the centre, as planets to the sun. In this way there is in the Mission, as in the solar system, both a centrifugal and a centripetal force, preserving the unity and vigour of the organization. ①

As the number of chapels began to grow, there was a conscious effort to establish a string of chapels each within reasonable walking distance. In 1870, one missionary reported that such a plan was being successfully carried out, for it was possible to "travel from Amoy to Fuhchau [福州] by land, resting each night by the way at a mission station."② This "connect the dots" approach was especially attractive for missions who hoped to join forces with colleagues in another field. For example, the PCE missionaries had the goal of moving south so as to conjoin to the PCE mission station in Chaozhou/Shantou (潮州、汕头). Likewise, whent the LMS began their foray into mission work in Tingzhou (汀州) in Western Fujian, they had their eyes set on it being a stepping stone to reach LMS efforts stemming from Wuhan (武汉).

Paul Cohen states that "the early missionaries of both faiths [Protestant and Catholic] seem to have been in motion a good part of the time." After gaining a foothold in an area, the major role of missionaries (other than those involved in education or medicine) was to act in a more advisory capacity. The rural missionary in Minnan was much more an overseer as opposed to an evangelist. Therefore, the travels of the missionary were rather planned. Chinese preachers and pastors, on the other hand, were more involved in itinerant evangelism and spent a considerable amount of time visiting new areas and serving at distant churches and chapels. To be sure, one of the most striking features of the lives of Minnan preachers and pastors is the amount of geographic movement these figures exhibited.

Minnan preachers

Daniel Bays has shown that it was fairly common for late Qing Protestants to

---

① Johnston (1897), 197 – 198. Also quoted in Cheung (2004), 175.

② *Chinese Recorder*, vol. 3 (1871), 31. It should be noted that these "mission stations," which in reality were chapels or churches, were associated with different missionary agencies.

experience social mobility, which was often accompanied by geographic mobility especially when attached to a progression through an educational system.① In such cases, also common in Minnan as elsewhere in China, students in more rural areas would attend church-related schools and, if showing promise, advance to higher grades in schools in more urban areas. In these instances and in other forms of social mobility, the trend was for Protestants to move "upward", that is to move from small to big, from rural to urban. Minnan preachers, on the other hand, tended to exhibit "downward" or lateral mobility. This was especially true for those who received formal theological training. All higher level theological schools were located in Xiamen or other major cities of Minnan and upon finishing these classes, it was common for the students to be assigned as preachers in congregations in the hinterland.②

Additionally, there was also a great deal of *institutional mobility*, that is, preachers moving to new churches in new areas. Many Minnan preachers "earned their stripes" in various rural congregations. For those churches associated with the RCA, preachers were often only permitted to stay one year at a certain church before being transferred to a new area.③ Likewise, those churches affiliated with the PCE and LMS also experienced a high turnover rate for preachers.

The Minnan Church experienced rapid growth in its early years and a major reason for the high mobility of Minnan preachers in particular was because of the amount of new congregations being opened and the speed at which this was being accomplished. When a new chapel was opened, it was common for a preacher

---

① Bays (1997).

② It should be noted that "preacher" refers to a full-time unordained evangelist. He may be stationed at one church or simultaneously serve a number of churches and be paid by the churches or the mission or a combination of both. "Pastor," on the other hand, was ordained and necessarily supported by the church he served at. There were many more preachers in Minnan than pastors and the latter were clearly more distinguished and respected.

③ "The History of the First Protestant Church in China, After One Hundred Years," by Jin-gi Lin. Cheung lists the archival information for this as JAH/X88 - 0758. However, upon checking this source, the manuscript was not found. Archivist Geoffery Reynolds did locate the manuscript in a miscellaneous box among the RCA archives.

with some experience to be assigned to shepherd the young flock. The rapid expansion of the church meant that for this to happen, preachers were routinely transferred to new posts.

While this experience was invaluable training for the preachers, it was also difficult. This was especially true when preachers were sent into distant posts or areas that had not previously had a church. Even after the establishment of the Republic, this continued to prove to be a challenge, as the *China Mission Year Book* for 1925 explains:

> Such a man ["the average country preacher"] is often completely cut off from his intellectual peers and the stimulating influences of contact with such, while he is set in the environment of a "heathen" society and a primitive church; the atmospheric pressure of his surroundings tends to crush any spiritual life he may have once cherished and he is exposed to all the poisonous infections of his social world. ①

This may help to explain the importance placed on annual or semi-annual meetings or conferences which gathered preachers and pastors from across Minnan. In the 1870s, the churches associated with the LMS formed the *Hehui* (和会), or "Congregational Union" (also referred to as "Union of Churches" or "Amoy Union"). ②This body, meeting once a year, was a union of all LMS associated churches in Minnan. ③It consisted of pastors, other delegates from each church (such as preachers), and missionaries, all having equal standing. ④These delegates would gather for up to a week (usually right after the Chinese New Year) where there would be speeches and discussion regarding church affairs, new techniques for governing or evangelizing, and overall a

---

① *China Mission Year Book*, vol. 13 (1925), 130 – 131.

② The *Hehui* was similar in function to the *Dahui* (大会), the Classis or Presbytery, formed in 1862, for all churches associated with the PCE and RCA missions.

③ Originally the *Hehui* met twice a year, but because of the expansion of the church and the distances involved, in 1882, they decided to make it an annual meeting.

④ Lattourette (1929), 425.

time to be intellectually and spiritually rejuvenated through interaction with colleagues.

Similarly, for theMinnan Presbytery, that is those churches associated with the RCA and PCE missions, a system was initiated in 1882 that separated the whole area under this body into three districts in which the preachers/pastors of each district would meet together every month, rotating among the various churches.① In addition, these churches also held regular annual presbytery meetings. In 1893, this body split into two parts, forming the "Minnan Synod" comprised of a Quanzhou（泉州）Presbytery and Zhangzhou Presbytery②partly because of the exhaustive travel required by the various meetings preachers and pastors were expected to attend.

Attending meetings was one aspect of the "institutional mobility" of preachers, but the changing of churches was of even greater significance. In his history of the RCA in China, De Jong offers one reason for the high transfer rate of Minnan preachers. He explains that because most preachers did not receive a prolonged systematic theological education and, overall, were often not very educated, they had difficulty in preparing new sermons. Periodic transfers allowed them to reuse old messages. Pastors, on the other hand, had received more formal training and to attain such a position, one had to pass exams, thus, their positions were often more stable and more could be required of them.

David Cheung, in his entry on Chinese preachers and pastors in Tiedemann's edited handbook on Christianity in China, notes that these figures were usually "sons" of the regions they served in.③ It is true that there were no Chinese pastors in pre – 1949 Minnan that were not from Minnan (or at least grew up there). However, when we take a closer look, we see that Minnan preachers rarely served in their respective hometowns. Instead, they were transferred to churches throughout Minnan. Part of the reason for this was due to the

---

① Band (1948), 250.
② Some RCA reports in English use "Classis" instead of "Presbytery".
③ Cheung (2010).

roles played by preachers in the societies they served in. Since most preachers were not native to the villages or towns they worked, they were often viewed as objective and counted on to handle difficulties. The fact that most of these individuals did not have familial ties to those within or without the local church enhanced a sense of fairness one could expect to find in the church. In fact, in some cases, the preacher would be called upon by local government officials to collect the taxes for all church members. ①Furthermore, having a non-native preacher was strategic in that it was likely to not offend rival clans. Related to this, there seems to have been a greater chance that an outsider would be listened to and even (at least superficially) respected, for "a prophet is not without honor except in his own country. "②

Minnan preachers were available for transfer because they wereoften supported entirely, or at least partially, with funds from the mission. This was especially true in the early years, though even in the late 1800s, this at times proved to be the case. While self-support was a long-term goal of all mission agencies in Minnan and was often discussed, all agencies initially paid all or most of the salaries for many preachers. However, if a preacher was promoted and ordained as a pastor, they were no longer under the financial support of the mission. A prerequisite for a church to have a pastor was that they had to be able to afford his salary. In fact, the standard for churches associated with the PCE mission was that the Chinese congregation had to pay a higher salary than paid to any preacher, regardless of the district, supported by foreign PCE funds. ③Also, because of such an arrangement, preachers were often called upon to simultaneously serve different congregations. It was not uncommon for a

---

① RCA *Annual Reports of the Board of Foreign Missions*, (1907), 18.

② Referring to the New Testament, Mark 6: 4. There are a couple occasions recorded in missionary reports that talk about converts returning to their hometowns to preach and not being welcomed whereas when outsiders visited the areas, they were more favorably greeted. Obviously, there were also instances when non-locals were strongly opposed, but overall, it seems like the practice of using outsiders as preachers was rather strategic and beneficial.

③ *The China Mission Hand-book*, vol. 1 (1896), 54. The minimum salary for a pastor was 12 dollars a month, approximately double what a preacher could expect. In addition, it was normal for the church to provide a house for the pastor.

preacher, by staggering the times of the services, to preach at two or three churches each Sabbath. The fact that their support came not from an individual church, but from the mission, led to these preachers being able to serve as "roamers," going wherever and whenever help was needed. In 1865, four of the first 12 preachers associated with the RCA and PCE union were not assigned to any particular church, but rather served various congregations.① However, preachers and pastors only moved within the mission agency they were associated with. When preachers or pastors changed churches, they did so within the geographic range of the specific mission agency they were associated with. Thus a Tongan (同安) preacher could move to Pinghe (平和) (both RCA regions), but would not go to Zhangpu (漳浦) or Jinjing (金井), for these areas were PCE territories.②

In addition to the mobility experienced while serving as preachers, Minnan pastors also were rather mobile. All pastors would first work as preachers, but upon being ordained and accepting a "call" from a church, a pastor position was comparatively more stable. A pastor would normally serve at a church for years. In this position, they would still travel around to churches and chapels in their district that did not have a pastor, but overall they played a supervising role.

Although pastorates were more permanent than preaching positions, there was still a considerable amount of transferring. In fact, it seemed to add to the prestige of a pastor if they agreed to lead a church in a new area. More often than not, such a move reflected "downward" mobility, that is moving to a more remote area. Out of the 18 pastors ordained by the Minnan Presbytery from 1863 – 1892, 13 of these served at least two different churches during their tenure.③ Also, because of the "comity" system discussed above, each move

---

① De Jong (1992), 85

② I have found only one exception to this rule. Along the border of the RCA and PCE fields to the southwest of Xiamen (near Nansheng, 南胜), four Protestant chapels grouped together to call their own pastor. Two of these chapels were under the influence of the RCA and two the PCE. RCA *Annual Reports of the Board of Foreign Missions* (1902), 14.

③ 许 (1936), 71 – 75.

to a new church necessarily meant a move to a new area. Outside of Xiamen, few areas had more than one church. ①Instead, such moves were fairly drastic in that they required the pastor (and his family) to uproot and move to a whole new city or, more commonly, rural district.

Examples of pastors who experienced "downward mobility" include Ye Hanzhang (叶汉章) and Zhou Zhide (周之德). Ye, one of the first two pastors ordained in Xiamen served the Zhushu Church (竹树堂) for 20 years before volunteering to move to Xiaoxi (小溪) in the Pinghe district, a rural area in which the RCA hoped to expand. Ye was the pastor of the church in Xiaoxi for over 20 years. Similarly, Zhou Zhide was an LMS pastor in Xiamen for 8 years before moving to Tingzhou to begin "mission work" in this most remote region of Minnan. Zhou served the Tingzhou church for 25 years. These are just two examples of the many Minan pastors who transferred to new areas to open churches or evangelism in new districts.

Overall, we see that early Minnan preachers and pastors were quite mobile. The faith of these preachers provided this opportunity, but it also required such mobility. It is important to remember that the Christian faith in general is expansionistic—encouraging believers to spread their faith to new areas, but the high rate of transferring preachers/pastors and travel in general seems to be a noted characteristic of the early Minnan Church.

2. Belief and Social and Geographic Networks

Many scholars have focused on the radical notions the Protestant enterprise introduced to societyamidst the decline of Qing dynasty. Ideas regarding education and new methods of medicine are the focus of quite a few of these studies. In Minnan, Protestant schools and hospitals were major factors in evangelism and these institutions were centers of missionary attention. The establishment of what

---

① By the end of the nineteenth century, the city of Zhangzhou did have two churches—one affiliated with the RCA and one with the LMS. In later years, Quanzhou also established two churches in the city.

one scholar has termed "the trinity of Protestant evangelism,"① that is the chapel, the school, and the medical clinic, was not only a strategy for evangelism, but also a catalyst for change in society. However, interest in the church also stimulated change on a more mundane level. Joining the church, or even regularly attending, was likely to cause some amount of rupture in one's existing social relationships while concurrently creating new relationships. Inquirers and converts were introduced to networks which for many were more radical than the changes generated from more structural or formal institutions, such as schools or hospitals. This section will discuss how Protestant connections provided new social opportunities for converts.

Travel for religious reasons was not a new phenomenon for rural-based Chinese in the Late Qing. Visits to various temples, often in neighboring towns and villages, were typical, especially among females. Likewise, more distant pilgrimages were also common. However, such visits were rather sporadic and rarely resulted in the establishment of significant social ties. In contrast, interest in the Protestant church often resulted inwhat I refer to as "sustained mobility" — it was common for converts or inquirers to make weekly visits to the nearest chapel, which was often a fair distance away. The congregational nature of the religion also meant that the same individuals would gather at the same time and worship together. The upshot was that new social ties were developed. Unlike worship at traditional Chinese religious structures, the regularity of worship at a standardized time and the fact that the nearest church or chapel was quite possibly in a separate village or town, meant that the church encouraged the formation of new social networks.

Because of the "centrifugal" strategy of church expansion, the proportion of members from the village or town which housed the church or chapel was often not very large. Dukes, an LMS missionary, explained that the Chinese saying, "Near the temple, forsake the spirit," was also true for many of those who lived near the established spots for Protestant worship. ②What this meant for con-

---

① Rhoads (1962), 169.
② Dukes (1885), 176. Probably referring to the idiom "近庙欺神".

verts or inquirers was that it was common to have to travel to attend church services.

Missionary writings are full of reports of travelers, individuals or small families, required to travel great distances in order to attend church services. For example, Shi Jinchuan (施金川), who was born and baptized in Taiwan and became an elder in the Presbyterian church there, returned to his ancestral home in Jinjing in 1876. However, he was disappointed to find that the nearest church was in Anhai (安海), 30 km away. For eight years, Shi made the weekly trek to the Anhai church with Saturdays and Mondays used for travel and Sundays for worship. ①Finally, in 1885, the believers in Jinjing were enough to warrant their own church and called Xu Shengyan (许声炎) to assume the pastorate. Another publication notes how one convert in the Tingzhou region "regularly" attended church services "for over ten years though his home [was] nearly twenty miles away."②

Similarly, converts in Anhai were called upon to assist in services in Quanzhou, being required to make the 40 kilometers round trip each week. ③The church in Anhai got its start when Douglas, a PCE missionary, baptized five people in the town in 1860. However, it was always considered a "half-way house" as the evangelistic sights were set on the greater city of Quanzhou. In order to help establish a church within the city, a core group of converts from Anhai made the weekly trek. ④

Travel for most congregants was not this extreme, but having to walk five to ten kilometers to reach the nearest chapel was fairly common and potentially socially transformative. Such travel was often an especially great challenge to females with bound feet. Again looking at the Anhai church, we see one convert who would carry his mother on his back to and from church, a distance of seven miles one way. ⑤The difficulties associated with attending church are also seen

---

① *China Mission Year Book*, vol. 7 (1916), 337.
② Mathews (1915), 17.
③ Duncan (1902), 66.
④ Johnston (1897), 124.
⑤ PCE *Messenger* (1871), 204 - 205.

in the example of a "nearly blind" man who would cover the six miles to church in Zhangpu each week. ①Likewise, congregants in a village 10 miles away from the nearest chapel in Yiban (Huian, 惠安驿坂) would have to depart early on Sunday mornings and "in the winter time, when the days were short," would have to spend the night at the chapel before returning home on Monday mornings. ②

By the early 1870s, an LMS report notesthat "few persons need go more than nine miles, and the majority not more than four or five, to hear the gospel."③ However, it was rather uncommon to not have to travel at least a couple kilometers. Even for those who attended church within their own village, new social ties were bound to develop because of the nature of the church/chapel system. Not only were acquaintances made with those from other villages, but I think it important to highlight that more lasting ties were shaped from the regular and sustained interaction resulting from communal worship.

An example of how church networks were utilized and how these surpassed the traditional village networks can be seen in the example of Protestant/Catholic conflict in Huian. Protestantism entered Huian in 1863 when an inquirer who began attending an LMS chapel in Haicang returned to his home in Huian (Yiban). LMS missionaries were invited to visit and a Chinese evangelist was assigned to the "field" of Huian. The churches and chapels grew quickly in this area—there were 11 by 1889 and 22 by 1893. With such rapid growth, it may not be surprising that instances of conflict were common. As one missionary suggested, the area did not deserve such a name— "Grace and Peace," for the experience of the church in this region was anything but peaceful. ④

After confrontations and kidnappings on both sides, the Catholic and Protestant forces met in a battle on January 12 (lunar calendar), 1894. LMS missionary James Sadler reports that some "lawless men calling themselves Roman

---

① PCE FMC Box 9 File 2 "Report on Mission Work in the Changpoo Region, 1898 – 1899".
② LMS *Chronicle* (1881), 214.
③ LMS *Chronicle* (1873), 67.
④ Dukes (1885), 178.

Catholics," were involved in armed conflict with a group of Protestants, admitting that "our people" —the Protestants—also took up arms, but "only in self-defence" [sic] and despite his pleas against such actions. ①In the end, two Catholics were said to have been killed and ten wounded, while on the Protestant side, there were eight wounded with no deaths. ②Members of both sides reported the incident to respective consuls in Xiamen, who sent word for magistrates from Fuzhou to investigate. The Protestants were duly fined 5000 dollars for their part in the conflict. ③

What is interesting to note in this story is how the Protestant churches throughout Huian were called on to band together and fight (literally) against the Catholics. Christianity was a link that connected people and groups not normally connected, transcending traditional boundaries of geography, lineage, and marketing systems. As Joseph Lee describes, "In times of crises, the Christians chose to use the extensive church networks for self-defense."④ It is important to remember that this was not simply a co-opting of old networks, but was a creation of new social ties between peoples whose only real association was the church. In this instance of Protestant and Catholic conflict, the churches throughout all of Huian joined together. This was not simply a village or lineage matter but surpassed these normal limits. In this way, the church was similar to the temple alliances found throughout Fujian. ⑤The church, like these links,

---

① CWM LMS Fukien Reports Box 2 File 102 (1894). Sadler notes that the use of weapons is "a practice I am working against in all earnestness." (underline in original)

② Chen Jingqiu's son, writing in 周 (1934), records that "both sides had deaths", as does 惠安县基督教简史 (1992).

③ Chinese records state that the LMS paid part of this fine and part was covered by docking the salary of all pastors/preachers in Huian for three months. One LMS report mentions that the amount to be paid was reduced. It implies that the fine was negotiable and that the Protestants were initially charged 2,000 per death, but the final figure was just a few hundred. However, this report does not verify the final amount, not the total number of deaths. See CWM LMS Fukien Reports Box 2 File 104 (1896). Another source also notes that Catholics were fined, but this seems to be early on in the conflict, which seems to have lasted quite a while (which possibly helps to explain why Chinese sources date this conflict as 1896). See CWM LMS Fukien Reports Box 2 File 102 (1894).

④ Lee (2003), 156.

⑤ Dean and Zheng (2009).

extended beyond the village and integrated isolated nodes into a new and ever-growing social network.① However, whereas these developed over generations, at the time of this episode, the church in Huian was less than three decades old. Preachers were familiar with these scattered groups and were thus essential links in the organizing of Protestant communities throughout the country.

Conclusion

It would be interesting to do further analysis of the geography of Protestantism in Minnan, such as plotting churches on maps or using GIS technology to compile a clearer picture of how the religion spread throughout the region and how adherents may have used the various church connections. However, this chapter has simply offered a preliminary discussion of the geographic movement of Protestant actors in Late Qing Minnan.

In his book on village religion in North China, Thomas DuBois states that "in rural China, as in most local societies, religion both defines and expresses community."② It follows then, that if this religion would change, one's community or network would also change. By looking at missionaries, Chinese church leaders, and lay believers, this chapter suggests that the activity spaces of these groups were significant in the formation of social ties and community creation.

Furthermore, this chapter highlights how the broad social networks were utilized. Many converts, at least initially, had to travel to attend church services, and thus significantly came into contact with new people and new areas. Furthermore, the system of Sabbath worship also meant that not only were acquaintances made, but rather substantial relational ties were developed. As one author puts it, "Christianity extends beyond the *community* to offer *communality*, i. e. joint (rather than only simultaneous) worship."③ The ability to

---

① In referencing Duara (1988), Lee similarly notes that these groups were "supra-village voluntary associations." Lee (2003), 94.
② DuBois (2005), 7.
③ Fielder (2010), 102. Italics in original.

rely on Christian social networks in times of conflict is derivative of the congregational nature of how the faith was practiced. Existing temple and lineage organizations allowed residents to construct and maintain what Vermeer calls " 'horizontal' ties between communities. "①

References

In addition to those listed below, some sources were gleaned from archival visits, including Joint Archives of Holland (Michigan), RCA archives at New Brunswick Theological Seminary, and LMS and PCE archives at SOAS.

Band, E. (1948), *Working His Purpose Out: The History of the English Presbyterian Mission, 1847 – 1947*, London: Presbyterian Church of England.

Bays, D. H. (1997), "A Chinese Christian 'Public Sphere'?: Socioeconomic Mobility and the Formation of Urban Middle Class Protestant Communities in the Early Twentieth Century", In K. Lieberthal, S. Lin, and E. P. Young (Eds.), *Constructing China: The Interaction of Culture and Economics*, Ann Arbor: Center for Chinese Studies, University of Michigan.

Cheung, D. (2010), "Chinese Protestants, 1860 – 1900", In R. G. Tiedemann (Ed.), *Handbook of Christianity in China, 1800 to the Present*, Leiden: Brill.

Dean, K., & Zheng Zhenman. (2009), *Ritual Alliances of the Putian Plain* (2 volumes), Leiden: Brill.

De Jong, G. F. (1992), *The Reformed Church in China, 1842 – 1951*, Grand Rapids: Eerdmans.

Duara, P. (1988), *Culture, Power, and the State: Rural North China, 1900 – 1942*, Stanford: Stanford University Press.

DuBois, T. D. (2005), *The Sacred Village: Social Change and Religious Life in Rural North China*, Honolulu: University of Hawaii Press.

Dukes, E. J. (1885), *Along River and Road in Fuh-kien China*, New York:

---

① Vermeer (1990), 16.

American Tract Society.

Duncan, A. (1902), *The City of Springs*, Edinburgh and London: Oliphant, Anderson and Ferrier.

Fielder, K. (2010), "China's 'Christianity Fever' Revisited: Towards a Community-Oriented Reading of Christian Conversion in China", *Journal of Current Chinese Affairs*, 39 (4), 71 – 109.

Johnston, J. (1897), *China and Formosa: The Story of the Mission of the Presbyterian Church of England*, London: Hazell, Watson and Viney.

Latourette, K. S. (1929), *A History of Christian Missions in China*, New York: Macmillan.

Lee, J. T. (2003), *The Bible and the Gun: Christianity in South China, 1860 – 1900*, New York: Routledge.

Mathews, B. (1915), *Builders in the Waste*, London: London Missionary Society.

Skinner, G. W. (1964), "Marketing and SocialStructure in Rural China" (Part I), *Journal of Asian Studies*, 24 (1), 3 – 43.

Skinner, G. W. (1971), "Chinese Peasants and the Closed Community: An Open and Shut Case", *Comparative Studies in Society and History*, 13 (3), 270 – 281.

Tiedemann, R. G. (2008), "Indigenous Agency, Religious Protectorates, and Chinese Interests: The Expansion of Christianity in Nineteenth-Century China", In D. Roberts (Ed.), *Converting Colonialism: Visions and Realities in Mission History, 1706 – 1914*, Grand Rapids: Eerdmans.

Vermeer, E. (1990), "Introduction", In E Vermeer (Ed.), *Development and Decline of Fukien Province in the 17th and 18th Centuries*. Leiden: E. J. Brill.

《惠安县基督教简史，1865—1989》（1992）Edited and published by 惠安县基督教两会。

许声炎，《闽南中华基督教会简史》，1936 年。

周之德，《闽南伦敦会基督教史》，（厦门）闽南大会1934 年。